JN095554

トラブル
相談
シリーズ

葬儀・墓地の
トラブル相談 第2版
Q&A

基礎知識から
具体的解決策まで

長谷川正浩
石川美明
村千鶴子
［編］

Funerals and Burial Grounds

発行 ⊕ 民事法研究会

第2版の刊行にあたって

本書の初版が刊行されて約6年半が経過しました。この間に、本書が対象とする領域は大きく変化しました。

第1に、①生者の都合による葬儀の簡略化、②業種の違う大企業による僧侶派遣、③「手元供養」の普及、④感染症で死亡した場合の遺体取扱いの厳格化などの葬送秩序の変化が挙げられます。第2に、「葬儀ローン」や「離檀料」をめぐるトラブルなどの新しい紛争類型がみられるようになりました。第3に、法改正では、①平成28年に成年後見人の死後事務に関する民法873条の2が追加され、また、②平成30年の民法（相続法）の改正と特別法（遺言書保管法）の制定によって、自筆証書遺言の方式緩和と遺言書保管制度の創設が認められ、さらに、③令和元年に戸籍法が改正され、任意後見受任者も死亡届出をすることができるようになりました。第4に、新判例としては、「送骨」に関する初めての高裁判決（高松高裁平成26年3月20日判決・判例地方自治390号75頁）があります。

今回の改訂においては、上記の葬送秩序の激変・法改正・新判例を反映させるとともに、全般的な見直しを行って、新たな項目の追加・差替えを行い、内容の充実をさらに追求しました。

「ゆりかごから墓場まで」という福祉の理念を表した言葉がありますが、多くの人が葬儀や墓について心配することなく、安心してあの世へ旅立てるような社会になってほしいと思います。本書が、そのような社会実現の一助となれば幸いです。

最後に、今回の改訂にあたっては、㈱民事法研究会編集部の田中敦司氏、松下寿美子氏に大変お世話になりました。心からお礼を申し上げます。

令和3年3月

編者を代表して　石川　美明

は し が き

　最近終活という言葉が新聞や雑誌でみられるようになりました。広辞苑を
はじめ数冊の国語辞典を開いてみましたが出てきません。この言葉の使われ
方から解釈すると、「人生の終わりに向けて準備をすること」のようです。
この準備というのは、残りの人生をいかに充実させるかという意味ではなく、
葬儀・お墓をどうするか、遺言を書いておくかどうか、相続税対策をどうす
るか、延命治療をするかどうか、といったことを事前に解決しておくことの
ようです。本書は、こうした事前準備をする方々が、お葬式とお墓について、
トラブルに巻き込まれないように、転ばぬ先の杖として企画されたものです。
　拾い読みができるようにＱ＆Ａの形式で、できるだけその一つのＱ＆Ａで
理解できるようにしました。執筆者の方々には読者の方々が理解しやすいよ
うに、平易な言葉でわかりやすく表現していただくようお願いをしました。
　本書によって日常生活の中で頻繁には接することのない、お葬式やお墓に
ついての知識を拡めることができ、読者の皆様にとって転ばぬ先の杖となれ
ば、望外の喜びです。
　株式会社表現文化社の碑文谷創編集長には、長年のご経験を活かしてお葬
式に関する構成案をお願いいたしました。
　株式会社民事法研究会編集部長の田中敦司氏、編集部の雪野奈美氏にも大
変お世話になりました。
　本書は、このように多くの方々のお力添えとご協力によってでき上がった
ものです。心から感謝するとともに、一人でも多くの方に読んでいただける
ことを期待します。
　平成26年９月

編者を代表して　長谷川　正浩

　追記　増刷（第２刷）にあたり、新たな弔いの形も現れてきていることもあり、
　　　第１章の加筆・修正等を行っています。

第3章　葬儀をめぐるトラブルと対策

第4章　墓地をめぐるトラブルと対策

《凡　例》

［法令等］

墓地埋葬法	墓地、埋葬等に関する法律
墓地埋葬法施行規則	墓地、埋葬等に関する法律施行規則
死因・身元調査法	警察等が取り扱う死体の死因又は身元の調査等に関する法律
臓器移植法	臓器の移植に関する法律
献体法	医学及び歯学の教育のための献体に関する法律
景品表示法	不当景品類及び不当表示防止法
独占禁止法	私的独占の禁止及び公正取引の確保に関する法律
特定商取引法	特定商取引に関する法律
廃棄物処理法	廃棄物の処理及び清掃に関する法律
整理省令	押印を求める手続の見直し等のための厚生労働省関係省令の一部を改正する省令（令和2年厚生労働省令第208号）

［判例集等］

民集	大審院民事判例集
	最高裁判所民事判例集
民録	大審院民事判決録
刑集	最高裁判所刑事判例集
家月	家庭裁判所月報
下民集	下級裁判所民事裁判例集
東高時報	東京高等裁判所民事判決時報
判時	判例時報
判タ	判例タイムズ
LEX/DB	TKCインターネット
判例秘書	LIC・LLI/DB判例秘書インターネット

第 1 章

葬儀・墓地をめぐる
トラブルの背景

I　超高齢社会と死後の事務

　戦後、わが国では、家族形態の点で「核家族化」が進行し、人口動態の点で「少子化」と「高齢化」が進行した。

　特に、「高齢化」の進行度は急速で、——平成7年に制定された高齢社会対策基本法が、「我が国の人口構造の高齢化は極めて急速に進んでおり、遠からず世界に例を見ない水準の高齢社会が到来する」（前文）と予想したとおり、——わが国では総人口に占める65歳以上の人口割合（高齢化率）が28％を超え、他のどの国も経験したことのない超高齢社会を迎えている。わが国の65歳以上人口は、昭和25年には総人口の5％に満たなかったが、昭和45年に7％を超え（高齢化社会）、さらに、平成6年にはその倍加水準である14％を超えた（高齢社会）。高齢化率はその後も上昇を続け、令和元年10月1日現在、28.4％に達している（超高齢社会。内閣府編『高齢社会白書（令和2年版）』2頁参照）。

　そして、この「高齢化」に加えて、わが国では、「少子化」「核家族化」「親族関係の希薄化」も進行し、その結果、寄る辺のない身の高齢者が増加している。単なる「高齢化」ではなく、「高齢者の孤立化」というところに、現代社会が直面している問題の深刻さがある。前掲『高齢社会白書』によると、60歳以上で一人暮らしの者の50.8％が孤立死（誰にも看取られることなく亡くなった後に発見される死）を身近な問題と感じているという。また、「ごみ屋敷」問題や、高齢者による万引きの増加なども、「高齢者の孤立化」が原因の一つであるといわれている。生涯を独身で通す「生涯未婚」が、20年後には男性の約3割、女性の2割強にまで急増すると推計されており（内閣府編『高齢社会白書（平成22年版）』73頁参照）、「高齢者の孤立化」は加速度的に拡がろうとしている。

　超高齢社会の現在、年間死亡数は130万人を超えるが、人が死亡すると、通常、①葬儀・法要等の実施、②医療費・入院費の支払（昭和51年以降、在

2

宅死より病院での死の方が多くなり、今や国民の約8割が病院で死亡している）、③公共料金の支払などの「死後の事務」の処理が必要となる。死後の事務処理は、これまで家族の仕事であった。しかし今日、高齢者の孤立化や人々の意識の変化により、死後の事務処理が家族以外の他人に委ねられることも少なくない。現代社会は、高齢者が孤立し「無縁社会」ともいわれており（NHK「無縁社会プロジェクト」取材班編著『無縁社会』10頁）、身寄りのない高齢者や、身内と関わりの薄いかたちで生涯を終えていく高齢者が増えている。そのため、自己の死後の事務処理を、他人に委託せざるを得ない者、または、疎遠な相続人に委ねず、信頼する身近な他人に委託することを希望する者が増加している。この社会的ニーズに応えるために、「死後事務委任契約」が利用されることが多い（死後事務委任契約は、①単独で利用される場合（最高裁平成4年9月22日判決・金法1358号55頁、東京高裁平成21年12月21日判決・判時2073号32頁参照）と、②任意後見契約に付加して締結される場合（日本公証人連合会文例委員会「任意後見契約公正証書の文例」公証127号263頁以下参照）とがある）。ただ、死後の事務を委託する契約の効力を広く認めると、現行の相続法秩序と抵触する可能性があることが指摘されている（石川美明「高齢社会と葬儀・法要等の死後の事務」宗教法31号114頁以下参照）。

Ⅱ　簡略化する葬儀

　多死時代が到来し、前述のように毎年亡くなる人は130万人を超えるが、「弔いの風景」は確実に姿を変えつつある。

1　葬送儀礼の担い手の変化

　第1に、葬送儀礼の担い手（死者の親族など血縁的関係者、近隣の地縁的関係者、僧侶などの葬儀の職能者）の役割分担において変化がみられる。

　従来、①死者の血縁的関係者には最も濃い死穢がかかるとみなされ、「湯灌」や「納棺」など死者に直接触れる仕事が分担され、②地縁的関係者は、

その周辺に位置して葬送儀礼の執行のうえで実務的な部分（「葬具作り」など）を担当してきた。

　しかし、最近の調査（関沢まゆみ「葬送儀礼の変化」国立歴史民俗博物館編『葬儀と墓の現在』201頁以下参照）によれば、①湯灌や納棺は血縁的関係者から病院関係者または葬儀社職員へ、②葬具作り（葬列の廃止とともに、告別式用の祭壇を中心とした葬具が増加）は、地縁的関係者から葬儀社へ、さらに、葬儀社から葬具製造販売業者へという急激な変化が起こっているという。そして、湯灌や納棺など死者に直接触れる仕事までもが葬儀社職員や病院関係者によって分担されるようになったため、人々の死霊畏怖と死穢忌避の観念が希薄化し、生者を死霊から守る意味の儀礼（たとえば、「耳塞ぎ」「出立ちの膳」「出棺時に故人が生前使用していた茶碗を割る儀礼」など）が急速に失われつつあるという。

2 ｜ 葬儀の簡略化

　第2に、生者の都合による葬儀の簡略化である。

　まず、葬儀式と告別式とは異なった性格の儀礼（葬儀式は宗教儀式、告別式は社会的儀式）であるが、「葬儀式と告別式を同時に執り行う」（1時間ほどで行う）やり方が一般化している。本来は葬儀を行った後に告別式を行うべきであるが、参列者の時間の都合や火葬時刻の集中などの理由により、実際には葬儀の最中に会葬者による告別の焼香を行い、葬儀式と告別式とを合わせて1時間ほどで済ませている。また、弔問客の中には、葬儀・告別式ではなく、通夜（夜伽）に参列する者も多く、「通夜の告別式化」という現象もみられる。昼間は仕事があるので、出席しやすい夜の通夜に弔問する人が多くなり、通夜の参列者が葬儀・告別式の参列者より多くなるという傾向がある。その結果、通夜本来の機能が失われつつある。

　次に、遠方の親族の負担を考慮し、葬儀の当日に、「初七日の法要を繰り上げて行う」ことが今日一般的になりつつある。初七日は、本来、死亡日を

入れて 7 日目に行われる死者供養の儀礼（四十九日の満中陰まで続く死者供養の最初の儀礼）であるが、首都圏では、出棺前の告別式に続いて初七日法要を行うことが多い。

　また、近年、近親者だけで行う「家族葬」が急増している。家族葬と呼ばれているものには、近親者数人だけのもののほかに、故人とごく親しかった友人たちも加えた50人ほどの規模のものもある。家族葬が選ばれている理由として、次のような点があげられる。第 1 は、戦後の高度経済成長期には葬儀が盛大に行われたが、遺族の会社関係者など故人と直接面識のない「義理の会葬者」が多数参列した。そのため、遺族はその応対に追われ、故人とゆっくりお別れできなかったので、義理の会葬者を排除した葬儀が志向されるようになった、ということである。第 2 は、高齢化・少子化・非婚化が進んで家族が弱体化し、かつ、地縁が崩壊している現在、葬儀を従来のような形で執り行うことは実際上困難である、ということである。第 3 は、故人が80歳を過ぎた超高齢者の場合、会葬者がいない（故人の知人・友人はすでに死亡したか、要介護状態であり、また、喪主は定年退職しているため喪主の会社関係者もいない）、ということである。第 4 は、葬式を安く、簡単に済ませたい、ということである。超高齢者の死が増加し（80歳以上の死亡者が全死亡者の63％を占めている）、長患いや長期介護の末に死亡すると、悲しみよりも、「ようやく面倒から解放された」という気持ちをもつ家族が増え、「葬儀をきちんと行いたくない」「今さら死んだ人にお金をかけたくない」と考える者が急増しているという。その結果、家族葬の名の下に、「死者を粗末にする、弔いの気持ちのない葬式」が増え、家族葬と呼ばれる葬式の約半数がこの種の葬式であるといわれている。

　さらに、参列者を制限する家族葬に対し、通夜葬儀を短縮する「一日葬」（「ワンデーセレモニー」）が、近年みられるようになった。これは、葬儀社によって提案された新しい葬儀の形態で、通夜を行わず、葬儀・告別式から火葬までを一日で執り行うというものである。一日葬が選ばれている理由とし

て、①葬儀費用を抑えたい、②通常の葬儀より拘束時間が短い、③略式葬を選択し葬式をしないのは後ろめたい、などがある。ただ、一日葬の場合、通夜の飲食接待費が減るだけで、葬儀費用については、同じ規模・内容の通常の葬式と大差はない、との指摘もある。さらに問題なのは、現在では、病院で亡くなった後、遺体を自宅に搬送せず、直接葬儀場や保管施設に預けるようになっており、「故人への寄り添い」は通夜葬儀のわずか数時間だけである。このわずかな寄り添いの時間を、一日葬ではさらに短縮することになるという点である。

3　略式葬の増加

　第3に、葬儀簡略化の極限的形態ともいえる「略式葬」の増加である。

　葬式をしないで火葬だけで済ませてしまう略式葬が増えている。略式葬は、葬式という儀礼を排するという点で、儀式を行う「無宗教葬」とは異なる。なお、略式葬は、葬祭業者などの間では「直葬」と呼ばれているようであるが、すでに事典にある「直葬」概念——石棺・木棺が直接封土中に存在するあり方の意。小野泰博ほか編『日本宗教事典』20頁参照——と紛らわしいので、ここでは略式葬と呼ぶ。

　現存経典のうち最古の経典である法句経（Dharmapada）に、「およそ世界のどこにいても、死の脅威のない場所はない」と説かれているように、すべての者は必ず「死（marana）」に至るという事実は厳然として存在し、例外はない。ただ、人類は、他の動物と異なり、死者を葬る一連の儀式（遺体処理とそれに伴う儀礼）を古くから行ってきた。しかし、近年、上記のように、葬式という儀礼を省いて、遺体の単なる物理的処理（＝火葬）だけで済ませてしまう略式葬が急増している。東京ではすでに全体の約3割（全国平均でも1割程度）が略式葬であるといわれている。病院から自宅に帰ることも、葬儀場に安置されることもない遺体を、火葬するまで預かるサービスも広がっており、サービス提供会社では、遺体保管の保冷庫は、土地さえあればい

くらでも増やしたいという。

　略式葬が行われる場合には、①貧困や孤独死のため、やむを得ず行われる場合と、②故人や遺族の自由な意思に基づいて行われる場合とがある。後者の略式葬増加の背景には、葬送に関する国民意識の変化、寺や葬祭業者に対する不信、遺族の故人（特に高齢の死者）に対する哀惜の念の欠如、マスコミが略式葬の存在をしばしば報道したことなどがあるようである。

　寺に対する不信の背景にあるのは、①葬式が宗教ではなくビジネスになっている、②戒名料が高い、③お布施の相場がわからない（金額が不透明）、④火葬の際に僧侶が立ち会わない、⑤法話をしないなどの寺・僧侶に対する批判・不満である。もちろん、世間の非難を浴びているのは一部の寺・僧侶であろうし、また、上記批判の中には的外れのものもあるようである。葬儀の主導権を握った葬祭業者が、遺族の包むお布施の金額について不用意に言及することも、寺に対する不信の原因となっているようである。また、寺が、これまで葬式・先祖供養を中心に活動し、人々の悩みを聞き、布教するという日常的な努力を怠ってきたことも、今日の「寺ばなれ」の原因となっているようである。

　また、葬祭業者に対する不信については、葬式にかかる費用の大半を占めているのが葬儀社への支払であるのに、葬儀料金・サービス内容が不明朗であるということがその背景にある。たとえば、葬儀費用についての不当な二重価格表示（不当景品類及び不当表示防止法参照）などでトラブルが起こりやすく、国民生活センターに寄せられる葬儀費用に関する相談は年々増加しているという。

Ⅲ　多様化する墓・葬法

1 ｜ 「家墓を持てない者」と「家墓に入ることを望まない者」

　わが国では、これまで、家単位の合葬墓である家墓が最も一般的な形式の

墓であった。しかし、近年、「家墓を持てない者」が増加する一方、「家墓に入ることを望まない者」や「家墓に限らず、いかなる形式の墓に入ることも望まない者」が出現し、墓や葬法が多様化している（石川美明「わが国における新しい葬法とその法的問題点」宗教法27号105頁以下参照）。

　「家墓を持てない者」の増加の要因として、都市部での慢性的な墓地不足と墓地価格の高額化があげられる。都市部では、急激な人口の増加によって墓地の需要が増大しているが、新たな墓地用地の確保は困難な状況となっており、今や都市部で墓地を持つことは極めて困難となっている。また、少子化・非婚化の進行とともに、墓地承継者を欠く者（独身者、子のない夫婦など）が増加していることも要因の一つとなっている。

　「家墓に入ることを望まない者」や「家墓に限らず、いかなる形式の墓に入ることも望まない者」の出現の背景には、葬送に関する国民意識の変化がある。すなわち、①家意識の希薄化、②祖先崇拝的な意識の後退（「遠い先祖」を崇拝する意識が後退し、「近い先祖」を追憶する意識に変化してきている）、③女性の自立意識の高まりなどにより、すでに予定されている家墓に入ること（あるいは家墓を建立すること）を望まず、承継者を必要としない墓を志向する動きがみられる。また、自己の死後を自らの意思によって決定したいと願う「葬送の自己決定権」の目覚めや、墓地用地の乱開発が環境破壊を促進していることに対する反省などから、墓へのこだわりを捨て、墓は一切つくらず、遺灰を海や山に撒く散骨を選択する者もいる。

2 ｜ 墓地問題

　今日、わが国の墓が直面している問題には、次のようなものがある。第1に、都市部での深刻な墓地不足である。都市部への人口集中、多死時代の到来、地方から都市に墓を移す改葬の増加などにより、都市部では墓地需要が増大している。他方、墓地は「迷惑施設」として敬遠され、供給が停滞している。その結果、都市部では慢性的な墓地不足に陥っている。第2に、墓の

無縁化という問題である。少子化の進行と地方の過疎化により、無縁墳墓が増加している。こうした事態を重く受け止め、平成11年「墓地埋葬法施行規則」が改正され、無縁墳墓の改葬手続が簡略化された。第3に、地方から都市への人口大量流入と高齢化・少子化の進行に起因する、地方（郷里）にある家墓の墓参・管理の問題である。第4に、第3の問題を抱える人たちが、郷里にある家墓を現在の自宅近くに移すようになり、それに伴い、改葬をめぐるトラブル（たとえば、元の墓地の管理者から法外な離檀料を請求されるなど）も増加していることである。

　そこで、墓を必要としない散骨についてみてみると、散骨にもいろいろ問題があるようである。第1に、散骨がなされた当該土地所有者・近隣住民等の権利侵害の問題である。散骨が増加するにつれて、「散骨を実施した者」と「人骨を撒かれた側」との間でトラブルが起きるようになってきた。そのため、散骨を規制する条例を制定している自治体も少なくない。第2に、故人の生前の意思確認の問題である。現代の散骨は、自己の死後を自らの意思によって決定するという自己決定権を実現するものとして主張されているが、本人（故人）の生前の意思を誰がどのように確認するのか、また、これまで確認してきたのか。また、本人の意思表示はエンディング・ノートなどの書面によることを要するのか（臓器の移植に関する法律6条1項参照）。さらに、本人が葬法について意思を表明しておらず、かつ、「推測される本人の意思」が考えられない場合（意思無能力者など）に、遺族の独自の判断で散骨という特別な葬法を行うことができるのか。第3に、墓地埋葬法上の問題である。陸地での散骨の場合、撒いた焼骨の上に「土や落ち葉をかけているケース」もあるという。これは、墓地埋葬法4条1項で禁止されている墓地以外の区域での「焼骨の埋蔵」に該当するのではないか。第4に、遺骨遺棄罪の成否の問題である。刑法190条（死体損壊等の罪）は、死者に対する社会的風俗としての宗教的感情を保護しようとする──個人的法益ではなく、社会的法益に対する罪の範疇に属する──ものであり、遺骨を灰にして投棄する場合は

ともかく、遺骨をそのまま海中等に投棄する行為は、たとえそれが死者の意思に沿ったものであったとしても遺骨遺棄罪になる、と一般に解されている。したがって、かつて東京都の水源地（都有林）で実際に行われたような、部位が推定できる程の大きさの人骨を撒く行為は、遺骨遺棄罪（刑法190条）を構成するのではないか。第5に、これは法律上の問題ではないが、散骨の場合には墓がないという問題である。「墓がないため、お参りする対象がない（故人を偲ぶ場所がない）」「散骨は遺骨を捨てるようで抵抗がある」などの理由で、散骨を敬遠する人も多く、散骨は知名度が高い割にはそれほど増えていない――特に、遺骨全部を撒いてしまう人はごく少数である――という。新しい葬法の中でも、墓を全くつくらない散骨よりも、たとえ樹木であっても墓標のある樹木葬を志向する動きもみられる。墓無用とする散骨推進論者は、「墓は心の中に建てよ」と主張する。しかし、目から消えるものは心からも消えるものである。故人のことをいつまでも忘れないでいることが一番の供養であると考え、「墓」にこだわる人も多数存在している。「墓問題」を考える際には、このような点も考慮しなければならないであろう。

3 ｜ 多様化する墓

　このような状況の中、墓はますます多様化し、現在、家名ではなく好きな言葉を刻んだ「無家名墓」、墓石に夫婦両家の家名を刻んだ「両家墓」、墓地の使用期間を定めた「期限付墓地」、墓の承継者の存在を前提としない「永代供養墓（ある一定期間までは個別に納骨し、期間経過後はほかの遺骨と一緒に合葬するタイプのほかに、初めからほかの遺骨と一緒に合葬するタイプもある）」、近年急増している「自動搬送式納骨堂（カードをかざすと、遺骨を納めた厨子がオートメーションで目の前に出てくるタイプの納骨堂）」、墓石の代わりに樹木を墓標とする「樹木葬墓地」などが存在している。

（石川　美明）

第2章

死亡および死亡直後に
発生するトラブルと対策

I　死の判定と届出・手続に関するトラブル

Q1　死亡の判定と死亡診断書

> かなり衰弱して自宅で病気療養中だった祖父が未明に心臓が停止して亡くなっていました。この場合の死亡は誰が判定するのですか。

▶ ▶ ▶ Point
① 　どのような場合に死亡診断書が交付されるのか
② 　死亡診断書を交付するのは誰なのか
③ 　死亡の判定は何によって行うのか

1　死亡届と死亡診断書

　人が死亡した場合、市町村に死亡の届出をしなければなりません（戸籍法86条1項）。そして、死亡届には、死亡診断書または死体検案書（Q2参照）を添付しなければならないとされています（同条2項）。死亡診断書は、医師または歯科医師が交付しなければなりません（医師法19条2項、歯科医師法19条2項）。

　医師が診療した後24時間以内に診療中の疾患で死亡したときには、異状がない限り、その医師があらためて死後診察しなくても、医師は死亡診断書を交付することができます（医師法20条）。医師が診療した後24時間を超える場合であっても、診療にかかる傷病で死亡したことが予期できるときには、診察を行って生前に診療していた傷病が死因であると判定できるならば、その医師が死亡診断書を交付することができます（厚生労働省医政局医事課長通知「医師法第20条ただし書の適切な運用について」平成24年8月31日医政医発0831号

第1号）。

　したがって、ご質問のように衰弱して自宅で療養中のお祖父さんが心停止して亡くなった場合、診療にあたっていた医師が、診療した後24時間以内であって特に異状がないとき、または、24時間を超えているときであってもお祖父さんの死因が従来からの病気に基づくものと判定できるときには、その医師が死亡診断書を交付することができます。

　なお、死亡診断書の具体的な書式と記載例については、Q3〔図〕を参照してください。

② 死亡の判定基準

　医師は何を基準として死亡の診断をするのかも問題になりますが、従来からの医学的な考え方では、「心臓死」の三兆候（呼吸停止、心拍停止、瞳孔拡大と対光反射の消失）を基準としてきました。つまり、死とは不可逆的な生命活動の停止であって、肺、心臓、脳の機能が不可逆的に停止したことをもって死と判定してきたわけです。

　しかし、科学の発展によって、新たに脳死という概念も生じてきました。脳死という状態は、脳が不可逆的にその機能を停止した状態であって、心臓や肺は生命維持装置によって機能を喪失していない状態を指しています。つまり、脳は機能を失っていても肺と心臓が機能を有しているため、血流による臓器への酸素供給は継続しているのですから、各種の臓器も機能を喪失していないことになります。そのため、高度な機能を有する臓器の移植が可能となり、臓器移植のために脳死という概念が生じたわけです（Q6参照）。したがって、脳死は、臓器移植のための概念であって、人の死亡を判定するための基準ではなく、脳死判定だけでは死亡診断書の交付はできないことになります。

（平田　厚）

Q2　死体検案書が交付される場合

> 認知症の父が自宅の階段から落ちて亡くなりましたが、この場合の死
> 亡は誰が判定するのですか。

▶ ▶ ▶ Point

① 　どのような場合に死体検案書が交付されるのか

② 　死体検案書を交付するのは誰なのか

1　死亡届と死体検案書

　人が死亡した場合、市町村に死亡の届出をしなければなりません（戸籍法86条1項）。そして、死亡届には、死亡診断書（Q1参照）または死体検案書を添付しなければならないとされています（同条2項）。死体検案書は、医師が交付しなければなりません（医師法19条2項）。

　医師が診療した後24時間以内に診療中の疾患で死亡したときには、異状がない限り、その医師があらためて死後診察しなくても、死亡診断書を交付することができます（医師法20条）。医師が診療した後24時間を超える場合であっても、診療にかかる傷病で死亡したことが予期できるときには、診察を行って生前に診療していた傷病が死因であると判定できるならば、その医師が死亡診断書を交付することができます（厚生労働省医政局医事課長通知「医師法第20条ただし書の適切な運用について」平成24年8月31日医政医発0831号第1号）。

　しかし、診療を受けていた傷病でなく、階段から落ちたという事故によって死亡した場合には、医師が死亡診断書を交付することはできません。そのような場合には、医師が死体を検案しなければならず（医師法19条2項参照）、

死体を検案して異状があると認めたときは、医師は、24時間以内に所轄警察署に届け出なければなりません（医師法21条）。その結果、検察官または警察官が検視や死体見分を行い、必要があると判断されれば、司法解剖・行政解剖に付されることになります（Q7、Q8参照）。

2 非犯罪死の場合と犯罪死の場合

　認知症の父親が自分で階段から落ちて事故死した場合には、犯罪に基づくものではないようですから、警察官が死体見分を行い（死因・身元調査法4条2項）、その手続に立ち会った医師（同条3項参照）が死体検案書を交付することとなると思われます。

　また、お父さんが自分で階段から落ちたのではなく、誰かに突き落とされたというように犯罪に基づくことが疑われるような場合には、検察官による検視が行われ（刑事訴訟法229条1項）、検視に立ち会った医師や解剖を担当した医師が死体検案書を交付することとなります。

　なお、死亡診断書と死体検案書の記載事項は同一であって、共通の書式が用いられています。具体的な書式と記載例については、Q3〔図〕を参照してください。なお、令和2年12月25日に施行された押印に関する整理省令により、死亡診断書（死体検案書）は、記名押印ではなく署名によるものとされました。

（平田　厚）

Q3 死亡届とその提出方法

　一人暮らしの高齢者がアパートの自室で死亡しました。死亡後1週間経って発見されたのですが、この場合、誰が死亡届を提出するのですか。

▶ ▶ ▶ Point

① 死亡届は、いつどこでしなければならないのか

② 誰が死亡届をしなければならないのか

③ 誰が死亡届をすることができるのか

1 死亡届

　死亡届は、人が死亡したことを公的に証明するために必要な手続です。死亡届が受理されれば、その人は戸籍から除籍され、住民登録も消除されて住民票の除票が保存されることになります。また、死亡届が受理されなければ埋火葬許可証も発行されません（墓地埋葬法5条2項）。さらに、生命保険金等を請求するにあたっても死亡届が必要とされています。

　死亡届は、原則として、届出義務者が死亡の事実を知った日から7日以内にしなければなりません（戸籍法86条1項）。届出は、本人の本籍地または届出人の所在地（住所地）ですることになりますが（同法25条1項）、死亡届は死亡地でもすることができ（同法88条1項）、死亡地が明らかでないときは死体が最初に発見された地で、汽車その他の交通機関の中で死亡したときは死体をその交通機関から降ろした地で、航海日誌を備えない船舶の中で死亡したときはその船舶が最初に入港した地ですることができます（同条2項。なお、航海日誌を備えた船舶の中で死亡した場合は、船長が航海日誌に記載等し、市町村へのその謄本の送付等の手続をします。同法93条・55条）。

２ 死亡届の届出義務者と届出権者

　人が死亡した場合、市町村に死亡の届出をしなければなりませんが（戸籍法86条１項）、届出をする段階ではその対象となる人が死亡しているのですから、誰か他の人が届出をしなければならないことになります。死亡届をしなければならない人（届出義務者）については、次の順序に従って届出をしなければならないとされています。ただし、順序にかかわらず届出をすることもできる（届出権者）と定められています（戸籍法87条１項）。

①　同居の親族

②　その他の同居者

③　家主、地主または家屋もしくは土地の管理人

　なお、死亡届は、同居の親族以外の親族、後見人、保佐人、補助人および任意後見人、任意後見受任者（令和元年改正により令和２年５月１日から）もすることができる（届出権者）とされています（同条２項）。

　したがって、一人暮らしの高齢者が自室で死亡した場合、家主や家屋の管理人が死亡届をしなければならないこととなり、親族や後見人等がいる場合、それらの者も死亡届をすることができることになります。

　死亡届の書式は次頁のとおりです。

（平田　厚）

[図]　死亡届（法務省ホームページより）

Q4　災害で遺体が発見されない場合の死亡判定

　豪雨で川が氾濫し、自宅が流された人が行方不明で遺体が発見されません。この行方不明者はいつ死亡と判定されるのですか。家族は生命保険の申請ができますか。

▶ ▶ ▶ Point
①　失踪宣告による場合にはどうなるか
②　認定死亡による場合にはどうなるか

1　失踪宣告とその法的効果

　遺体が発見されていない場合には、本人が死亡したのかどうか明確ではありません。このような不在者については、7年間生死が不明であれば、利害関係人の請求によって、家庭裁判所が失踪宣告をすることができます（民法30条1項：普通失踪）。また、死亡の原因となるべき危難に遭遇した場合には危難が去った後1年間生死が不明であれば、同様に失踪宣告をすることができます（同条2項：特別失踪）。

　失踪宣告がなされた場合には、7年の期間満了時あるいは危難が去った時に死亡したものとみなされます（民法31条）。したがって、法的に本人が死亡したことが擬制されることになりますから、家族は生命保険の申請ができることになります。後日失踪者が生存していることが判明した場合には、本人または利害関係人の請求によって、家庭裁判所は失踪宣告を取り消さなければなりません（同法32条1項）。ただし、取消し前に善意（生存の事実を知らなかったこと）でした行為は有効として扱われます（同項ただし書）。また、失踪宣告によって利益を得た者は、取消しによって権利を失うものの、現に

利益を受けている限度で返還義務を負うものとされています（同条2項）。

　したがって、生命保険金が支払われ、後日生存が判明して失踪宣告が取り消された場合には、保険金受取人は現に利益を受けている限度で保険金を返還すれば足りることになります。もっとも、そのような保護を受けるのは、保険金受取人が善意であった場合に限るとするのが通説です。

　なお、東日本大震災については、遺体が発見されない場合でも死亡届が受理されます。詳しくは、法務省ホームページ〈http://www.moj.go.jp/MINJI/minji04_00026.html〉をご覧ください。

2　認定死亡とその法的効果

　水難や火災などで行方不明となっている人が、死亡していることは確実だけれども遺体を確認できないという場合には、その取調べをした役所は、死亡地の市町村長に死亡の報告をしなければならず（戸籍法89条）、死亡を認定して戸籍に死亡の記載をすることになるため、「認定死亡」と呼ばれています。

　この認定によって戸籍上は死亡した取扱いになるため、戸籍から除籍になったときに本人が死亡したという取扱いが可能となります。しかし、失踪宣告とは異なり、本人が死亡したものと法的にみなされるわけではなく、戸籍法上の便宜的な制度であって、後日行方不明者の生存が判明した場合には、ただちに効力を失うものにすぎません。

　認定死亡は戸籍法上の死亡の効果を導くものですから、本人が死亡したものとして婚姻関係が解消されたり相続が開始したりすることになります。生命保険は、戸籍法上の問題ではなく、保険契約に基づくものですから、認定死亡によって直ちに死亡したものとして取り扱わなくてもかまわないことになります。もっとも、そう簡単に認定死亡が行われるわけではないですから、認定死亡の場合には死亡が推定されていると理解したほうがよいでしょう。そうだとすると、生命保険金の申請も可能ということになるでしょうから、

加入している保険会社に問い合わせたほうがよいと思います。多くの保険商品では、保険会社自身の死亡認定というシステムを準備しているだろうと思います。

　生命保険金が支払われ、後日生存が判明した場合には、失踪宣告と違って保護規定がありませんから、保険金受取人は受け取った保険金を返還しなければならないことになります。

（平田　厚）

Q5　火葬（埋葬）許可証の申請方法

> 　隣町の病院に入院していた父が死亡しました。この場合、死亡届、火葬許可申請はどの自治体に提出すればいいのでしょうか。

▶ ▶ ▶ Point
① 　死亡届は、どこに提出するのか
② 　火葬（埋葬）許可の申請は、どこに提出するのか

1　死亡届の提出先

　届出は、本人の本籍地または届出人の所在地（住所地）の市区町村役場に提出することになりますが（戸籍法25条1項）、死亡届は死亡地でも提出することができます（同法88条1項）。死亡地が明らかでないときは死体が最初に発見された地で、汽車その他の交通機関の中で死亡したときは死体をその交通機関から降ろした地で、航海日誌を備えない船舶の中で死亡したときはその船舶が最初に入港した地ですることができます（同条2項。なお、航海日誌を備えた船舶の中で死亡した場合は、船長が手続をします）。

　したがって、居住地内にない病院で死亡した場合、亡くなった方の本籍地、死亡地、届出する者の住所地のいずれでも提出することができます（Q3参照）。

2　火葬（埋葬）許可証の申請先

　遺体を搬送して火葬（埋葬）するには、市区町村長の許可を受けなければなりません（墓地埋葬法5条1項）。この許可は、死亡届を受理した市区町村長が行うこととされていますから（同条2項）、死亡届を提出した市区町村

役場の窓口に火葬許可の申請書を提出することになります。埋葬とは土葬のことを指していますから、火葬せずに土葬する場合も、同様に死亡届を提出した市区町村役場の窓口に埋葬許可の申請書を提出することになります。なお、死亡が認定された場合には、死亡の報告を受けて死亡を認定（Q4②参照）した市区町村役場の窓口に申請書を提出することになります（同項）。

　なお、死亡届や火葬許可申請は、葬儀社への委任による代行で行うことができます。死亡直後は、精神的にも混乱していますし、事務的にも余裕がないのが通常ですので、葬儀社に依頼して手続を行ってもらうことが多いでしょう。

　火葬許可申請書には、①死亡者の本籍、住所、氏名、②死亡者の性別、③死亡者の出生年月日、④死因、⑤死亡年月日、⑥死亡場所、⑦火葬場所、⑧申請者の住所、氏名および死亡者との続柄、を記載しなければなりません（墓地埋葬法施行規則1条）。たとえば、北海道芦別市の場合には、次のような申請書を定めています（「芦別市埋葬、火葬及び改葬等の許可手続に関する規則」別表第1号様式。次頁参照）。ただし、押印に関する総務省の通知に基づいて、各市町村において押印の要否は検討されることになります（総務省自治行政局長通知「地方公共団体における書面規制、押印、対面規制の見直しについて」令和2年7月7日付総行行第169号、総行経第35号）。

（平田　厚）

〔図〕 火葬（埋葬）許可申請書（芦別市の例）

		決裁	課長	係長	係

指令第　号 死体 埋葬／火葬 許可申請書

死亡者の本籍	
死亡者の住所	北海道芦別市

死亡者の氏名		性別	男　女	生年月日	年　　月　　日

死亡年月日	年　月　日午前／後　　時　　分	死因	一類感染症等　その他

死亡の場所	北海道芦別市

埋・火葬年月日	年　月　日午前／後　　時　　分	埋葬場	芦別、常磐、新城、滝里、野花南墓地、桜ヶ丘霊園
		火葬場	芦別市斎場

<table>
<tr><td colspan="2">
住　所　北海道芦別市
氏　名　　　　　　　　　㊞
（死亡者との続柄　　　　）

　年　　月　　日

　　　　　　　北海道芦別市長　　　　様
</td></tr>
</table>

備　考	1　該当分に○をつけてください。 2　死体は、死亡後24時間を経過しなければ火葬又は埋葬することができません。ただし、感染症（指定感染症を含む。）の場合は、火葬又は埋葬することができます。 3　火葬場の使用料は、12歳以上15,000円、12歳未満12,000円です。ただし、死亡者の住所が芦別市外にある場合の使用料は、12歳以上45,000円、12歳未満36,000円です。
火葬場使用料の領収	火葬場使用料　　　　円を領収しました。 　　　年　　月　　日 　　　　　　　　　領収書　　　　　　㊞

Q6　脳死・臓器移植と遺族の同意

　生前、本人は「自分が死んだら臓器は誰かに移植してもらってかまわない」と言っていましたが、臓器移植カードも持っておらず、被保険者証や運転免許証にも記録していませんでした。交通事故で本人が脳死判定を受けたのですが、臓器移植に同意してよいのでしょうか。

▶ ▶ ▶ Point
① 　脳死による臓器移植はどのような場合に可能となるのか
② 　臓器移植に関する本人の意思を明確にするにはどのような手段があるか

1　脳死による臓器移植

　臓器移植とは、一定の臓器や組織が病気や事故などによって機能を喪失した場合に、他者や動物の生体や死体から臓器や組織を摘出して移植する外科的な処置のことを指しています。脳死という状態は、脳が不可逆的にその機能を停止した状態ですが、心臓や肺は生命維持装置によって機能を有しているため、血流による臓器への酸素供給が継続しており、高度な機能を有する臓器の移植が可能となりますから、脳死判定に基づいて臓器移植が行われることになります。

　脳死による臓器移植を行うには、臓器移植法を遵守しなければなりません。臓器移植法では、4つの基本理念を定めています（臓器移植法2条）。①死亡した者が生存中に有していた自己の臓器の移植術に使用されるための提供に関する意思は、尊重されなければならない、②移植術に使用されるための臓器の提供は、任意にされたものでなければならない、③臓器の移植は、移植術に使用されるための臓器が人道的精神に基づいて提供されるものであるこ

とに鑑み、移植術を必要とする者に対して適切に行われなければならない、
④移植術を必要とする者に係る移植術を受ける機会は、公平に与えられるよ
う配慮されなければならない、という4つの理念です。

2　臓器摘出の要件

　死亡した人から臓器を摘出するには、死亡した人が自分の臓器を移植術に
使用されるために提供する意思が明確になっていることが必要です。したが
って、死亡した人がそのような臓器提供の意思を書面により表示している場
合であって、その旨の告知を受けた遺族が当該臓器の摘出を拒まないときま
たは遺族がないときには、臓器摘出を行うことができます（臓器移植法6条
1項1号）。

　また、2010年の臓器移植法の改正によって、死亡した人の意思が明確にな
っていない場合にも、家族の承諾があれば、臓器を摘出することが可能とさ
れました。死亡した者が生存中に臓器提供の意思を書面により表示している
場合および当該意思がないことを表示している場合以外の場合であって、遺
族が当該臓器の摘出について書面により承諾しているときにも、臓器摘出を
行うことができると定められています（臓器移植法6条1項2号）。つまり、
死亡した人が臓器を提供する意思がないことを表示していた場合以外は、遺
族の承諾によって臓器移植を行うことが可能となっています。

　したがって、ご質問の場合も、本人が書面で臓器提供の意思を表示してい
ないとはいえ、生前に臓器提供の意思があることを表示していたのですから、
遺族が書面によって承諾することにより、臓器摘出を行うことができます。

3　臓器提供の意思の表示手段

　生前に臓器提供の意思を表示しておくためには、さまざまな手段がありま
す。臓器移植法によれば、書面で表示されていればよいのですから、遺言書
や日記などに記載しておいていただけでもかまわないということになるでしょう。

しかし、臓器移植をするためには、死亡後しばらくして書面を発見したということでは間に合いませんから、臓器提供の意思の表示手段を特定しておくにこしたことはありません。

　臓器提供の意思表示は、公益社団法人日本臓器移植ネットワークにインターネットで意思登録をすることができます。また、意思表示欄があらかじめ設置されている保険証や運転免許証に記載しておくこともできます。さらに、臓器提供意思表示カードやシールに記載しておくこともできます。臓器提供意思表示カードは次のようなものです。

（平田　厚）

〔図〕　臓器提供意思表示カード

Q7 犯罪死と司法解剖

> 一人暮らしの母が強盗に入られ、騒いだため包丁で殺害されてしまいました。警察が司法解剖すると言っていますが、死亡したのにまたメスを入れられるのはかわいそうに思います。解剖を拒否できるでしょうか。

▶ ▶ ▶ Point
① どのような場合に司法解剖が行われるのか
② 司法解剖を拒否することはできるか

1 司法解剖とは

司法解剖とは、犯罪性の認められる死体またはその疑いのある死体につき、死因や死後経過時間などを究明するために行われる解剖のことを指しています。変死者または変死の疑いのある死体があるときは、その所在地を管轄する地方検察庁または区検察庁の検察官は、検視をしなければならないとされています（刑事訴訟法229条1項。検察官は、検察事務官または司法警察員にその検視をさせることができます。同条2項：代行検視）。そして、検察官等は、必要がある場合には、鑑定人による死体の解剖を求めることができ（同法223条1項・225条1項による168条1項の準用）、裁判所の鑑定処分許可状に基づいて行うこととなります（同法225条）。

犯罪による死体がすべて司法解剖されているわけではなく、検視のみで終了する場合も多いようです。今日では、司法解剖に基づく情報が真相解明などに重大な影響を与えることから、最寄りの大学医学部の法医学教室と連携し、法医学教室内の法医学者によって執行されることが一般的になっています。

2 司法解剖の拒否

　以上のとおり、司法解剖は、捜査の一環として裁判所の許可状に基づいて行うものですから、遺族の同意が得られなくも強制的に行うことができます。死体解剖保存法は、原則として、死体解剖には遺族の承諾が必要であると定めていますが（死体解剖保存法7条本文）、司法解剖が必要な場合は例外として遺族の承諾は不要と定めています（同条3号・2条1項4号）。

　確かに遺族の死者に対する感情を無視することは好ましくないでしょうが、遺族にとっても真犯人を追及することを無視できるわけでもありませんし、司法解剖の結果が重要な意味をもつことも多いのですから、遺族自身が容疑者でない限り、遺族も事実上拒否できないところだろうと思います。

　したがって、死者がかわいそうだという理由で司法解剖を拒否することはできないといわざるを得ません。筆者が実務修習中に経験した司法解剖においては、担当した法医学者が遺族感情に配慮して、解剖した後の遺体をできるだけ解剖前の状態に近づけようと努力していました。愛する家族を喪った遺族に対しては、そのような事実上の配慮のもつ意義が大きいのではないかと思います。

（平田　厚）

Q8　行政解剖と遺族の承諾

　一人暮らしをしていた叔父が庭に倒れて死亡していたのが発見されました。犯罪の形跡は全くないようですが、警察は、「死因がわからないので監察医務院に送って解剖する」と言っています。姪である私としては、遺体の腐敗が進んでいるようなので、すぐに葬ってあげたいのですが、解剖を拒否できるでしょうか。

▶ ▶ ▶ Point

①　どのような場合に行政解剖が行われるのか

②　行政解剖を拒否することはできるか

1　行政解剖とは

　行政解剖とは、広義では、死体解剖のうち司法解剖（Q7）と病理解剖（Q9）を除いたものをいいますが、狭義では、死体解剖保存法8条に基づく監察医による死体解剖のことを指しています。死体解剖保存法8条は、政令によって定められた地（東京23区、大阪市、横浜市、名古屋市および神戸市）を管轄する都道府県知事は、その地域内における伝染病、中毒または災害によって死亡した疑いのある死体その他死因の明らかでない死体について、その死因を明らかにするために監察医を置き、これに検案をさせ、または検案によっても死因の判明しない場合には解剖させることができると定めています。

　つまり、犯罪性はないが死因が判明していない異状死体に対して、その死因を究明するために行われるものが行政解剖であり、特に狭義では、監察医制度を有する大都市圏で監察医が行う死因解明のための解剖が行政解剖とさ

れています。なお、監察医務院とは、監察医を置いている組織であり、東京都では東京都監察医務院、大阪市では大阪府監察医事務所、神戸市では兵庫県監察医務室などと呼ばれています。

2　行政解剖の拒否

　死体解剖保存法は、原則として、死体解剖には遺族の承諾が必要であると定めていますが（死体解剖保存法7条本文）、狭義の行政解剖は、監察医が行うこととされており、例外として、遺族の承諾は不要とされているため（同条3号・2条1項3号）、遺族が拒否したとしても、監察医は行政解剖を行うことができます。

　また、食品衛生法では、都道府県知事等は、原因調査上必要があると認めるときは、食品、添加物、器具または容器包装に起因し、または起因すると疑われる疾病で死亡した者の死体を遺族の同意を得て解剖に付することができるとしていますが（食品衛生法59条1項）、その死体を解剖しなければ原因が判明せず、その結果公衆衛生に重大な危害を及ぼすおそれがあると認めるときは、遺族の同意を得ないでも、これに通知したうえで、その死体を解剖に付することができるとしています（同条2項）。

　さらに検疫法では、検疫所長は、検疫感染症の検査について必要があると認めるときは、死体の解剖を行い、または検疫官をしてこれを行わせることができるとし、その死因を明らかにするため解剖を行う必要があり、かつ、その遺族の所在が不明であるか、または遺族が遠隔の地に居住する等の理由により遺族の諾否が判明するのを待っていてはその解剖の目的がほとんど達せられないことが明らかであるときは、遺族の承諾を受けることを要しないで解剖することができると定めています（検疫法13条2項）。

（平田　厚）

Q9　病理解剖と遺族の承諾・費用負担

　母ががんで入院していた病院で死亡しました。医師は、「思ったより早い死になってしまったので、是非解剖させてほしい」と言っています。この解剖を拒否することはできるのでしょうか。また、この解剖を承諾すると、その費用を負担しなければならないのでしょうか。

▶ ▶ ▶ Point
① どのような場合に病理解剖が行われるのか
② 病理解剖を拒否することはできるか
③ 病理解剖の費用を負担しなければならないか

1　病理解剖とは

　病理解剖とは、病気で死亡した人につき、臨床診断の妥当性、治療の効果の判定、直接死因の解明などを目的として行われる解剖のことを指しています。病理解剖は、医療臨床を検証する機能や医療臨床の研修・教育の機能などがあるとされています。

　遺体は、死亡後一定の時間を経過した後、火葬して焼骨を埋蔵するのが通常です。したがって、医療過誤などの疑いがある場合、解剖しないで火葬してしまうと、後で訴訟を提起して死因を特定することが不可能となってしまいます。

　予想外に死期が早まったというのであれば、遺族にとっては、医療上のミスが原因でそうなったのかどうかを確認することができるでしょうし、医師にとっても、今までの診察では気づかなかった病因があったのかどうかを確認することができるでしょう。そのような意味で、病理解剖をしておくと、

後日の紛争を予防することもできると思います。

2　病理解剖の拒否

　死体解剖保存法は、原則として、死体解剖には遺族の承諾が必要であると定めています（死体解剖保存法7条本文）。したがって、遺族が拒否する限り、病理解剖を行うことはできません。

　ただし、死亡確認後30日を経過しても、なおその死体について引取者のない場合や、2人以上の医師（うち1人は歯科医師であってもよい）が診療中であった患者が死亡した場合において、主治医を含む2人以上の診療中の医師または歯科医師がその死因を明らかにするため特にその解剖の必要を認め、かつ、その遺族の所在が不明であり、または遺族が遠隔の地に居住する等の事由により遺族の諾否の判明するのを待っていてはその解剖の目的がほとんど達せられないことが明らかな場合には、遺族の承諾がなくても解剖することが認められています（同条1号・2号）。

　もし医療上のミスがあったのではないかという疑いがある場合には、むしろ、遺族の側から積極的に病理解剖を行うように申し入れるべきだろうと思います。もっとも、医療上のミスが明確であって、担当医師の業務上の過失が認められる場合には、捜査機関に対して司法解剖をするよう、職権発動を促すべきだろうと思います。

3　病理解剖の費用

　病理解剖の費用は、死後の措置の費用であって、診療費には該当しないため、病院側がすべて負担していることが多いようです。しかし、病理解剖には、一定の公益的な機能もありますし、一部には行政解剖的な病理解剖も存するとすれば、財政支援が全くないのも今後の臨床医学の発展のためにはあまりよくないかもしれません。司法解剖に対する財政支援も含めて国民的に議論すべきだろうと思います。

33

　遺族側が病理解剖を行うよう申し入れる場合には、遺族側にその費用の一部を負担させることもあり得ないことではないでしょう。なかなか難しい問題ですが、病院側でも、自己の医療上のミスがないことを明確にできるうえ、臨床上のさまざまな疑問を明確にするチャンスでもあるわけですから、相互のメリットに照らして費用分担を考えてみてもよいのではないかと思います。

（平田　厚）

Ⅱ　死後すぐに発生することに関するトラブル

Q10　希望していない個室（病室）利用料の支払義務

　退院時に窓口で入院費を精算しようとしたら、個室使用料が入っていました。個室は利用しましたが、他の部屋が満室だから個室に入院になりますという説明を受けただけで、自分の希望で個室にしたわけではありません。このような場合でも、個室使用料を支払わなければならないのでしょうか。

▶ ▶ ▶ Point

① 　個室使用料とはどういうものか

② 　個室使用料は支払わなければならないのか

1　個室使用料とは

　個室使用料とは、健康保険の適用外で患者に請求される病室の使用料のことを指しています。差額室料、差額ベッド代とも呼ばれているものです。厚生労働省の通知では、このような差額室料を要する病室のことを「特別療養環境室」と呼び、その運用について注意がなされています。

　保険診療報酬が診療行為ごとに一律に設定されているため、一方では、より高度なサービスを求める患者のニーズに応えるために、個室使用料のような特別サービスが存在することは、不合理でない価格設定である限り、否定する必要はないでしょう。しかし、他方では、病院経営の増収手段として安易に特別サービスが過大に設定されてしまうと、特別なサービスを求めていない患者が当該サービスを利用せざるを得ない状況も発生し、不合理な費用

35

請求を受けてしまう結果になってしまいます。

2　個室使用料の注意点

　厚生労働省は、課長通知において、特別療養環境室を設けるにあたっては、次の①から④までの要件を充足するものでなければならないとしています（厚生労働省保険局医療課長通知「『療担規則及び薬担規則並びに療担基準に基づき厚生労働大臣が定める掲示事項等』及び『保険外併用療養費に係る厚生労働大臣が定める医薬品等』の実施上の留意事項について」平成18年3月13日付保医発第0313003号、該当箇所の最終改正：平成28年6月24日付保医発0624第3号）。

> ①　特別の療養環境に係る一の病室の病床数は4床以下であること。
> ②　病室の面積は1人当たり6.4平方メートル以上であること。
> ③　病床ごとのプライバシーの確保を図るための設備を備えていること。
> ④　少なくとも下記の設備を有すること。
> 　　ア　個人用の私物の収納設備
> 　　イ　個人用の照明
> 　　ウ　小机等及び椅子

　そして、特別の療養環境の提供は、患者への十分な情報提供を行い、患者の自由な選択と同意に基づいて行われる必要があり、患者の意に反して特別療養環境室に入院させられることのないようにしなければならないとし、特別療養環境室へ入院させた場合においては、次の事項を履行しなければならないものとしています。

> ①　保険医療機関内の見やすい場所、例えば、受付窓口、待合室等に特別療養環境室の各々についてそのベッド数、特別療養環境室の場所及び料金を患者にとって分かりやすく掲示しておくこと。
> ②　特別療養環境室への入院を希望する患者に対しては、特別療養環境室の設備構造、料金等について明確かつ懇切丁寧に説明し、患者側の同意を確認のうえ入院させること。
> ③　この同意の確認は、料金等を明示した文書に患者側の署名を受けることに

より行うものであること。なお、この文書は、当該保険医療機関が保存し、必要に応じ提示できるようにしておくこと。

3　個室使用料を徴収できない場合

前項に掲げた厚生労働省の課長通知によれば、患者に特別療養環境室に係る特別の料金を求めてはならない場合としては、具体的には以下の例があげられるとしています。

① 同意書による同意の確認を行っていない場合（当該同意書が、室料の記載がない、患者側の署名がない等内容が不十分である場合を含む。）
② 患者本人の「治療上の必要」により特別療養環境室へ入院させる場合
　（例）・救急患者、術後患者等であって、病状が重篤なため安静を必要とする者、又は常時監視を要し、適時適切な看護及び介助を必要とする者
　　　・免疫力が低下し、感染症に罹患するおそれのある患者
　　　・集中治療の実施、著しい身体的・精神的苦痛を緩和する必要のある終末期の患者
　　　・後天性免疫不全症候群の病原体に感染している患者（患者が通常の個室よりも特別の設備の整った個室への入室を特に希望した場合を除く。）
　　　・クロイツフェルト・ヤコブ病の患者（患者が通常の個室よりも特別の設備の整った個室への入室を特に希望した場合を除く。）
③ 病棟管理の必要性等から特別療養環境室に入院させた場合であって、実質的に患者の選択によらない場合
　（例）・MRSA 等に感染している患者であって、主治医等が他の入院患者の院内感染を防止するため、実質的に患者の選択によらず入院させたと認められる者

4　個室使用料の請求

前記厚生労働省課長通知が、ただちに法的拘束力を有しているわけではあ

りませんから、たとえば、同意書による確認を行っていないという理由だけ
で、個室使用料を支払うことを裁判上拒絶できるわけではありません。もっ
とも、診療契約に基づく説明義務を尽していないことは明らかですので、説
明義務違反に基づく損害賠償請求と個室使用料とを相殺することは可能だろ
うと思います。

　さらに、病院側が、空室があるにもかかわらず虚偽の説明をして個室に入
院されたようなときには、たとえ同意書を提出していても、当該同意を詐欺
を理由として取り消すなどの法的手段が可能な場合もあるかもしれません。
もっとも、その場合であっても、患者側は不当利得として一定の金額につい
ては返還請求を受けないとも限りません。このような特別サービスに基づく
費用に関しては、事後的な解決策では双方に不満が残ることになりかねませ
んから、やはり事前に十分な説明・告知を行い、本人の同意を得たうえでサ
ービスを提供するというプロセスを実践しておくことが大事だろうと思いま
す。

（平田　厚）

Q11 エンバーミングとその合法性

> 　父は、がんを患って闘病の末亡くなりました。火葬場が混雑している
> 時期で、すぐには火葬ができず、また元気なころの父からみるとかなり
> 頬がこけてしまったので、葬儀社の人からエンバーミングを勧められま
> した。これで身体も清潔に保全できるし、顔も元気だったころのように
> なるとのことです。どのような処置をするのか説明を受けると、遺体に
> メスを入れて防腐剤を注入するというのです。医者でもない人がこのよ
> うな処置を行ってもよいものなのでしょうか。

▶▶▶ Point
① 死体解剖保存法や死体損壊等罪（刑法190条）との関係

1 エンバーミングとは

(1) 施術の内容

　人の体は死後に腐敗が始まり、一般的に感染症が疑われる状態にあるとい
われています。遺族や葬儀社が遺体に触れても公衆衛生上安全な状態にする
とともに（防疫）、防腐液を注入して腐敗を止め（防腐）、必要があれば顔な
どを整えたり（修復）する施術をエンバーミングといいます。具体的には次
のとおりです。

① 全身の消毒および洗浄を行う。
② 口を縫合したりして、顔の表情を整える。
③ 頸部の皮膚を小切開し、皮膚の下にある動脈から防腐剤を注入し、同
　部位の静脈から押し出された血液を排出する。
④ 腹部を1cmぐらい切開し、そこから鋼管を入れて胸腔・腹腔部に残

った内容物を吸引除去し、防腐剤を注入する。

⑤　切開した部位を縫合する。

⑥　災害や事故などで損傷した箇所がある場合は、その修復を行う。

⑦　再び全身を洗浄し、着替え、化粧などを施す。

⑵　歴史と背景、施術者

そもそもエンバーミングは、キリスト教の復活思想に基づいた遺体の保全の必要性から行われてきた施術で、そのルーツはエジプトのミイラづくりに位置づけられ、北米では南北戦争（1861年〜1865年）の時に戦死者を故郷に運ぶため一気に普及したといわれています。北欧・英国は約7割、北米では約8割の遺体に施されています。また海外へ遺体を空輸する時にも原則としてエンバーミングが求められています。米国では、葬儀関連の公的資格が二つあります。「葬儀大学」などが設置されており、医学・葬儀などの専門教育を受けて現場実習を行い、その後に連邦政府や州のライセンスの試験に合格して取得するもので、その一つが葬儀全般を取り仕切る「フューネラルデレクター」、もう一つはエンバーミングを施す「エンバーマー」の資格です。この後者の資格をもった者がエンバーミングを行っています。

2　エンバーミングの合法性

⑴　日本人に導入

日本では昭和63年にエンバーミングのサービスが開始されました。当初は日本国内において亡くなった外国人を対象にし、本国でライセンスを取得した外国人エンバーマーによって施術されていました。

それを日本人にも導入しようという動きになって問題を抱えました。仏教の影響から火葬化が進んだ日本では、遺体保全などの慣習はありません。したがってエンバーミングに関する法律はないのです。

エンバーミングは誰が施術するのか、医者か葬儀業者かといったことも問題となりました。まず何が問題かというと、死体にメスを入れる行為は「死

体損壊等罪」（刑法190条）の構成要件に該当するということです。ただし違法性の阻却が認められているのが「死体解剖」です。死体にメスを入れる行為でも死体解剖として死体解剖法保存法に基づいて行われる場合には、犯罪は成立しないのです。

　死体解剖保存法に「死体……の解剖及び保存並びに死因調査の適正を期することによつて公衆衛生の向上を図るとともに、医学……の教育又は研究に資することを目的とする」（1条）とあるように、この法律は、死体解剖の適正な実施を図るために、その違法性を阻却する目的でつくられた法律です。

　では、エンバーミングが死体解剖にあたるかですが、実は死体解剖保存法には「解剖」概念の定義規定がなく、死体にメスを入れるエンバーミングのような行為が解剖にあたるかどうかは明らかではありません。

(2)　エンバーミングと現行法

　現行法上エンバーミングは適法か否か、厚生省（当時。現・厚生労働省）が平成3年に研究班をつくり、医師法、刑法、刑事訴訟法、刑事訴訟規則、検視規則、死体取扱規則、死体解剖保存法、廃棄物処理法などと照合して検討しました。その報告書（平成4年3月）によると、「現行法法規に照らして違法性があるかについては、権限ある機関による公的な見解が未だ示されていない」としながらも、次の4点が確保される限りにおいて「違法性を構成するケースはないものと思われる」としました。

① 　刑事訴訟法による手続が完了していること
② 　死亡診断書ないし死体検案書の交付によって死因が確定していること
③ 　遺族の承諾があること
④ 　技術的にも、死者への礼節の点からも、適切に行われること

　平成6年に千葉県でエンバーミングに関する告発があり、死体損壊等罪にあたるかどうかが争点となりました。千葉地検では、遺族の宗教的感情を守ることを法益とし告発を受理せず、エンバーミングは死体損壊等罪にはあたらないという判断が下されました。

3 エンバーミングの現状

⑴　自主規制団体の設立

　平成6年には葬儀業者が主体となって、エンバーミング事業者、医学博士、弁護士等から構成される日本遺体衛生保全協会（IFSA）が設立されました（平成21年4月、一般社団法人となる）。エンバーミングの日本における適切な実施と普及を目的とし、死体損壊等罪に該当するようなことがないよう設備・資格等の自主基準を設け、普及と資格者の輩出に努めています。

　エンバーミングの施術に伴って排出される廃液処理に関しては環境基準を遵守し、地方自治体の環境課への届出義務があるため自主基準を作成し、エンバーミング施設を厚生労働省や環境省へ届け出ることにしています。

⑵　エンバーマーの資格と養成

　エンバーマーは、葬儀に関する知識や医学（解剖学、組織学、公衆衛生学など）の知識が必要な専門職ですが、現在その公的な資格はなく、法的には正規の学科としては認められていない研修課程で、葬儀業界団体などによって養成・資格認定されています。具体的には日本遺体衛生保全協会（IFSA）の指導のもとにカリキュラムが作成され、協会によって認定を受けたエンバーマー養成カレッジで養成し認定しています。

⑶　エンバーミングの現状

　遺体にメスを入れる行為でその違法性を問われないのは前記の解剖だけですから、医師が行うエンバーミングであっても法に則ったものではありません。関連法律がない中で、一部の心ない業者が自主規制にも従わず、廃液等を違法に扱ったとして行政機関から告発された刑事事件も起こっています。こういった問題を抱えながらも、多死社会にあって、混み合う火葬待機時の遺体保全の問題や、悲嘆を和らげるグリーフワーク効果、災害時の遺体の修復など、エンバーミングを行う人は着実に増え、令和元年（平成31年）では5万1034件の施術が行われています。　　　　　　　　　（井上　治代）

Q12 病院の霊安室の利用関係

> 深夜に母が死亡し、霊安室に安置されたのですが、病院側はすぐに葬儀社に連絡して遺体を引き取るように言っています。霊安室にせめて朝までは母を安置してもらいたいのですが、霊安室をそのように利用することはできないのでしょうか。

▶▶▶ Point

① 霊安室とは何か
② 霊安室の利用関係はどのような関係か

1 霊安室とは

　霊安室とは、人が亡くなった場合に搬送されるまで遺体を安置しておく部屋のことを指しています。病院に霊安室が法令上必須の設備なのかというと、それは違うだろうと思います。なぜなら、病院は治療を目的とする施設であって、遺体に対する治療という観念がない以上、病院には霊安室が不可欠な設備ではないはずだからです。

　したがって、病院においては霊安室の設置は不可欠な設備ではありませんが、病院で亡くなった人の遺体を搬送されるまで平穏な環境に安置することは望ましいことに違いありませんから、多くの病院で霊安室が設置されています。

　ちなみに、特別養護老人ホームは、終の棲家（ついのすみか）と呼ばれるように、死亡まで過ごす場所として考えられていたため、老人福祉法に基づく特別養護老人ホームの設備基準（厚生労働省令）では、霊安室が設置すべき施設として規定されていました（旧11条2項16号）。しかし、介護保険法に

基づく指定介護老人福祉施設（特別養護老人ホーム）の設備基準（厚生労働省令）では、霊安室の設置条項はなくなっています（3条1項参照）。

2　霊安室の利用関係

　そうだとすると、霊安室の利用関係については、法的には病院側の任意のサービスとして考えるしかないのではないかと思います。診療契約においては、患者本人との間に死亡した後の遺体の安置まで含んでいるはずはありませんし、患者の家族との間で霊安室の使用に関して黙示の合意が成立していると考えることも難しいと思います。したがって、霊安室の利用関係は、病院側が遺族のために任意に提供しているサービスであって、遺族側に法的な権利を発生させるものではないと考えられます。

　このように考えられるとすれば、遺族の希望によって霊安室を朝まで使用できるという法的な権利は必ずしもないといわざるを得ないでしょう。しかし、霊安室を設置して遺族や死者に配慮を示しているにもかかわらず、一方的な事務の必要性から霊安室の利用を葬儀社が搬送するまでの機械的かつ一時的な安置だけにとどめてしまうのも、病院経営の理念に反するようにも思われます。

　患者が死亡した時間や状態、遺族の看取りの経過状況や心理的混乱状態なども総合的に考慮したうえで、霊安室の利用については柔軟に対応するのが地域医療を担う病院の信頼関係を構築していくうえで必要な配慮ではないかと思います。

（平田　厚）

Q13　遺体搬送のルール

　父が死亡したとき、病院の担当看護師から、「病院に出入りしている葬儀社があるのでそちらに連絡してご遺体を自宅に搬送してください」と言われました。父の遺体は私が自分で自宅まで搬送しようと思っていたのですが、そういうことはできないかのようにいわれたのですが、自分で父の遺体を搬送してはいけないのでしょうか。

▶ ▶ ▶ Point
① 　遺体の搬送は自分でできるのか
② 　遺体の搬送にルールはあるのか

1　遺体の搬送

　自分で遺体を搬送することについては、法定伝染病で死亡した場合などの特別な場合を除いて、法令では何ら規制されていませんので、家族の遺体を自家用車で搬送することは自由です。しかし、自家用車ではなく、タクシーを使って遺体を搬送することは禁止されています。国土交通省令（旧運輸省令）である旅客自動車運送事業運輸規則14条では、1項で「一般乗合旅客自動車運送事業者は、第52条各号に掲げる物品（同条ただし書の規定によるものを除く。）を旅客の運送に付随して運送してはならない」とし、2項で「旅客自動車運送事業者は、第52条各号に掲げる物品（同条ただし書の規定によるものを除く。）を旅客の現在する事業用自動車で運搬してはならない」とし、52条12号には「死体」が定められています。また、同規則52条では、旅客は死体を自動車内に持ち込んではならないと禁止しています。

　他人の遺体を搬送できるのは、貨物自動車運送事業法に基づき、一般貨物

運送業許可（霊柩自動車限定許可）を受けた場合に限定されています。霊柩自動車限定許可を受けるためには、霊柩車を保有し、遺体を搬送したり安置したりできる施設等を保有していなければなりません。霊柩車には、日本では緑地に白字（事業用）の8ナンバーのナンバープレートが付けられます。

2 遺体搬送のルール

　自家用車で家族の遺体を自由に搬送できるといっても、法律によるルールが全くないわけではありません。なぜなら、遺体を搬送することは自由にできるとしても、その行為が社会的に悪影響を及ぼすような行為であれば、別な観点からの法規制が加えられることになるからです。

　たとえば、遺体を物理的に破壊するような方法で搬送すれば、遺体を損壊したものとして、3年以下の懲役に処せられることがあります（刑法190条）。また、自宅に搬送した後、適切な処置を行わずに放置した場合、遺体を遺棄したものとして、3年以下の懲役に処せられることもあります（同条）。

（平田　厚）

Q14 感染症による死亡と遺体の搬送・火葬

> 　感染症により死亡した場合、遺体の取扱方法は通常の場合と異なるのでしょうか。

▶ ▶ ▶ Point

① 感染症の場合に何に気をつけるべきか

② 遺体の搬送に特別な取扱方法があるか

③ 遺体の火葬に特別な取扱方法があるか

1 感染症において気をつけるべきこと

　感染症によって死亡した人の葬送を行う場合、遺族への感染を防ぐとともに、葬送の従事者への感染も防がなければなりません。感染症が急激に拡大し、死亡者数が急増して、火葬場の火葬能力を超えることになると、遺体の保存・搬送における対応にも支障を来す場合があります。

　そこで、感染症によって死亡した人の遺体については、保存・搬送の際に感染が拡大しないようにする最善の注意が求められますし、そのためには遺体との接触の機会をできる限り少なくする必要があります。もっとも、遺族の宗教感情や葬送に関する意向を無視するわけにはいきませんから、遺族の意向を尊重しつつも有効な感染拡大防止対策を行うことが重要だろうと思います。

2 遺体の搬送における特別な取扱方法

　感染症によって死亡した人の遺体を搬送する場合、遺体を取り扱う事業の従事者への感染拡大を防止することが重要です。新型コロナウィルス感染症

の場合、一般的には飛沫感染および接触感染で感染するとされています。遺体の場合、呼吸や咳による飛沫感染のおそれはありませんから、接触感染に留意しなければならないことになります。

　接触感染を予防するには、感染管理の観点から、「非透過性納体袋」に遺体を収容することが推奨されています。「非透過性」とは、体液などの液体が浸透しないという意味です。そして、非透過性納体袋の外側も消毒するものとされています。それは、遺体収容の際に、袋の外側に体液等が付着することも予想されるからです。

　なお、遺族の感情への配慮や遺体識別の観点から、少なくとも顔の部分が透明な非透過性納体袋の使用が推奨されています（以上、厚生労働省・経済産業省「新型コロナウィルス感染症により亡くなられた方及びその疑いがある方の処置、搬送、葬儀、火葬等に関するガイドライン」（令和2年7月29日）を参照。以下、単に「ガイドライン」といいます）。

3　遺体の火葬における特別な取扱方法

　感染症によって死亡した人の遺体については、「一類感染症、二類感染症、三類感染症又は新型インフルエンザ等感染症の病原体に汚染され、又は汚染された疑いがある死体は、24時間以内に火葬し、又は埋葬することができる」とされています（感染症の予防及び感染症の患者に対する医療に関する法律30条3項）。

　感染症によって死亡したのでない遺体については、墓地埋葬法3条で、「埋葬又は火葬は、他の法令に別段の定があるものを除く外、死亡又は死産後24時間を経過した後でなければ、これを行つてはならない。但し、妊娠7箇月に満たない死産のときは、この限りでない」とされており、遺体の24時間以内の火葬が禁止されているのですが、感染症によって死亡した人の遺体は、感染防止の観点から、特例として、24時間以内の火葬が認められています。

　ガイドラインにおいては、まず、遺族への配慮として、関係者同士が可能な限り接触しないで、亡くなられた方のお顔を見る場を、可能であれば設定できるように検討することが示されています。そして、火葬場従事者への感染防止対策に留意するとともに、火葬場における遺族等に感染が拡大しないよう、できる限り少人数で会することとし、三密を避け、お互いにマスクを着用し、人との距離（可能な限り2m）を意識するなどの一般的な感染対策を行うことが求められるとしています。

　なお、ガイドラインでは、100℃を超える温度にさらされたウィルスは失活すること、その温度に達するまでは注意が必要であることについて、理解しておくことも指摘されています。

（平田　厚）

49

Q15　面識のない親族の遺体の引取り

> 　生前面識のなかった叔父（父の弟）が死亡したので、遺体を引取りに
> くるように警察から電話がありました。両親もすでに死亡しており、叔
> 父は結婚しておらず子どももいなかったので、私だけが縁故者になると
> いうのですが、私は叔父の遺体を引き取りたくはありません。引取りの
> 拒否はできるのでしょうか。

▶ ▶ ▶ Point

① 　相続人や扶養義務者は遺体の引取義務を負うのか

② 　祭祀主宰者は遺体の引取義務を負うのか

③ 　引取り手のない遺体の葬祭は誰が行うのか

④ 　引取り手のない遺体の葬祭費用は誰が負担するのか

1 　相続・扶養義務との関係

　ご質問では、叔父さんに妻子がいないのであれば、ご質問者が唯一の血縁
者であり、唯一の法定相続人になるのかもしれません。しかし、相続は、被
相続人の有していた相続財産（プラスの資産だけでなく、マイナスの負債も含
みます）を承継することであって、遺体は相続の対象に含まれませんから、
遺体を引き取る義務があるかどうかということと法定相続人であるかどうか
ということとは、関連するものではありません。したがって、ご質問者が相
続を放棄すれば解決するという問題ではありません。

　また、叔父さんの生前にご質問者が扶養義務者であったかどうかも関係あ
りません。扶養義務とは、扶養権利者に扶養の必要性が認められる場合に、
扶養義務者である直系血族および兄弟姉妹に扶養の可能性が存するときに発

生する経済的な援助義務です（民法877条1項）。特別な事情がある場合には、3親等内の親族に扶養義務を負わせることはできますが（同条2項。ご質問者は叔父さんとは3親等の関係にあります）、それには家庭裁判所の審判が必要です。いずれにしても、遺体の引取りは、そのための費用に関する点を除いて経済的な援助義務とは何の関係もありませんから、扶養義務があるかどうかという問題でもありません。

2　祭祀承継との関係

　遺体に関する権利義務については、法律には直接の規定はありませんが、祭祀主宰者（祭祀承継者。民法897条1項）が有すると考える学説や判決例が多いといえるでしょう。遺体については、権利義務の対象とすべきでないという考え方もありますが、遺体を盗難や破壊から守るという意味で、遺体に対する所有権を観念することには合理性があると思います。そうだとすれば、民法897条1項を準用して、遺体の所有者は、祭祀主宰者（祭祀承継者）であると考えるのが最も適当だろうと思われます（最高裁平成元年7月18日判決・家月41巻10号128頁）。

　ご質問では、ご質問者が唯一の血縁者であることから、ご質問者が祭祀主宰者になるのではないかとも思われますが、誰が祭祀主宰者になるのかについては、第1に被相続人の指定、第2に慣習、第3に家庭裁判所の審判、によって決まります（民法897条）。被相続人の指定や慣習が存在したとしても、その対象者が祭祀主宰者になることを拒否している場合には、その者を祭祀主宰者としても意味がありませんから、祭祀主宰者になるべき義務などは観念すべきではありません。そうすると、祭祀承継という点から考えても、ご質問者には遺体の引取義務はないと考えられます。

3　引取り手のない遺体の葬祭事務

　それでは、引取り手のない遺体の葬祭はどうなるのでしょうか。この点に

ついては、葬祭を実際に行うという面と、そのための費用をどうするかという面とを分けて考えるべきだと思います。

　まず、葬祭を実際に誰が行うかという面については、引取り手のない遺体の火葬に関しては、死亡地の市町村長が行わなければならないこととされています（墓地埋葬法9条1項）。なお、引取り手のない遺体のうち、住所、居所や氏名がわからない遺体については、行旅死亡人とみなされて（行旅病人及行旅死亡人取扱法1条2項）、市町村が火葬しなければならないと定められています（同法7条1項）。

　行旅死亡人に関しては、住所や氏名が判明しない場合には告示や公告を行い（行旅病人及行旅死亡人取扱法9条）、住所や氏名が判明した場合は相続人や扶養義務者に通知しなければならないこととされています（同法10条）。しかし、行旅死亡人に該当しない引取り手のない遺体の場合には、そのような手続を定める法律は存在していません。それにもかかわらず、実際には、法定相続人に連絡して遺体の引取りを事実上求めるという実務になっているようです。

　以上のように、火葬までの手続は法令で定められていますが、葬儀やその後の葬祭に関する規定はありません。

　なお、引取り手のない遺体については、その所在地の市区町村長が献体の要請があった場合に献体に付すことができます（死体解剖保存法12条）。献体が行われた場合には、解剖を行った大学側で解剖後の遺体を火葬し、大学の墓地に納骨したうえで慰霊祭を行うところもあります。この場合には、学校長が費用を負担することとされているので（同法21条）、以下の葬祭費用の問題は生じません。

4　引取り手のない遺体の葬祭費用

　次に、葬祭の費用をどうするかという面については、墓地埋葬法9条1項に基づいて市町村長が火葬を行った場合の費用は、行旅病人及行旅死亡人取

扱法を準用するとしており（墓地埋葬法9条2項）、死亡者の遺留した金銭・有価証券を充当し、不足のときは相続人、死亡者の扶養義務者の順で負担し、さらに不足のときには遺留物品を売却し、最終的には火葬を行った地の都道府県の負担となります（行旅病人及行旅死亡人取扱法11条〜15条）。

　引取り手のない遺体につき、市町村長以外の誰かが実際に葬祭を行った場合には、民法では、市町村長などに対する事務管理（民法697条）に該当すると思われますが、その費用については、生活保護法の適用を受け、葬祭扶助を受けることができます（生活保護法37条）。もし叔父さんが生前に生活保護を受給していた場合には、葬祭執行を民生委員に依頼したうえで葬祭扶助を適用することもできます。

（平田　厚）

Q16　成年後見人の葬祭の権限

　入院中の成年被後見人が亡くなりましたが、この被後見人には身寄りがありません。成年後見人は、葬儀の手配・火葬・納骨をすることができますか。

▶ ▶ ▶ Point
① 　成年後見人と死後事務
② 　成年後見人の葬祭の権限

1　成年後見人と死後事務

　成年被後見人が死亡した場合には、成年後見は当然に終了し、成年後見人は原則として法定代理権等の権限を喪失することになります（民法111条１項１号）。

　人が死亡すると、通常、死亡届の提出→葬儀→火葬→納骨などが必要となります。この「死後の事務」処理は、これまで相続人等の家族の仕事でした。しかし、今日、身寄りのない高齢者や、身内とかかわりの薄いかたちで生涯を終えていく高齢者が増えており（無縁社会）、死亡した成年被後見人に相続人がいない場合や、相続人が死後の事務にかかわることを拒んでいるような場合などがしばしば見受けられます。

　このような場合、成年後見人は、成年被後見人の死亡後も、一定の死後事務を行うことを周囲から期待され、苦慮しながらも対応せざるを得ない状況に置かれることになります。

2　死亡届の提出

　人が死亡した場合、同居の親族などの「届出義務者」は市町村に死亡の届出をしなければなりません（戸籍法86条1項・87条1項）。そして、この死亡届によって死者は除籍されます。

　後見人は、従来の戸籍法87条では、死亡届の「届出義務者」でも「届出権者」でもありませんでしたが、平成19年改正により、同条2項が改正され、平成20年5月1日から、死亡届出をすることができるようになりました。ただし、これは、後見人は必要に応じて届出をすることができる（届出権者）ということであり、届出義務が課せられたわけではありません。

3　火葬・埋葬

　後見における死後事務に関して、平成28年、民法典に873条の2が追加されました（同年10月13日施行）。ここには、成年後見人は、成年被後見人の死亡後に、家庭裁判所の許可を得て、「死体の火葬又は埋葬に関する契約の締結」をすることができると定められています。これは、成年後見人が成年被後見人の死亡後に火葬・埋葬の手続をすることを求められ、社会通念上これを拒むことが難しい状況にあることを考慮し、火葬・埋葬（＝土葬。墓地埋葬法2条1項参照）に関する成年後見人の権限を明文化したものです。成年後見人に火葬・埋葬の義務を負わせたものではありません。

　この点は、墓地埋葬法を適用するうえで注意が必要です。墓地埋葬法9条1項は、「死体の埋葬又は火葬を行う者がないとき又は判明しないときは、死亡地の市町村長が、これを行わなければならない」と規定していますが、たとえ成年後見人がいたとしても、「埋葬又は火葬を行う者がないとき」に該当する場合もありうるということになります。

　なお、民法873条の2に基づいて死後事務を行うことができるのは、成年後見人のみであり、保佐人や補助人は含まれません。これは、保佐人・補助

人に民法873条の２の死後事務に関する権限を付与すると、保佐人等が被保佐人等の生前よりもかえって強い権限をもつことになってしまうからである（立法者意思）、と説明されています。

4　遺体の引取り・葬儀・納骨

「遺体の引取り」「葬儀」「納骨」は、これまでみてきた「死亡届の提出」「火葬」「埋葬」とは異なり、成年後見人の権限内の事項として法律上明記されていません。

(1)　遺体の引取り

民法873条の２第３号が、「死体の火葬又は埋葬に関する契約の締結」を成年後見人の権限に加えている以上、火葬・埋葬の前提として必要な遺体の引取りのために行う葬祭業者等との契約の締結も、成年後見人は当然行うことができるものと解されます。

(2)　葬　儀

次に、成年被後見人の葬儀に関する契約は、「死体の火葬又は埋葬に関する契約」（民法873条の２第３号）に含まれるのでしょうか。

この点については、「葬儀は遺体の引取りおよび火葬とは異なり、その施行が公衆衛生上不可欠ではなく、これを行わないことによって相続財産が減少する等のおそれがないことから、成年後見人の権限に追加をしなかったものである。とくに、葬儀を行う場合には、無宗教で行うことも含め、どの宗教で葬儀を行うのかという宗教上の問題や、どこまでの費用であれば社会通念上許されるかという問題があり、成年後見人に権限を追加することとはせずに、相続人が行うことが適当と判断したものである」（立法者意思）、と説明されています。

したがって、成年被後見人が亡くなり、身寄りがなかったため、成年後見人がやむを得ず葬儀を行った場合には、従前どおり事務管理の規定（民法697条）に従って処理することになります。この場合、成年後見人には、費

用償還請求権は認められますが（民法702条）、報酬請求権は認められません。なお、葬儀は、火葬と異なり、緊急性がないため、善処義務規定（民法874条・654条）で対処することは難しいと思われます。

(3)　納　骨

納骨は、民法873条の2第3号の「埋葬」に準ずるものとして、成年後見人は納骨に関する契約を締結することができるものと解されます。

遺体の処理は、埋葬（＝土葬）によって完結するのに対し、火葬された遺骨の処理は、納骨によって完結します（ただし、散骨の場合は納骨しません）。遺体について、成年後見人による最終的処理（＝埋葬）が民法873条の2第3号によって認められているのですから、成年後見人による遺骨の最終的処理（＝納骨）についてももちろん法は認めていると解すべきでしょう。

成年後見人となった弁護士・司法書士などが、成年被後見人の火葬を行った際、遺骨の引取り手がいないので、仕方なく自分の事務所で遺骨を保管していることもあるようです。上記のように解することによって、成年後見人の事務所に遺骨を置いておくような事態は回避することができるようになるでしょう。

（石川　美明）

Ⅲ 本人の生前意思に関するトラブル

Q17 献体意思と遺族の承諾

> 母は生前に献体を申し出ており、その際、兄（すでに死亡していま
> す）が同意書にサインしています。私は母の遺体をいじられたくないの
> で、献体したくありません。献体は断ることができるのでしょうか。

▶ ▶ ▶ Point

① 献体とはどういうことか

② 献体の意思は尊重されるか

③ 遺族が献体を拒否することができるか

1 献体とは

　献体とは、自己の身体（遺体）を、死後、医学または歯学の教育として行
われる身体の正常な構造を明らかにするための解剖（正常解剖）の解剖体と
して提供することを指しています（献体法2条）。

　つまり、献体による正常解剖は、犯罪捜査のための司法解剖（Q7参照）
や死因調査などのための行政解剖（Q8参照）・病理解剖（Q9参照）などと
異なり、医学や歯学の教育の向上を目的としています（同法1条）。

2 献体の意思

　ある人が、自己の身体（遺体）を、死後、医学または歯学の教育として行
なわれる身体の正常な構造を明らかにするための解剖（正常解剖）の解剖体
として提供することを希望することを「献体の意思」があるといい（献体法

２条）、献体の意思は尊重されなければならないこととされています（同法３条）。

　したがって、死亡した人が、献体の意思を書面によって表示しており、かつ、次の①②のいずれかに該当する場合には、死体解剖保存法７条に基づく遺族の承諾なくして、死体の正常解剖を行うことができます（献体法４条）。

①　正常解剖を行おうとする者が属する医学または歯学に関する大学の学校長が、死亡した者が献体の意思を書面によって表示している旨を遺族に告知し、遺族がその解剖を拒まない場合

②　死亡した者に遺族がない場合

　ご質問の場合には、お母さんが書面によって献体の意思を表示していることが明らかですから、ご質問者が解剖を拒まない限り、ご質問者の承諾がなくても、正常解剖を行うことができることになります。

3　遺族による献体の拒否

　しかし、ご質問の場合、ご質問者が積極的に解剖を拒む場合には、献体の意思に基づいて正常解剖を行うことはできなくなってしまいます。人が死亡した場合、その人の法的権利能力はなくなってしまい、法的主体としてその人の献体の意思が法的な力をもつことは難しくなります。法律上、死者を法的な主体として取り扱うことはできないものとされているからです。

　そうすると、死者の祭祀主宰者（祭祀承継者）が死者に代わって法的権利を行使することになりますから、祭祀主宰者自身の意思を考慮しないわけにはいきません。しかし、献体法３条が定めているように、死者自身が有していた献体の意思は、できる限り尊重されるべきでしょうし、医学や歯学の教育のために役に立ちたい（つまり、将来のよい医師や歯科医師を育てるのに貢献したい）というお母さんの意思は、それ自体尊いものとして考えるべきでしょう。

（平田　厚）

Q18　遺言の種類と保管方法

　「遺言書」はきちんと保管していないと危険だと聞いています。どこかで預ってくれるところがないでしょうか。

▶▶▶ Point
① 遺言の種類にはどのようなメリットとデメリットがあるか
② 遺言書の保管を確実にする方法にはどのようなものがあるか

1 遺言とは

　遺言（法律用語としては、「ゆいごん」ではなく、「いごん」と読みます）とは、家族関係や財産関係に関する一定の事項について、自分の死後に効果が発生することを意図する最終の意思表示のことを指しています。遺言については、効果が発生する時点で本人が死亡しており、本人に真意を確認することができないですから、一定の方式に従ってなされることが厳格に要求されています（方式主義）。

2 遺言の種類

　遺言の方式については、普通方式と特別方式とがあり、普通方式の遺言には、①自筆証書遺言、②公正証書遺言、③秘密証書遺言の3つの種類があり、特別方式の遺言には、①危急時遺言：死亡危急時遺言・船舶遭難時遺言、②隔絶地遺言：伝染病隔離地遺言・在船時遺言の4つの種類があります。以下では、通常作成するのは普通方式の遺言ですから、普通方式の遺言について説明します。

(1)　自筆証書遺言

　自筆証書遺言は、遺言者がその全文、日付、氏名を自書し、これに押印する方式の遺言です（民法968条1項）。自筆証書遺言を加除訂正するときも、遺言者がその場所を指示して変更した旨を付記し、そこに署名押印しなければなりません（同条3項）。したがって、自筆証書遺言の要件としては、全文の自書、日付の自書、氏名の自書、押印の4つになります。なお、平成30年の民法（相続法）改正により、自筆証書遺言と一体のものとして相続財産目録を添付する場合には、その目録については自書を要しないとされました（ただし、自書によらない目録の毎葉（両面の場合は両面）に署名・押印が必要です。同条2項平成31年1月13日施行）。

　全文の自書については、偽造・変造を予防するために必要とされているのですから、厳格に解すべきで、パソコンやタイプライターで打った文書では自筆証書遺言とは認められません。添え手による遺言が自書といえるかどうかも問題とされていますが、遺言者の意思表現を補助しているにすぎないと認められるような程度を超えたものは無効とすべきです（最高裁昭和62年10月8日判決・民集41巻7号1471頁）。日付については、作成時の遺言能力の有無や抵触する複数の遺言の先後を確定するために必要なのですから、これも厳格に解すべきで、判例には、「昭和41年7月吉日」という日付を無効としたものがあります（最高裁昭和54年5月31日判決・民集33巻4号445頁）。

(2)　公正証書遺言

　公正証書遺言は、証人2人以上の立会いのもと、遺言者が遺言の内容を公証人に口授し、公証人がこの口述を筆記して作成し、遺言者および証人に読み聞かせあるいは閲覧させて、遺言者および証人が筆記の正確なことを承認して署名押印し、公証人も以上を遵守した旨を付記して署名押印する遺言です（民法969条）。したがって、公正証書遺言の要件としては、証人2人以上の立会い、遺言者による口授、公証人による口述の筆記、読み聞かせまたは閲覧、遺言者および証人による承認と署名押印、公証人による付記と署名押

印、の6つになります。

　以上のように公正証書遺言は、遺言者の口授・口述が要件とされており、口のきけない者や耳の聞こえない者は利用できませんでしたが、平成11年の民法改正によって、口がきけない者も、通訳人の通訳による申述または自書によって口述に代えることができるようになりました（民法969条の2第1項）。耳が聞こえない者も、通訳人の通訳によって読み聞かせに代えることができるようになっています（同条2項）。これらの場合には、公証人はその旨を公正証書に付記します（同条3項）。

　要件のうち、最も問題となるのは、証人の適格性です。証人適格については、①未成年者、②推定相続人、受遺者およびその配偶者並びに直系血族、③公証人の配偶者、4親等内の親族、書記および雇人、は証人になれないこととされています（民法974条）。したがって、欠格者が証人となった公正証書遺言は無効となります。しかし、他に2人の適格者がおり、欠格者が同席して立ち会っただけである場合には、遺言者の真意に基づく遺言の作成が妨げられたなどの特段の事情のない限り、公正証書遺言が無効となるものではないとされています（最高裁平成13年3月27日判決・判時1745号92頁）。

(3)　秘密証書遺言

　秘密証書遺言は、遺言者が署名押印して内容を秘密にした遺言書を作成し、それを押印した印章でもって封印し、公証人1人および証人2人以上の前に封書を提出して、自己の遺言書であること・筆者の氏名・住所を申述し、公証人がその提出した日付および申述を封紙に記載して、遺言者および証人とともに署名押印するものです（民法970条）。したがって、秘密証書遺言の要件としては、署名押印した遺言内容の作成、押印した印章でもって封印、公証人1人および証人2人以上の前に封書を提出しての申述、公証人による提出日付および申述の封紙への記載、の4つになります。なお、口がきけない者については、通訳人の通訳や自書で申述に代える特則がおかれています（同法972条）。

62

　遺言書の作成は、自書が求められているわけではなく、パソコンやタイプ
ライターによるものでもよく、日付も要件とはされていません。他人にワー
プロで打ってもらった場合の「筆者」とは誰のことなのか問題になりますが、
最高裁の判例は、純粋に現象面をとらえて真に筆記した者が筆者であるとし
ています（最高裁平成14年９月24日判決・判時1800号31頁）。

3　普通方式の遺言のメリット・デメリット

　普通方式の遺言について、それぞれのメリットとデメリットを対比させる
と、〔表〕のようになります。

〔表〕　普通方式遺言のメリットとデメリット

	メリット	デメリット
自筆証書遺言	①　手軽につくれる。 ②　内容を秘密にできる。 ③　費用がかからない。	①　要件が厳しい。全文自筆。 ②　偽造や変造のおそれがある。 ③　紛失・隠匿等のおそれもある。 ④　検認手続が必要。 ⑤　能力の争いを生じやすい。
公正証書遺言	①　偽造や変造のおそれがない。 ②　保存が確実。 ③　検認手続は不要。	①　手続が煩雑。 ②　費用がかかる。 ③　能力の争いは残る。
秘密証書遺言	①　内容を秘密にできる。 ②　偽造や変造のおそれが少ない。	①　手続が煩雑。 ②　多少の費用がかかる。 ③　内容の争いは残る。 ④　検認手続が必要。 ⑤　遺言の存在自体は秘密にできない。

4　遺言書の保管リスクと対処法

　以上のように、自筆証書遺言には、手軽に作成できる半面、作成しているかどうかもわからないのですから、紛失・隠匿・破棄のリスクがつきまとってしまいます。自筆証書遺言を作成した場合には、紛失・隠匿・破棄のリスクを避けるために、弁護士などに頼んで保管しておいてもらうという対処法が考えられます。しかし、この方法では、頼んだ弁護士が自分より先に亡くなってしまうなどのリスクを避けることは不可能です。銀行の貸金庫に入れておくという対処法も考えられますが、死亡後に貸金庫を開けた人が遺言を隠匿・破棄してしまうリスクに対処することはできません。秘密証書遺言は、封印してあるため、偽造や変動のリスクは少ないものの、その他の面では自筆証書遺言と同様なリスクがあると考えてよいでしょう。

　自筆証書遺言については、平成30年の相続法改正において、「法務局における遺言書の保管等に関する法律」（平成30年法律第73号）が制定され、自筆証書遺言を法務局で保管する制度ができ、令和2年7月10日から施行されています。これについては変造のおそれに対処することができただけでなく、家庭裁判所の検認手続も不要になります。

　公正証書遺言は、作成するのに手間や費用がかかってしまいますが、紛失・隠匿・破棄のリスクを避けることができます。公正証書遺言は、その原本は公証役場に保管され、遺言者には同内容の正本が交付されます。原本が公証役場に保管されていますから、もし正本が紛失・隠匿・破棄された場合であっても、原本に基づいて再交付してもらうことができます。したがって、公正証書遺言を作成しておくことが、紛失・隠匿・破棄に関しては最もリスクの少ない方法だということができます。

（平田　厚）

Q19　遺言の有効性と修正等の方法

　遺言では、後から書き足したりして修正したら無効になってしまうと聞きましたが、後から修正したり追加したりするにはどうしたらいいでしょうか。

▶▶▶ Point
① 　遺言の有効性についてはどのように考えればよいか
② 　遺言の撤回・修正・追加はどのようにすればよいか

1 　遺言の有効性

　遺言は、遺言者の最終の自己決定権を尊重するものです（最終意思尊重主義）。また、効果が発生する時点で本人が死亡しており、本人に真意を確認することができないのですから、一定の方式に従ってなされることが厳格に要求されています（方式主義。Q18参照）。しかし、あまりに要式性を厳格に求めすぎてしまうと、結局は、遺言者の自己決定権が保障されない危険性も生じてくることになってしまいます。そこで最終意思尊重主義と方式主義をどのように調整するかが問題となります。

　また、遺言者の最終意思を尊重するといっても、遺言書の記載内容について、直ちには明らかにならないような場合もありますから、一定の解釈を行って意味を補う必要性を完全に避けることはできません。遺言を解釈するにあたっては、裁判所が補充的な解釈をなすこともできると考えるべきです。

　そうだとすると、遺言の方式性は厳格にするとともに、方式を備えた有効な遺言が存在する場合には、遺言の解釈は柔軟に行って、遺言者の最終意思を尊重すべきであると考えるのが最も適切ではないかと思います。

　この点について判例は、「遺言の解釈に当っては、遺言書に表明されている遺言者の意思を尊重して合理的にその趣旨を解釈すべきであるが、可能な限りこれを有効となるように解釈することが右意思に沿うゆえんであり、そのためには、遺言書の文言を前提にしながらも、遺言者が遺言書作成に至った経緯及びその置かれた状況等を考慮することも許されるものというべきである」（最高裁平成 5 年 1 月19日判決・民集47巻 1 号 1 頁）とし、「全部を公共に寄與する」と記載されたかなりあいまいな遺言について、遺言執行者に受遺者の選定を委ねる趣旨を含むものと解釈して有効と判断しています。

2　遺言の撤回・修正・追加

　自筆証書遺言を修正するには、遺言者がその場所を指示して変更した旨を附記し、そこに署名押印しなければなりません（民法968条 2 項）。また、遺言者は、いつでも遺言の方式に従って、遺言の全部または一部を撤回することができます（同法1022条）。遺言者の最終意思の尊重原理を貫いているのであって、撤回の理由も必要ありませんし、撤回権を放棄することもできません（同法1026条）。また、遺言の撤回・修正・追加については、遺言の方式に従っていればよく、たとえば、公正証書遺言を自筆証書遺言で撤回・修正・追加することもできます。

　遺言を撤回する方法としては、前遺言を撤回する旨の後遺言を作成する方法が一般的かと思いますが、法律によって撤回があったものとみなされる場合が定められています。第 1 に、前遺言と後遺言とが抵触するときは、抵触部分について前遺言が撤回されたものとみなされます（民法1023条 1 項）。第 2 に、遺言と遺言後の生前処分などの法律行為とが抵触するときも、前遺言が撤回されたものとみなされます（同条 2 項）。第 3 に、遺言者が故意に遺言書を破棄したときは、破棄した部分について前遺言を撤回したものとみなされます（同法1024条前段）。第 4 に、遺言者が故意に遺贈の目的物を破棄したときも、前遺言を撤回したものとみなされます（同条後段）。　（平田　厚）

Q20　事前指定書や尊厳死宣言書の拘束力

> 　終末期になったときのことを考え、事前に主治医の同意を得て、治療のことについては事前指定書を、無用な延命措置については拒否の尊厳死宣言書を作成しておきたいのですが、それらの書類を作成しておけば自分の意思は守られるのでしょうか。

▶ ▶ ▶ Point

① 　事前指定書とはどのようなものか

② 　尊厳死宣言書とはどのようなものか

③ 　事前指定書や尊厳死宣言書に法的な拘束力はあるか

1　事前指定書とは

　事前指定書とは、自分が判断能力を喪失したり意思疎通能力を喪失したりした場合に、自分に対してどのような医療行為を施してほしいか、あるいは、施してほしくないかについて事前に指定しておく文書のことを指しています。このような意思の表明を保障する法令は存在していません。

　終末期に至ったときに、無用な延命措置を行うのを拒否する（自分らしい尊厳ある死を求める）のが尊厳死宣言書であるのに対し、必要な医療措置を行うことを求める、あるいは、無用な医療措置を行うのを拒否する（自分らしい尊厳ある生を求める）のが事前指定書であると考えることができると思います。これらの考え方は、一定の医療措置を消極的に拒否する面では重なり合うところもありますが、一定の医療措置を積極的に求める面では必ずしも重なり合わないところもありますから、対になる考え方だといえるでしょう。

2　尊厳死宣言書とは

　尊厳死宣言書とは、自分が終末期を迎えて意思疎通能力を喪失したりした場合に、自分に対して死期を引き延ばすためだけの延命措置を行うことを拒否することを事前に表明しておく文書のことを指しており、リヴィング・ウィル（living will：生前に効力を生じる遺言）と呼ばれています。尊厳死宣言書についても、このような意思を保障する法令は存在していません。

　尊厳死宣言に関しては、「一般社団法人日本尊厳死協会」が設立されており、尊厳死宣言書の登録を受け付けています。この登録を行ったからといって、担当医師が尊厳死をそのまま受け入れてくれる保障はありませんが、医師会の行ったアンケートなどでは、多くの医師ができるだけ尊重すると回答しているようです。

3　事前指定書、尊厳死宣言書の法的拘束力

　事前指定書や尊厳死宣言書には、直接的な法的拘束力は認められないとされています。一方では、本人の自己決定権はできる限り尊重すべきだといえます。しかし他方、医師は本人の生命のために最善の注意義務を尽くさなければならないのであって、本人がいいと言っているからといって簡単にその義務を放棄することはできません。本人の自己決定権は主観的なものであるのに対し、医師の最善の注意義務は客観的なものであって、この二つの判断が常に一致するとは限らないのです。もっともそうであるからこそ、医師という専門職があるのだともいえます。

　しかし、自分が終末期に至ったときに、自分らしい最後の生き方を決めるのは本人しかなく、他者がそこに介入できるものではないと思います。そうだとすると、基本的には、本人の事前の意向を家族も医師も最大限に尊重すべきだと思います。尊厳死宣言書については、その宣言が意味をもつ時点では本人がまだ生存しているのですから、遺言書としての効力が認められるは

ずはありません。しかし、遺言者が回復の見込みのない末期状態となって延命装置を外すべきかどうかの判断を求められた段階では、事前の宣言書が存在している場合、一定の法的な効力を認めてもよいだろうと思います。

たとえば、本人が末期状態となって延命装置が装着されている場合、医師が延命装置を外すと本人は死亡するおそれがあるのですから、その医師は殺人罪などに問われる危険性があります。しかし、有効に作成された尊厳死宣言書が存在するのであれば、その医師が延命装置を外したことは、殺人罪などの違法性を阻却する事由として効力を認められることがあるだろうと思われます（横浜地裁平成7年3月28日判決・判時1530号28頁、最高裁平成21年12月7日決定・刑集63巻11号1899頁を参照）。

この点については、「終末期医療における患者の意思の尊重に関する法律案」（尊厳死法案）を提出する動きが活発化しています。法案の趣旨は理解できますが明確な法文にしてしまうと、その悪用や弊害も出てくることが懸念されます。もっと慎重に議論することが重要でしょう。

（平田　厚）

Q21　エンディング・ノートの有効性

遺言より簡単に書けそうなので、「エンディング・ノート」を書いてみようと思います。いざというときに子どもたちに迷惑をかけないように、「お葬式はしないでくれ」とか、「財産の種類や、それを相続させる人」を自筆で書こうと思うのですが、法的に効力があるのでしょうか。

▶ ▶ ▶ Point

① 　葬儀方法の指定に効力があるか

② 　特定財産承継遺言としての効力があるか

1　葬儀方法の指定の効力

　葬儀方法には、さまざまな方法があり、社会的に大々的に行うのか、それとも家族だけでひっそりと行うのかでは、葬儀の準備の手間も費用も全く異なります。大切な家族が突然亡くなったような場合には、遺族は何も考えられなくなってしまい、葬儀業者の言いなりになってしまうこともあります。

　そうなってしまうと、故人が望んでもいなかった葬儀が執り行われてしまうだけでなく、遺族が非常に高額の葬儀費用を負担しなければならなくなってしまいます。遺族は、宗教葬で行うのか無宗教葬で行うのか、誰に連絡して葬儀に来てもらうのか、納棺や花はどうするのか、葬儀参列者への種々の手配はどうするのかなど、突然の喪失感の中で、実にこまごましたことまで決めなければなりません。

　したがって、自分が死亡した場合の葬儀方法について、エンディング・ノートで明確にしておくと、残された遺族が迷わないですむのではないかと思われます。したがって、それは、残された家族に対する配慮として、できる

限り尊重すべきだろうと思います。それは、「お葬式はしないでくれ」と書かれている場合も同様です。

しかし、エンディング・ノートに自分の葬儀方法を指定していれば、遺族に対して法的な拘束力をもつと考えてよいかどうかについては、改めて考えてみる必要があります。なぜなら、葬儀というものは、亡くなった人が主宰するものではなく、亡くなった人の祭祀を主宰する人が執り行うべきものだからです。そもそも葬儀とは、故人のためだけに執り行われるものではなく、残された遺族の癒しのためにも執り行われるものであるともいえるかもしれません。

祖先の祭祀を主宰すべき者は、民法897条に基づいて、単独承継されます。そうすると、祖先の祭祀主宰者としての地位を承継した者（祭祀承継者）が、亡くなった人の葬儀方法についての判断権を有すると考えるべきでしょう。つまり、葬儀方法の指定については、故人の意向を尊重することを前提として、最終的には祭祀承継者が判断するものと考えることとなります。

したがって、エンディング・ノートに「お葬式はしないでくれ」と書かれている場合、全く葬儀を執り行わないこととするのか、それとも、大々的な葬式はしないでくれという趣旨と受け取って、家族だけでひそやかに葬儀を執り行うこととするのかについては、祭祀承継者の判断にゆだねられるというべきでしょう。もし全く葬儀を行ってほしくない場合には、祭祀承継者が迷ってしまわないように、どうして全く葬儀を行ってほしくないのかという理由も明確にしておいたほうがよいと思います。

2 特定財産承継遺言としての効力

エンディング・ノートは、それ自体は遺言ではありませんが、自筆証書遺言の成立要件を満たしている限り、遺言としての効力を有する場合があります。自筆証書遺言の成立要件は、遺言者がその全文・日付・氏名を自書して押印することです（民法968条1項）。なお、平成30年の民法（相続法）改正に

より、自筆証書遺言と一体のものとして相続財産目録を添付する場合には、その目録については自書をすることを要しないとされ、ワープロで打った目録を添付することもできるようになりました（同条2項。Q18参照）。

　したがって、エンディング・ノートの中に、自分の財産の処分方法について、どのような財産を誰に対して相続させるのかという全文（財産目録は、エンディング・ノートと一体となる限り、ワープロで打ってもよいのですが、ノートという形式であれば、目録の一体化は難しいと思います。したがって、エンディング・ノートの中に記載する場合には、財産目録も自書しておいたほうが無難かと思います）を自書し、日付を書いて署名押印しておけば、その部分は自筆証書として有効となります。

　自分の特定の財産を相続人に対して承継させるという趣旨の遺言を、従来は、いわゆる「相続させる」旨の遺言と呼び、最高裁判例が遺産分割法の指定という意味をもつ遺言であるとしていました。この点については、平成30年の民法（相続法）改正によって、「遺産の分割の方法の指定として遺産に属する特定の財産を共同相続人の1人又は数人に承継させる旨の遺言（以下「特定財産承継遺言」という。）」と明文化されました（民法1014条2項）。

　したがって、エンディング・ノートの中に、自筆証書遺言の成立要件を満たす形で、「財産の種類や、それを相続させる人」を決めておけば、遺産分割の方法を指定する特定財産承継遺言としての効力をもたせることも可能です。心配であれば、法律相談などで弁護士にその部分を見てもらい、要件を満たしているかどうかチェックしてもらえばよいかと思います。

（平田　厚）

第3章

葬儀をめぐるトラブルと対策

Ⅰ　葬儀の生前予約・生前契約に関するトラブル

Q22　生前予約・生前契約の有効性（冠婚葬祭互助会）

> 　20年前に互助会の会員となり満期も過ぎました。父の葬儀で利用し
> ようとしたら「20年前の12万円コースはなくなり、いまある30万円コー
> スを利用すると18万円追加になる」と言います。では解約すると言
> うと「解約手数料がかかるので 7 万円しか戻らない」と言われました。
> 正当なことなのでしょうか。

▶ ▶ ▶ Point

① 　冠婚葬祭互助会とは

② 　追加料金請求の妥当性

③ 　解約料請求の妥当性

1　冠婚葬祭互助会は前払式特定取引

　生前に自分の葬儀のための契約をしておく契約で、古くから利用されてい
るものが冠婚葬祭互助会です。冠婚葬祭互助会とは、割賦販売法で規制され
ている前払式特定取引に該当します。

　割賦販売法では、規制対象の前払式特定取引を次の要件を満たす取引と定
義しています。まず、第 1 に支払条件に関して、消費者が商品の引渡しまた
は役務（サービス）の提供を受ける前にあらかじめ 2 カ月以上にわたり 3 回
以上の分割払いで料金を支払うものであることです。第 2 に、役務の場合、
事業者が同法施行令で定められている役務を提供するものあることが必要で
す（商品の場合は指定制はありません）。同法施行令では「一　婚礼（結婚披露

を含む。）のための施設の提供、衣服の貸与その他の便益の提供及びこれに
附随する物品の給付」と「二　葬式のための祭壇の貸与その他の便益の提供
及びこれに附随する物品の給付」の２種類の役務を指定しています（１条４
項・別表第二）。以上の要件を満たす取引を指して、冠婚葬祭互助会といって
います。

　やさしくいえば、毎月1000円から数千円の支払をしておくと、自分や家族
の死亡などにより葬式などの冠婚葬祭が必要になった場合に、前払した費用
で行うことができるということで、経済的に豊かでなかった時代のニーズに
あった種類の取引だったといえるでしょう。

　現代社会においても自分の葬式で家族に負担をかけることを心配して生前
に葬儀のための契約をしたいと考える人が増えています。こうした事情から、
冠婚葬祭互助会についても自分の生前に葬儀契約できるシステムという観点
から消費者の注目を浴びているという事情があります。

　半面、契約締結時には、いつ葬儀が必要になるか予想することができない
という特殊性のある契約です。たとえば、契約締結時には健全経営をしてい
た事業者の経営状態が変わってしまうとか、物価の変動であるとか、社会事
情や生活文化などの変化によって葬式のあり方もかわってしまうなどという
ことは起こり得ます。そのためにさまざまなトラブルも起こっています。ご
質問のケースはその典型的なもので、契約締結から20年後にサービスの提供
が必要になったことから、事業者としては20年も前の料金でサービスの提供
を求められても困ると言いだして問題が起こったケースと考えられます。

２　問題の所在

　事業者の主張は、「契約をしたのは20年も前のことだ。現在は、20年前に
あった12万円のコースはなくなっている」、「現在あるのは30万円コースであ
るから、18万円の追加料金を支払ってもらう必要がある」というものです。

　ここで問題となるのは、20年前に締結された冠婚葬祭互助会の契約の内容

は何かということです。冠婚葬祭互助会の契約では、契約した消費者は、契約に基づいて事業者が提供するはずの商品やサービスに対して対価を支払うことを約束し、対価を契約で約束した支払方法で支払う債務を負います。ご質問のケースでは、12万円を分割前払で支払うというもので、契約者であるご質問者（消費者）はその支払いを完了しているということです。

　では、事業者は契約で12万円の対価をもらってなにを提供することを約束したのでしょうか。割賦販売法の定義でいうと「葬式のための祭壇の貸与その他の便益の提供及びこれに附随する物品の給付」です。契約締結の際には契約内容として「こういう祭壇の貸与」、「こういう棺・骨壺などの給付」、「これこれの内容の便益の提供」といった具体的な内容を契約の際には決めていたはずです。

　冠婚葬祭互助会の契約とは、契約で対価と提供するサービスの内容を定めるもので、ただし「葬式に関する約束したサービスの提供時期は将来のいつになるかは予想できない未定のものであるが、必要になった時は何年先になっても契約に従って提供しますよ」ということを約束するものであるということなのです。したがって、事業者は、20年前の契約で約束した内容のサービスを提供する契約上の債務を負担していることになります。今現在20年前のコースが商品として販売されていなくても、締結した契約を履行する義務があることには違いはありません。

　20年前の契約で今はそのコースがないからということは、契約を守らなくてもよいという理由にはならないのです。この事業者の対応は、法的には根拠のない言い分です。ご質問者（消費者）は、20年前の契約で約束したサービスの提供をするように事業者に対して要求する権利があります。追加料金を支払う義務はありません。

　事業者としては、20年前とは物価も違っているなどの事情があるから、12万円でサービスの提供を求められても採算が合わないという言い分があるのかもしれません。しかし、もともと冠婚葬祭互助会というものは契約内容に

そういうリスクをはらんでいるものであって、そうした事情を承知のうえで事業として行っているわけですから、20年の経過の中で採算がとれない事情になったからといって追加料金を請求することは認められないというべきです。

3 対処方法

　消費者がとることができる対処方法としては、契約に従ったサービスの提供をするよう要求する方法が考えられます。ただし、葬儀の場合には、葬儀が必要になってからそれほどの猶予期間をおくことはできません。したがって、数日程度の期間を区切って契約に従った債務の履行を請求し、期間内に債務の履行がないか、事業者が「30万円コースとの差額を支払わない限りできない」と拒絶するのであれば、債務不履行を理由に契約を解除することになるでしょう。そして、現実の葬儀は別の葬儀業者に依頼せざるを得ないと考えられます。

　契約相手に債務不履行があった場合には、相手の債務不履行によって被った損害で、通常予想することができる範囲の損害については、相手方に債務不履行による損害賠償を請求することができます。すでに支払った12万円の返還を求めるとともに、事業者が契約どおり履行してくれれば被ることがなかったであろう金銭的な被害について、損害賠償請求することができます。12万円コースと同様の内容の葬儀を実施したのに、新たに別業者に依頼せざるを得なかったために高い出費を強いられたという場合には、その部分を債務不履行に基づく損害として事業者に賠償請求できます。

　ご質問では、30万円との差額を支払いたくないから契約をやめると述べた消費者に対して、契約を解約するのであれば解約料がかかると事業者は主張しています。しかし、消費者が解約したいといっているのは、消費者の自己都合によるものではなく、事業者が契約に基づく債務の履行を拒否しているためです。つまり、これは事業者の債務不履行による契約解除にあたるわけ

です。事業者は、自分が債務不履行を起こしているにもかかわらず、契約を守らないのであれば契約を解消するという消費者に対して解約料をとるといっているという理不尽な主張をしていることになります。契約の中途解約が消費者の自己都合によるものであれば、合理的な範囲で契約で定められている違約金であれば消費者は支払わなければなりません。つまり、支払った金銭から差し引かれて残った差額しか返還されないこともやむを得ない場合があります。しかし、ご質問のケースは、事業者が債務の履行を拒絶しているために起こったことなのですから、事業者は解約料をとることはできません。むしろ、消費者に対して損害を賠償する義務を負うことになります。

（村　千鶴子）

Q23　冠婚葬祭互助会契約の解約

　70歳の父が将来の葬儀のことを考えて、36万円36回払の冠婚葬祭互助会の契約をしました。知人から「36万円で全部できるわけがなく、追加料金が発生する」と言われ、全部できると思って契約したので、それならやめたいと思い解約したいと告げたところ、「6回分の支払済金額は解約手数料で戻らない」と言われました。正当な言い分でしょうか。

▶▶▶ Point

① 冠婚葬祭互助会とは何か

② 冠婚葬祭互助会の中途解約

③ 解約料の妥当性

1　冠婚葬祭互助会とは

　冠婚葬祭互助会とは、葬儀や結婚式などが必要になった場合にサービスの提供を受けることを約束して、その対価を2カ月以上にわたり3回以上に分割して支払う契約を指します（Q22も参照）。数年間にわたり数千円程度を分割払いで支払うものが多くみられます。

　分割による前払の方式をとっていることから、冠婚葬祭互助会は割賦販売法の規制が及び、経済産業省の許可が必要です。営業所ごとに営業保証金の供託が必要で（主たる営業所は10万円、その他の営業所は1カ所ごとに5万円）、顧客からの預り金が多くなるとその半額を保全することも義務づけられています（前受金保全措置）。

　金額と提供されるサービスの内容は、互助会業者によって数種類のコースを用意しているのが普通です。コースの内容は、料金内で提供できる範囲の

サービスなどを組み合わせています。安いコースの場合には、たとえばホールの使用料が含まれていないなど、葬儀に必要なサービスであっても含まれていないものがあるので、よく確認することが大切です。

　さらに、葬儀には、料理、タクシーなどの費用、火葬場の支払、寺院への支払など、互助会で提供する以外のサービスなどが必要不可欠です。そのため、葬儀を行う場合には、互助会への支払だけで葬儀を済ませることができるわけではありません。この点も消費者に誤解がないように十分説明が必要です。

2　冠婚葬祭互助会の中途解約

　冠婚葬祭互助会は、サービスの提供を受ける前であれば中途解除ができます。冠婚葬祭互助会の使用する約款については割賦販売法による許可の際の審査対象になっており、現在では中途解約ができる内容になっているものであることが必要とされています。

　ただし、現在のところ、中途解除の際の解約料などの取扱いについては具体的な基準は定めておらず、互助会業者の自由に委ねています。これまでは契約金額の２割程度の違約金条項を定めているものが少なくありませんでした。また、支払済みの料金は返還しないというケースもしばしば見受けられました。

3　解約料と消費者契約法

　こうした事情のもとで以前から互助会の解約に伴うトラブルは少なくありませんでした。解約しても支払済みの金銭が返還されないとか、違約金が高すぎるという指摘が少なくなかったのです。

　消費者契約法では、「当該消費者契約の解除に伴う損害賠償の額を予定し、又は違約金を定める条項であって、これらを合算した額が、当該条項において設定された解除の事由、時期等の区分に応じ、当該消費者契約と同種の消

費者契約の解除に伴い当該事業者に生ずべき平均的な損害の額を超えるもの」を不当条項とし、「当該超える部分」は無効であると定めています（9条1号）。違約金条項に定める違約金が平均的損害を超えているのではないかという指摘がされていたのです。

　ある適格消費者団体が、冠婚葬祭互助会が用いていた中途解約に関して、一律契約金額の2割を解約料とする条項が平均的損害を超えるもので無効であるとして差止めを求めた事件があります。この事件に関して大阪高裁平成25年1月25日判決・判時2187号30頁は、次のように判断しました（本件は互助会側が上告受理申立てをしていましたが、平成27年1月20日に上告不受理決定がなされ、高裁判決が確定しました）。

4　平均的損害の意味

　まず、消費者契約法9条1号にいう「平均的損害」とは、同一事業者が締結する多数の同種契約事案について類型的に考察した場合に算定される損害の額を指し、具体的には、解除の事由、時期等により同一の区分に分類される複数の同種の契約の解除に伴い、当該事業者に生ずる損害の額の平均値をいうものと解されると判断しました。

　次いで、冠婚葬祭互助会は、消費者から葬儀等の施行の請求を受けてはじめて、その消費者のために葬儀等の施行に向けた具体的な準備を始めるものであること、したがって、具体的な葬儀等の施行の請求がなされる前に契約が解約された場合には、損害賠償の範囲は原状回復の範囲に限られるべきであると判断しました。逸失利益の請求はできないと判断したわけです。

　具体的には、契約の締結および履行のために通常要する平均的な費用の額が「平均的な損害」であり、その範囲は個々の消費者契約との関係において関連性が認められるものを意味すると判断しました。毎月の集金費用（一回60円の実費）と年1回のニュースの作成費用と送付費用および入金状況通知の費用であると判断しました。

以上からすると、中途解約した場合には支払済みの月掛金は一切返還しないとする主張は不当なものであり、認められません。

5 不実告知による取消しの場合

また、契約の締結について勧誘をする際に、事業者が「この契約には葬儀に必要なすべてが含まれている」旨の契約の内容についての不実の告知をしたために消費者が誤認した事実がある場合には、消費者契約法による不実の告知を理由に契約を取り消すことができます。その場合には支払済みの全額を返還するよう請求できます。

（村　千鶴子）

Q24　生前葬儀契約の注意点

> 葬儀社から「今、生前予約をして30万円前払すれば50万円のコース
> と同額の葬儀ができる」と言われました。まだ60歳であり、将来のこ
> とまでわからないので逡巡しています。

▶ ▶ ▶ Point
① 　生前葬儀契約とは
② 　生前葬儀契約の危険性

1 　多様化する生前葬儀契約

　最近では、自分が死んだあとの葬儀のことを考えて生前に自分のための葬
儀の手配を考えたい人が増えつつあるようです。雑誌の企画や消費者向けの
講座などでも生前葬儀契約に関する講座は結構人気があります。

　こうした事情が背景にあって、自分の生前に葬儀のための契約ができるタ
イプの契約もいろいろなものが出てきています。かつては、この種の契約と
しては冠婚葬祭互助会がある程度でしたが、現在では冠婚葬祭互助会以外の
タイプのものもいろいろ出てきています。ご質問のケースは、「今、生前予
約をして30万円前払すれば50万円のコースと同額の葬儀ができる」と勧誘さ
れているというだけしかわかりませんので、具体的にどのような内容の契約
であるか不明です。ここでは、生前葬儀契約として可能性が考えられるもの
について取り上げることにします。

2 　1回払や2回払の生前葬儀契約

　最近販売されるようになった生前葬儀契約として、葬儀代金を契約時に一

括払い、あるいは2回払で、自分が死んだ後の葬儀をパックで契約するタイプのものがあります。このタイプでも、事業者は「今、生前予約をして30万円前払すれば50万円のコースと同額の葬儀ができる」といった説明をすることが多いようです。

このタイプの契約で最も注意しなければならないことは、自分が死んで葬儀が必要になった時に、契約した事業者が存在していて経営状態も安定しており契約どおりの葬儀を実施できる保障はない、ということです。冠婚葬祭互助会の場合には、割賦販売法に基づいて経済産業省の許可が必要で、さらに同法では消費者が前払した金額の2分の1は保全する義務があると定めています。前払金の保全義務とは、わかりやすくいえば事業者が経済的に破たんした場合でも消費者には支払済みの金銭の半額は戻ってくるようにしておいて、消費者が全額被害を被ることのないように法律で規制しているということです。

3 法的規制がない

ところが、1回払や2回払の生前葬儀契約の場合には、法律による規制は一切ありません。どんな事業者であっても自由にビジネスとして行うことができるのです。会社組織でも、個人でも自由にできます。資産の規模などにかかわらず、誰でも行うことができます。監督官庁などで経営状態をチェックする法律上の仕組みがあるわけでもありません。つまり、消費者は、契約する時に「自分が死んで葬儀が必要になった時にも、この事業者が存在しているか、契約した葬儀を実施できるだけの経営状態を維持しているだろうか」ということを個人の力で判断しなければならないということです。もし、生前契約を締結して支払をした後で事業者が経営難になっても消費者保護の制度は何もないのです。こういう実情を考えると生前の葬儀契約は大変リスクの大きい契約であるということがわかります。

会社の平均寿命は30年といわれています。2017年に商工リサーチは、23.5

年と発表しています。中小企業の中には、もっと短い場合もあります。大き
な会社であっても倒産することがあります。山一證券や北海道拓殖銀行など
の破たんをみれば、何十年も絶対安全な会社かどうかということは、誰にも
判断できないことだということがわかるのではないでしょうか。

4　どのような葬儀をしたいか

　第2に、自分がいつ死ぬかということは予想がつきません。自分が死んだ
ときにどのような葬儀をするのがよいか、葬儀を行う家族にとって納得でき
るかといったことについて、今の時点で適切に判断をすることができるか、
ということも大きな問題です。現代社会では、個人や家族のあり方や価値観
が大きく変化し続けているうえ地域社会などのあり方も大きく変わってきて
います。そういう状況の中で、「葬儀」のあり方や考え方が大きく変化しつ
つある時代です。たとえば、葬式の祭壇や棺のデザインや品質なども大きく
変化し続けています。どのような祭壇にするのか一つをとっても、今決めて
しまってよいのかは大きな問題です。また、亡くなる本人の考えと残された
遺族の考えとが一致するとも限りません。そういう状況の中で、いつ必要に
なるかもわからない葬儀の内容まで決めてしまって問題はないのかという点
も、家族ともよく相談をしておく必要があるでしょう。その時のことが予想
しきれないのであれば、いま具体的な内容についてまで決めてしまう内容の
生前葬儀契約をするのは、好ましくない可能性があります。

5　遺族との情報共有

　第3に、生前葬儀契約は、契約した本人が死亡した場合に契約による葬儀
が実施されるというものです。契約による債務の履行が必要になった時点で
は、契約者本人はもういないのです。

　したがって、生前葬儀契約をしたことやその具体的な内容を本人しか知ら
ないのでは、契約した意味がありません。葬儀を行う遺族となる家族の人た

ちが、本人が契約した生前葬儀契約の内容なども含めてよく承知していることが必要です。具体的には、契約の際に同席して契約の締結や内容についても知る機会をもつこと、さらに契約した場合には契約で事業者が約束したサービスの内容などを明確かつ平易な客観的に明らかな内容の書面として作成して保管しておくことが重要です。しかし、生前葬儀契約を行っている事業者のすべてが、このような配慮をしているとは限りません。家族の同席などは求めておらず、契約当事者とだけで契約を締結する事業者も存在しています。

　冠婚葬祭互助会も含めて生前契約では、本人が死亡した時には生前契約のあることを誰も知らず、したがって別の葬儀業者に依頼して葬儀を実施してしまうということはよくあることだともいわれます。遺族が最後まで生前契約があることに気が付かないケースも多いのではないかという指摘もあります。これらの点は、生前葬儀契約の際には、事業者のほうで家族の同席を求め、契約内容について明記した契約書面を交付するようにすれば、解決できる問題なのですが、事業者は組織だってはいまだにそのような取組みはしていないようです。

6　契約内容は何か

　冠婚葬祭互助会も含めて生前の葬儀契約では、「ここで契約しておけば、これですべての葬儀を行うことしができて、一切金銭的な負担はかからない」と期待して契約する人が少なくないのではないでしょうか。しかし、生前葬儀契約を利用していた場合でも、追加費用は発生します。

　冠婚葬祭も含めて生前葬儀契約では、葬儀を行う場合に必要な一定のサービスがパックされたパック商品です。問題は、どのようなサービスがパックされているか、ということです。

　通常葬儀には、病院から自宅までの遺体の搬送、枕飾り・祭壇の貸与、棺の販売などは含まれているのが普通です。ただし、病院と自宅が遠く離れて

いる場合には追加料金がかかる場合があります。自宅ではなく斎場での葬儀をしたいと思っていても斎場の利用料金は含まれていないなどという場合もあります。葬式などの進行も司会、アシスタントなどは何人なのか、などコースによっても違います。棺、祭壇などは種類やランクによって価格帯は違うので、パックの場合はどのようなものなのかも注意が必要です。

　さらに、火葬費用、火葬場までのタクシー代、食事代、お返しの費用などは含まれていないのが普通です。地域によっては火葬場が公営で費用が掛からない場合もあるようですが、民間の火葬場の場合には霊柩車による遺体の火葬場までの搬送の費用や火葬費用がかかります。また、お経をあげてもらう寺院へのお布施や戒名をつけてもらうためのお布施も料金には入っていません。

　お葬式は人生に何度も経験するものではないので、どんなことが必要なのか、どのような費用がかかるのかは経験の累積で身に付けることは難しいうえに、葬儀契約の際には詳しい説明はされないことが多いため、トラブルのもとになっています。

　生前葬儀の契約をする場合には、時間的な余裕はあるのですから、十分にさまざまな情報を収集して慎重に選択するようにすべきだと思われます。

（村　千鶴子）

Q25　生前契約・生前予約の解約

葬儀社と葬儀の生前予約契約をして50万円を支払った後に、急に現金が必要になり解約の申し出をしました。葬儀社は「入会金として受け取ったものだから解約返金には応じられない」と言います。50万円もの入会金などあるのでしょうか。

▶ ▶ ▶ Point

① 生前葬儀契約の趣旨

② 解約できない特約の妥当性

③ 入会金の意味

1　1回払いの葬儀生前契約

　生前葬儀契約の典型的なものとしては、従来から冠婚葬祭互助会がありました。これは、契約金額を毎月数千円程度分割払で支払っていくというもので、割賦販売法に基づく許可が必要です。許可の審査の際には使用する約款内容も審査をすることになっていて、中途解約できる内容であることが必要とされています。ただし、解約料としていくらまで差し引くことができるかについては特に規制されていないことから、消費者契約法9条1号の平均的損害を超える違約金をとっているのではないかという点が問題視されています（Q23参照）。

　ご質問のケースでは、法律で規制されている冠婚葬祭互助会ではなく、1回払の生前葬儀契約に関するものです。1回払の生前契約に関しては法律による規制はありません。したがって、基本的には当事者間の契約の合意内容によります。具体的には事業者が決めた約款の内容の合理的な解釈によりま

す。ただし、どのような内容の約款なのかによって、消費者契約法の規制する不当条項に該当する場合には、その不当な条項部分は無効とされます。

2　ご質問の契約の趣旨

　ご質問の契約の内容はどのようなものだったのか、が最も問題です。

　消費者は、「生前予約契約である」との認識です。つまり、自分が死んだ場合の葬儀サービスの予約をし葬儀サービスの代金を前払したものである。予約完結権を実行しないで解約することはできるはずである、という主張と思われます。

　一方、葬儀社の言い分は「入会契約の入会料である」から入会後に退会したとしても返還できないという主張のように思われます。

　そうすると、この契約の内容はいったいどのような内容のものだったのかが大きなポイントとなります。入会とは、どのような会に入会するという契約なのか、入会料とは何に対する対価なのか、という問題です。

　これらの点を解明するためには、まず契約書や契約関係書類を確認する必要があるでしょう。実態として、生前に生前葬儀契約の予約をしたという趣旨の内容であるとすれば、これは一種の請負契約に該当するものであり、仕事が完成する以前は、注文者（消費者）はいつでも契約を解除できるのが原則です。解除ができない旨の特約があるときであっても、消費者からの解約を制限するだけの合理的理由がないので、消費者契約法10条に反して無効であるというべきだと思われます。

　ただし、その場合には、もし葬儀社に損害を与えていた場合には損害については賠償することになると思われます。ただし、この場合の損害には、「儲けそこなった利益」や「外務員に支払った歩合給」などは含まれないことはいうまでもありません。

3　契約内容が異なっていた場合

　契約内容が、葬儀社の主張する「入会契約」であり退会しても入会金は返金しないない内容となっていた場合には、二つの問題点があります。

　第1に、消費者が生前の葬儀予約契約だと認識していたことです。業者の説明を信じてそう思い込んで契約していたのであれば、不実告知による取消し（消費者契約法4条1項）ができる可能性があります。

　第2に、入会契約であっても入会金は何に対する対価なのか。退会しても返還しないだけの合理的な理由があるのか、平均的損害を超えていないのかという問題です。入会後に退会まで受けたサービスは何か、退会によりその事業者が被る平均的損害はどのようなものかがポイントになります。いずれにしても一切返金しないとの特約は消費者契約法9条1号に反して無効と考えられます。事業者は、平均的損害までしか請求できません。

（村　千鶴子）

Q26　生前予約・生前契約の内容・範囲

母が葬儀社と生前契約をして総額50万円を支払っていました。葬儀を実施する段階になったら会葬礼品や生花代、料理代は含まれていない、必要ない人もいるので「総額」には含まれていないと言われました。納得できません。

▶ ▶ ▶ Point
① 　生前葬儀契約の内容
② 　契約締結時の説明内容
③ 　契約者死亡後に契約内容がわかるように

1　内容が不明瞭になりがちな生前契約

　ご質問は冠婚葬祭互助会も含めて生前葬儀契約でよくあるトラブルです。

　生前契約では、葬儀社にどのような内容の葬儀サービスを依頼する内容になっていたのかが、重要なポイントとなります。過去に行われてきた契約では、「葬儀一切」とか「○○コース」でコース料金といったおおざっぱな内容の契約書で、具体的な葬儀サービスの明細もないというお粗末なものが少なくありませんでした。しかも、契約した消費者は亡くなっているので本人に内容を確認することもできず、葬儀社の言いなりになりかねないという不当で一方的なものとなっていました。

　そのために、契約の内容に含まれているサービスの内容が不明確で、葬儀社に含まれていないなどと主張されると、消費者は自分が契約したわけではなく、契約に同席していたわけでもないうえに、契約書などの客観的資料はあいまいなもので役に立たないという困ったあり様だったわけです。

　このような事情から、消費者サイドからは、契約締結時には喪主候補者や相続人予定者などを同席させるように要望したりしていますが、業界は応じる姿勢をみせていません。せいぜい、本人が死亡した時のために第 2 連絡先を契約書に書かせるようにする工夫をしている程度です。しかも、これだけのことでも大手柄を立てたと言わんばかりの態度です。

② 一般的な葬儀の費用

　葬儀に係る費用は一般的に、葬儀社に頼むもの、通夜ぶるまいや会葬礼品などの参加者によって変動するもの、火葬関係の費用、寺院に支払う費用などに分けられます。

　葬儀社との契約で一括と言っている場合に、本当に一括である場合でも葬儀社に頼むものだけであるということが普通です。したがって、会葬礼品や料理代は含まれていないというのは、業界の常識からいえば「常識」ということになります。生花代については、ある程度は含まれている場合もありますが、その場合にはどの範囲で含まれているかは確認しておく必要があります。

　契約締結時に受けた説明と実際の契約内容とが異なっていた場合には、不実告知により契約を取り消す（消費者契約法 4 条 1 項）という方法も理論的にはあり得ます。しかし、葬儀に関する契約の場合には、本人が死亡しているとか、時間的な余裕がないとか、葬式の実施後に問題が表面化するなど、取消しによって解決することは適切ではない場合が多いという問題があります。

③ 契約内容の確認を

　生前葬儀契約では、契約当事者が亡くなってから実施することになるので、契約締結時に契約内容の明細を客観的に明確にしておくことが重要となります。

　また、生前の契約では、時間的ゆとりがなくて急がなくてはならないという通常の葬儀契約の場合のような事情があるわけではないので、葬儀の場合に必要なサービス内容や葬儀の契約に含まれているもの、含まれていないもの、などについての情報収集を十分に行ったうえで、自分が死んだ後に残された人にもよくわかるような契約内容や明細を用意してくれる葬儀業者を選ぶことが重要です。

　生前葬儀の契約を商品化している葬儀社の中にも、まだまだこうした意識は十分ではありません。今後の改善が求められます。

（村　千鶴子）

II　葬儀の契約・解約に関するトラブル

Q27　葬儀の多様化と事前相談

> 　近くに葬儀会館がオープンしたので、事前相談コーナーで「一般的葬式費用」を聞いたところ、「葬儀費用もいろいろある。お宅の事情や希望を聞かないと見積もりできない」と言われました。気楽な気持ちで行ったのにプライバシーまで明かさないと相談できないのかと不審に思いました。

▶ ▶ ▶ Point

①　葬儀の多様化

②　一般的葬式費用というものはない

③　どのような葬儀をしたいのかがポイント

1　はじめに

　「一般的葬式費用」を教えてもらえないということですが、どのようなことを知りたかったのでしょうか。葬儀にかかる全体の費用の全国平均ということであれば、一般財団法人日本消費者協会が行ったアンケート調査があります（「葬儀についてのアンケート調査」）。それによれば、平成22（2010）年度の調査では199万円でした。しかし、たぶん、ここで聞きたかったことはそのようなことではないと思われます。

　近年では、葬儀のあり方が大きく変化をしており、また多様化が進んでいます。平均的な葬式のスタイルというものがあるわけではありません。どのような葬儀をしたいのか、どのような場所でしたいのか、何人くらいの参列

者がいるのかなどによってかかる費用は違います。どういう葬儀なのか、何人くらいの規模なのか、どのような場所で行うのかという内容によってかかる費用は違ってくるため、アンケート調査による平均的な葬儀費用データでは、どのような意味があるのかは難しい問題です。

　気軽な気持ちで聞いたということですが、どのようなことが知りたいと考えたのかという点がわからないので、なんともいえません。

2　葬式にもいろいろある

　どれくらいの葬式費用がかかるかは、どのような葬式をしたいのかによって違ってきます。葬式費用について知りたい場合には、どのような葬式をしたいのかを整理したうえで相談に出向く必要があります。

　プライバシーまで明かさないと相談に乗ってもらえないのか不審に思ったということですが、これは誤解だと思われます。「お宅の事情や希望」というのは、家族のプライバシーを説明しなければ相談に乗ることができないという意味ではなく、葬式にもいろいろなものがあるので、どのような葬式を考えているのかわからないと見積もりができず、費用の見込みもわからないという意味ではないかと思われます。

　たとえば、数人だけの家族で自宅でごく質素な家族葬をしたい場合と、セレモニーホールを葬儀会場に借りたうえで数十人規模の参加者が見込める場合とでは、かかる費用は全く異なります。使用する祭壇や棺などによっても費用は大きく違ってきます。

　このような観点からすると、「平均的葬式費用」という質問を受けて簡単に「○○万円くらいですよ」という対応をするほうが、むしろ不誠実でありいいかげんな対応というべきではないかと思われます。

3　どのようなことが必要か

　葬式費用の概算を知りたい場合には、最低でもいくつか明らかにしておく

べきことがあります。

第1に、葬式を行う場所です。自宅で行うか、セレモニーホールを借りるか、公的なところが運営している斎場を利用するか、火葬場で簡単にすますか（いわゆる「直葬」です。最近ではこの方式を選択する人も増えているようで、決して特殊な選択ではなくなっているようです）などを考える必要があります。

第2に、どのようなタイプの葬儀をしたいかを考える必要があります。祭壇、棺、その他のさまざまなものをどの程度のものにしたいのか、ということです。「一般的な葬式だ」といいたいのかもしれませんが、一般的葬式というものはありません。人や家族によって考え方はさまざまで葬式に対する考え方も多様です。したがって、具体的にどうしたいのかを考えたうえで示す必要があります。祭壇も棺も最低ランクの最も安いものでよいという選択もありうるでしょうし、カタログなどを見せてもらって「こんな感じで」と指定して見積もりをしてもらうという方法もありうるでしょう。

逆にそういう資料も何もなく、「これが一般的な葬式の場合です」と数字だけを示すということだと、祭壇も棺も内容はわからないままであるということになって、かえって「こんなはずではない」ということになりがちです。

第3に、参加者は何人くらいかも重要です。それによって使用する会場の広さも違ってきます。食事などの準備の数も、返礼の品や礼状の数も、火葬場までの送迎の車の台数もすべて違ってきます。

これらについて考えたうえで、相談をすれば、費用の概算を助言してもらえるのではないかと思われます。ただし、これはあくまでも概算ですから、現実の葬儀の依頼の場合にはより具体的に内容を決める必要があります。この点があいまいなまま「一括料金」などという形で依頼した場合には不満が残ったり、トラブルになったりしがちなので、注意が必要です。

なお、戒名・読経等などの寺院への支払いなどは別途必要になります。また、飲食接待費なども別計算になるのが普通ですから、こうした点も注意が必要です。

（村　千鶴子）

Q28　口頭での打合せと見積書

　　母の葬儀の翌日、葬儀社から請求書がきました。事前の打合せでは葬儀社は「だいたい80万円」と言っていたのに100万円と20万円も高くなっていました。話が違うと言うと「打合せの後で見積書を持ってきて子どもに預けた」と言います。出てきた見積書には100万円とありました。支払わなければならないのでしょうか。

▶ ▶ ▶ Point

① 　見積書と請求書

② 　子どもに渡した場合の受領権限

1　葬儀契約の特徴

　葬儀社への葬儀の依頼も契約です。契約の種類としては請負型の契約であるとされています。請負契約の典型的なものは建物の新築工事やリフォーム工事などですが、こうした契約では契約締結時には依頼する工事内容について各種の図面を作成し、工事の内訳明細などを決めたうえで、これらを内容とする建築請負契約を締結するのが理想です。これが契約内容になるので、図面も工事の内訳明細もないと、後で「こんなはずではなかった」というトラブルになりがちですし、トラブルになったときに「契約内容」があいまいなために解決が難しくなってしまうからです。

　一方、葬儀の契約の場合には、契約内容について内訳明細をつけた契約書を作成する実務が定着するところまできていません。多くの場合、口頭で打ち合わせ、「見積もり」をつくり、実施に入ります。その後、実施後に「請求書」が葬儀社から渡されて料金の支払いを求められる、という取引の流れ

をたどる場合が多くみられるようです。

　実は、このようなやり方がトラブルの元となっています。

2　トラブルの原因

　では、どうしてトラブルが起こるのでしょうか。葬儀社に依頼する消費者は打合せのときに示された契約金額がすべてであると認識することが通常です。見積書の形で渡されていれば、そう思うのも無理はありません。

　ところで、葬儀社の言い分では「葬儀は当日にならないとわからないことがあるから」見積もりどおりにはいかない、などと説明します。たとえば、会葬御礼や飲食接待の費用、受付などの運営のために必要な人数も不確定などと説明したりします。たとえば、受付などを 1 人で見積もりをしたのに、当日の参加者が多かったために 3 人に増やしたので 2 人分は追加料金が発生したなどというわけです。

　事前の打合せや見積もりの提示の際に、こういったこともきちんと説明されていたのであれば、トラブルは起こりにくいのではないかと思いますが、葬儀社からきちんと説明されないことが少なくないのです。なぜかというと、日常的に葬儀を行っている葬儀社にとっては「常識」なのでわざわざ説明しなければならないという意識がないことが多いようです。

　さらに、葬儀は「請負」なので、「実際に行ったことに対して支払請求するのが当たり前」、「契約の際の説明は一応のもの」といった意識が、葬儀社にもあって、契約意識が欠けているように思われます。

　これは大きな問題で、自分が利用する経験が一生に 1 回から数回しかない取引では、消費者にはよくわからないのが当たり前です。プロの葬儀社は、契約の際には、素人の消費者が正しく理解できるようにきちんと説明すべき義務があるといえるでしょう。見積もりを出す場合にも、その内容をきちんと説明して消費者の納得のうえで契約を結ぶ必要があると考えられます。そのうえで、契約内容を明確にして締結をすべきでしょう。改善されるべきで

しょう。

③ ご質問の場合

　ご質問では、見積もりと請求書の内容とは同じだったということですから、見積もり自体はしっかりしたものであり、見積もりに沿った葬儀が実施されたケースです。

　問題は、口頭の打合せと見積もりの内容が違っており、しかも見積もりは「子ども」に渡しただけで、契約当事者には渡っていなかったという点です。契約当事者に対する見積もりの内容に関する説明がされていなかった点は問題です。契約とは「具体的にどのような内容のサービスをいくらで依頼するか」についての約束ですから、この場合の契約内容が問題となります。

　また、「子どもに渡した」ということですが、「子ども」とは何歳だったのでしょうか。未成年者に渡したというのであれば、受領権限にも問題があります。葬儀社の言い分は無責任です。葬儀当日の特殊事情を考慮すると、成人している子どもに了解を取ったうえで、きちんと見積もりの内容の説明も行って渡している場合には、やむを得ない場合もあると思われます。

④ 支払うべきか

　支払うべきかどうかは、見積もりと口頭での打合せとでは、どの部分が違っていたのかによっても考え方は異なると思われます。

　サービスの内容は同じなのに価格だけが違うという場合には、上乗せ価格については支払う必要はないという考え方もありえます。口頭の打合せの際にはなかったサービスなどが追加されていたり、グレードがアップしている場合には、葬儀は実施されてしまっているので、消費者が得た利得部分については支払う必要があると考えられます。

　打合せの際の内容と見積もりの内容を比較して、どうして合計額の違いが出てしまったのかを確認してみる必要があります。　　　　　（村　千鶴子）

Q29 葬儀社の広告・宣伝のルール

某葬儀社の広告で「この地域の葬儀費用の平均は247万円、当社では3分の1でできます」「20人の家族葬の見積もり例78万円」と表示されていました。調査費用には寺院謝礼も含まれているようで、この比較は正当とはいえないと思いますが、どうなのでしょうか。

▶ ▶ ▶ Point
① 比較広告
② 適正な比較広告の表示ルール
③ 規制する法律は

1 比較広告

　葬儀社の広告の中には、「他社との比較」とか「全国平均の葬儀費用との比較」を示して「当社の葬儀はこんなに安い」などというものをみかけることがあります。自社の「割安感」をアピールしているわけです。

　現実には、葬儀は、どのようなところで、どのような規模で、どんな内容の葬儀にするのか、によって費用は全く異なりますから、全国平均とか他社との比較などの一般論はあまり意味がないのですが、このような比較広告をみると、同じ内容の葬儀でも葬儀社によって費用が違い、「この業者は割安でやってくれるんだ」という認識をもつのではないかと思われます。葬儀社もそういう効果を狙って比較広告を行うのでしょう。

　それでは、比較広告には問題はないのでしょうか。

2　景品表示法に基づく指導

　消費者庁は平成24年2月3日に「葬儀事業者における葬儀費用に係る表示の適正化について」と題する注意を、葬儀事業者に対して行っています。

　この注意によれば、葬儀事業者の広告においては、自社の葬儀費用が割安であることを示す比較広告がしばしば用いられているが、消費者に実際よりも有利な条件であると誤認させるような不当な表示が行われている実態があることを指摘しています。

　比較広告を行うためには、昭和62年（平成28年改正）の「比較広告に関する景品表示法の考え方」によれば、①比較広告で主張する内容が客観的に実証されていること、②実証されている数値や事実を正確かつ適正に引用すること、③比較の方法が公正であることの3点が満たされていることが必要とされています。

　ところが、葬儀社による比較広告は、このルールが守られていないケースがあるということで、改善するよう指導がされています。

3　不当な比較広告の例

　問題とされた比較広告では、比較対象としている他社や全国平均の内容と自社平均の内容の算出根拠が全く異なっているというものです。算出根拠が異なるものを比較しても、意味はありません。

　では、どのような数字のマジックをしていていたのでしょうか。消費者庁の分析によれば、つぎのような算出方法を用いていたということです。

①　他社平均葬儀費用の算出方法 　　「葬儀費用の合計－寺院への費用」 ②　全国平均葬儀費用 　　「通夜からの接待費用＋葬儀一式費用」 （注）　ここでいう「葬儀一式費用とは、葬儀に係る全体の費用から、食事接待費と寺

> 院に対する費用を差し引いたもので、葬儀社にのみ支払う費用を意味するもので
> はない。したがって、他社に対して支払う費用も含まれる。
> ③　当社平均葬儀費用の算出方法
> 　ある期間において同社が請け負った葬儀の売上高を請負件数で除して算出
> した葬儀1件当たりの売り上げ平均

　①や②と比較すれば、③は少なくなるのは当然で、割安とはいえません。
ご質問のケースは、そのとおりでこのような広告は、景品表示法に違反する
不当表示に該当すると考えられます。

（村　千鶴子）

Q30　契約の内容に含まれるサービス内容

> 　一般に「葬儀一式料金」と表示されるようですが、これは葬儀にかかる費用のすべてを意味するのでしょうか。

▶ ▶ ▶ Point
① 葬儀契約の一括表示
② 葬儀一式の意味
③ 葬儀に必要な費用の内容

1　葬儀一式料金とは

　「葬儀一式料金」についての明確な定義があるわけではありません。通常、消費者は、寺院に支払う費用も含めたすべての費用と考えがちです。一方では、寺院に支払う費用を除いたすべてを指して用いている場合があります。葬儀社によっては、自社が提供したサービスの費用だけを指している場合もあるようです。このように、葬儀一式料金といっても、使用する人や場合によってさまざまであるために誤解やトラブルの元になっています。

　葬儀を行う場合には、葬儀社に依頼すべきことと、それ以外のことがあります。すべて葬儀社に任せておけばすむ、というものではありません。ところが、葬儀は日常の買い物とは違って日々の繰り返しの中で経験を積んでうまく選択できるようになるというわけにはいきません。ほとんど基礎知識がない状態で実施しなければならないことになるために、よくわからないということになりトラブルの元になっています。

　一方では、利用者である消費者にとっては非日常的なわかりにくいことであるのに、葬儀社による「素人にもわかりやすく説明する」という努力が欠

103

けているという現実があります。その典型的なものの一つが、「葬儀一式料
金」という言い方です。

2　「葬儀一式料金」という用語

　葬儀一式料金とは、当該葬儀社がこの葬儀契約で提供するサービス全体の
料金を意味する用語として使用されていることが多いようです。さらに、互
助会や生前契約などの契約では、葬儀の実施に必要なサービスの一部しか含
まれていないケースもあります。たとえば、セレモニーホールでの葬儀の計
画なのに、ホールの利用料が含まれていないなどです。

　葬儀一式料金と聞くと、利用する消費者は、「葬儀に必要なことはすべて
含まれている」と誤解してしまうことが多いので、後で予想していなかった
追加料金がかかることを知るなどのトラブルの元となっています。

3　葬儀にかかる費用

　それでは、葬儀を行う場合にはどのような費用がかかるのでしょうか。

　葬儀を行う場合の費用については、大きく次の3種類に分類するのがわか
りやすいのではないかと思われます。第1に葬儀社に提供してもらうサービ
スの費用として葬儀社に支払う費用（別の言い方をすれば葬儀社の売上げとな
る費用）、第2にその他の事業者に対して支払う費用、第3に寺院に支払う
費用です。

　葬儀社に支払う費用としては、病院から自宅への遺体搬送費用、ドライア
イス・棺・骨壺・枕飾りなどの費用、セレモニーホールや祭壇の利用料、葬
式のための事務用品や受付などの人件費、遺影の作成費などです。

　それ以外の事業者に支払う費用としては、自宅で通夜をする場合の軽食代
（通夜ぶるまい）、仕出し料理業者、生花業者、ハイヤー、火葬費用などです。

　寺院関係とは、戒名の費用やお経をあげてもらう場合のお布施などです。

4　葬儀費用の平均金額

　葬儀が多様化している現在では、葬儀費用の平均金額といってもあまり意味はないかもしれませんが、参考までに平成26（2014）年に一般財団法人日本消費者協会が行った葬儀費用に関する全国アンケート調査のデータを紹介しましょう。

　葬儀費用の合計額は、188万9000円。平成19（2007）年の同調査では231万円、平成22（2010）年の調査では199万9000円でしたから、葬儀は簡素化する傾向があると思われます。

　平成22（2010）年の合計額の内訳をみると、通夜からの飲食接待費が45万5000円、寺院への費用が51万4000円、それ以外の費用合計が126万7000円となっています（各項目の平均値のため、合計値とは一致しません）。

　一方、経済産業省による平成21年の「特定サービス産業実態調査」による葬儀社の葬儀１件あたりの平均売上高は125万円となっています。

5　まとめ

　以上からもわかるように、葬儀一式費用とは、葬儀に必要なすべての費用が含まれているわけではありません。少なくとも、飲食接待関係費用、寺院への費用などは含まれていないことが通常です。

　さらには、火葬場の費用、ハイヤーやタクシー、生花代なども含まれていない葬儀社が多いのではないかと考えられます。

　一般的な比較はあまり意味がなく、「その契約の場合には、どの範囲のものが含まれているのか」を検討するのでなければ意味がないように思われます。

（村　千鶴子）

Q31　葬儀の契約の範囲

葬儀社と契約を結ぶ場合、契約の内容には何が入っているのでしょうか。総額料金となっているとき、葬儀社との契約だけで葬儀全部を済ませることはできますか。また、葬儀社が提示した見積もりの内容が納得いかない場合には、どうすればよいでしょうか。

▶ ▶ ▶ Point

① 葬儀契約の内容

② 葬儀に必要な費用

③ 葬儀社のいう「総額料金」の意味

④ 見積もりが納得できないとき

1　葬儀にかかる費用の種類

　葬儀は、日常生活で頻繁に利用するものではなく、喪主となることは一生に何回も経験するものではありません。また、あらかじめよく調べて準備しておくことができればよいのですが、葬儀が必要になる前の事前準備はしにくいというのが現実です。

　そのために、いざ必要となった時には、葬儀を実施するためには何が必要で、費用がいくらかかるのかわからない、という問題が起こりがちです。そのために、葬儀社に依頼すればすべてを行ってくれるといった勘違いも起こることがあり得ます。そこではじめに、葬儀を行う場合にはどのような費用がかかるのかという観点から整理しておきましょう。

　葬儀を行う場合にかかる費用は、大きく 3 種類に分けるとわかりやすいと思います（Q30参照）。第 1 は、葬儀社に提供してもらうサービスの対価とし

て葬儀社に支払う費用（別の言い方をすると、葬儀社の売上げとなるもの）、第2は葬儀社以外の業者に対する支払費用、第3は寺院に支払う費用です。

2　葬儀社に支払う費用と契約の内容

　葬儀社に支払う費用としては、病院から自宅などの遺体を安置する場所に配送する費用、ドライアイス・棺・枕飾・骨壺などの費用、セレモニーホールや祭壇などの利用料、葬式のための事務用品や受付や司会などの人件費、遺影の作成費などです。

　この費用は、葬儀社との契約で、どのような内容の葬儀サービスを依頼することにしたのかによって決まります。

　自宅で葬儀をするのか、セレモニーホールを利用するのか、ホールを利用するとして広さや場所などによっても金額は異なります。棺や祭壇なども簡素で安価なものから豪華で高額なものまでさまざまです。葬儀に参加する人の人数によって受付などの人件費も異なります。

　病院からの遺体の搬送費も遠方の病院の場合は割増料金がかかる場合があります。自宅で遺体を安置することができない場合には、遺体の安置場所の料金や追加のドライアイス代がかかる場合もあります。

　生花代込みとの説明だったのに一組だけの費用だったため、葬儀当日に一組だけでは寂しくて追加したため、追加費用がかかったというケースもあります。

　葬儀社と契約する場合には、葬儀に必要なことは何かをよく把握したうえで、見積もりを出してもらって必要なものはすべて入っているか、自分たちが納得できるレベルの内容かなどを吟味することが大切です。会葬御礼などは参加者の人数によって変動するものです。そのため契約時の見積もりに入っておらず、葬儀後に請求されるなどのトラブルもあります。

　葬儀社との契約料金を安価に抑えることのみにこだわり、低額で契約を締結した。ところが、契約締結時の契約額を低く抑えるために、実は、葬儀の

実施のために葬儀社に提供してもらう必要があるサービスなどの一部を削った契約内容とする結果となっていた。契約額は低額だったものの、葬儀実施後、多額の追加料金が発生し、結局高額になってしまったなどのトラブルもあるので、葬儀の実施に必要な商品やサービスはすべて含まれているかを注意して確認する必要があります。

3 その他の事業者の費用

　葬儀社以外の事業者に支払う費用としては、火葬場費用、ハイヤーなどの葬儀場から火葬場までの交通手段にかかる費用、生花業者や仕出し料理事業者、自宅でお通夜をする場合の飲食代（通夜ぶるまい）などです。

　火葬場の費用は、地域によって異なります。公共の火葬場がある地域ではその地域の居住者であれば無料かきわめて安価な場合があります。東京のように、火葬場の経営がほとんど民営の場合には相応の利用料金がかかり、ランクによって料金も違います。

　葬儀社によっては、生花代、食事代なども含めた料金になっている場合があります。この場合には、生花業者、仕出し業者に葬儀社が委託するシステムをとっているということです。

　あるいは、生花代、食事代、ハイヤーやタクシーなどの料金、火葬費用などを葬儀社が立て替えて支払い、後で立替金を請求するシステムの場合もあります。

　この点も、どのようなシステムの契約内容になっているのかを確認しておく必要があります。

4 寺院に対する費用

　葬儀のためには、通常は僧侶の読経が行われることが通常です。また、戒名をつけることも多くみられます。この場合には、寺院に対して読経や戒名についてお布施を支払うことになります。お布施の支払は、葬儀社との契約

とは別になります。

　なお、最近は、ふだんは寺院との付き合いがないために葬儀の際の読経を
だれに頼んでよいかわからない人も増えています。そのような事情から、葬
儀社が提携している僧侶による読経もセットにして葬儀契約に織り込んでい
るものも見受けられます。この場合には、葬儀社への支払に僧侶に対する支
払も含まれることになるので、寺院に対する支払は生じません。

　この点も、契約内容でよく確認をする必要があります。

5　総額料金の意味

　葬儀社が契約の際に「総額料金」という表現を用いる場合があります。こ
の「総額料金」という表現は、決められた定義があるものではなく、業界内
での統一基準があるわけでもありません。各葬儀業者が各社の理解のレベル
で使用しているものにすぎません。

　消費者からすると、「総額料金」といわれると、これで葬儀のすべてが賄
えると思いがちですが、そのような意味は含まれていません。「当社との契
約内容の対価の総額」程度の意味で使用されているものが通常ではないかと
推測されます。そして、葬儀社の提供するサービスだけで葬儀は実施できる
ものではないことが通常であることは、上記で説明したとおりです。

　さらに、葬儀社との契約が安価に抑えられている場合には、葬儀社に提供
してもらう必要があるサービスの一部しか契約内容に含まれていない場合も
少なくないようです。この場合には、当然、実施にあたっては追加のサービ
スが必要になりますから、追加料金が発生することになります。

　葬儀社に言わせれば、「安価なものは、すべて必要なものが含まれていな
いことは当然のこと。契約内容として示した内容の対価の合計額という意味
にすぎない」ということです。つまり、「この契約内容の総額ということで
あり、葬儀全体にかかる費用を示したものではない」というわけです。葬儀
社側からみてものを言っているわけで、消費者の立場は配慮に入っていませ

ん。

　しかし、一生に何度も経験することのない葬儀ですから、消費者にはそのような事業者側の都合や常識はわかりません。葬儀社による丁寧な説明がないと、消費者が勘違いをしてしまうことも起こりうることです。改善を求めたいところです。

6　見積もりの重要性

　葬儀社との契約では、葬儀に必要な内容が漏れなく入っているか、どのようなサービスまで含んだものなのか、サービスなどの具体的な内容や質等が重要です。ことに、葬儀のあり方や葬儀社の提供するサービスも多様化している現在では、「これがスタンダード」というものがあるわけではないので、わが家の葬儀では何が必要かをわきまえたうえで、葬儀社との契約に含まれている内容を十分にチェックすることが重要になります。その際には、具体的な内訳を明記した見積もりが重要になります。

　葬儀社と契約する前に、見積もりを出してもらって吟味しましょう。「いくら以内でお願いします」と求めて、具体的な内容は丸投げにしてしまうのは、「こんなはずではなかった」という後悔の元になります。具体的な契約内容があいまいなままでは、トラブルが起こりやすいだけではなく、トラブルへの対応も難しくなります。

　「まかせておけば、良いようにしてくれるはず」といった主観的な消費者の期待は、契約で定める葬儀社との約束に反映されません。具体的な契約内容に盛り込んで、明確に定めておくことが大切です。見積書で契約内容を吟味し、契約締結時には具体的な内容についての「内訳見積」を契約書に添付しておく必要があります。

7　見積もりに納得できないとき

　見積もりは契約締結前に示すように求めましょう。その際には、見積費用

も確認しましょう。見積無料というものが少なくないようですが、最終的に、その葬儀社との契約をしないことにした場合も無料なのかを確認することが大切です。本来であれば、葬儀社から説明されてしかるべきですが、聞かれないことは説明しない場合が多いので、注意しましょう。

さて、このようにして契約締結前の段階で、どのような内容のサービスなどが契約内容に含まれているかを確認し、見積内容に納得がいかない場合には、契約をしない自由があります。見積無料であれば、契約しなくても費用はかかりません。見積費用が有料ということであれば、見積費用だけ支払えばよいことになります。

問題は、具体的な内容も確認せずに契約を締結し、契約締結後に葬儀社が出してきた見積もりが納得いかない場合です。この場合には、契約条項でキャンセル料の定めがあるかどうかで違ってきます。

民法では、請負契約は、仕事が完成するまでは注文者からいつでも契約を解除できると定めています（民法641条）。ただし、その場合には、請負人に対して生じた損害を賠償する義務があります。特にキャンセル料の定めがない場合には、葬儀社が契約のキャンセルによって被った実損を賠償する必要があります。実損を裏づける資料を求めて、根拠のある範囲の損害を賠償することになります。

契約条項でキャンセル料を定めている場合には、原則として、契約条項で定めたキャンセル料を支払う義務があります。

ただし、契約条項で定めたキャンセル料が、その事業者が、同種の契約において契約締結からキャンセルされた時期や理由ごとに、平均的に被る損害を超えている場合には、平均的な範囲の額を支払えばよく、平均的な金額を超えた部分の特約は無効とされます（消費者契約法9条1号）。

（村　千鶴子）

Q32 　葬儀ローンを利用したとき

葬儀の際に、一括で支払う余裕がなかったため葬儀社の勧めるままに葬儀ローンを利用しました。葬儀後、葬儀の実施をめぐって葬儀業者とトラブルになっています。そのため、ローンの返済をしたくありません。また、これまで支払った金額も返還してほしいのですが、可能ですか。葬儀社は、支払ってもらうしかないというのですが、納得できません。

▶ ▶ ▶ Point

① 　葬儀ローンのしくみ

② 　割賦販売法の規制

③ 　葬儀社とトラブルになったとき──支払停止の抗弁制度

1 　はじめに

　突然の葬儀で、葬儀費用の準備がないという場合に、葬儀費用をどのように準備すればよいかは、一つの大きな問題です。

　手持資金がない場合の一方法としては、銀行などのフリーローン、カードローン、消費者金融業者のキャッシングなどを利用する方法が考えられます。フリーローン、カードローン、キャッシングなどの借金の場合には、借りた金銭の使途の制限はないので、葬儀費用に充てるという利用ができるわけです。ただし、いずれの場合にも、利息が高い傾向があります。たとえば、借入れの時期や借入金額と返済期間にもよりますが、実質年率で利息が10％前後から、高い場合には18％弱がかかる場合もあります。

2　葬儀ローンのしくみ

ご質問の葬儀ローンと呼ばれているものは、フリーローンなどの金融機関からの借金とは違い、葬儀社が加盟店契約を締結しているクレジット会社との間で個別クレジット契約を締結するしくみのものを指します。

消費者は、葬儀社との間で葬儀サービス契約を締結し、クレジット会社との間で個別クレジット契約を締結するという複雑な契約関係になります。

この契約を利用すると、クレジット会社は、葬儀代金の全部または一部を葬儀社に対して消費者に代わって立替払します。消費者は、立て替えて支払ってもらった金額相当額に立替手数料を加算した合計額を、個別クレジット契約を締結するときに決めた分割方法でクレジット会社に返済していくというしくみです。

現在（令和2年）、葬儀ローンを取り扱っているクレジット会社は、ジャックスとオリエントコーポレーションがあるようです。どちらのクレジット会社を選択するかは、消費者が自由に選択できるわけではなく、葬儀社が加盟店契約を締結しているクレジット会社を利用することになります。

立替手数料は、借金の場合の利息のようなものですが、立替手数料の金利は現在のところ7～8％程度のようです。フリーローンよりも若干金利が安くなっているようです。

3　葬儀ローンの手続

銀行のフリーローンやカードローン、消費者金融からの借入れの場合には、銀行や消費者金融会社に出向いて借入れの手続をとることが必要だったり、ATMなどで借り入れる操作をする必要があります。

葬儀ローンの場合には、消費者は、自分でクレジット会社に対する申込みや契約締結の手続をとる必要はありません。クレジット会社の加盟店である葬儀社が説明し、申込用紙も渡してくれるので、葬儀ローンの申込書に署名

捺印して葬儀社に提出すればよく、手続は簡単です。葬儀社は、消費者から受け付けたローン申込書をクレジット会社に持ち込みます。クレジット会社は、信用情報機関（株式会社シー・アイ・シー）に問い合わせてクレジットや借金の状況や延滞事故を起こしていないかなどを調べます。併せて、消費者に電話をして契約の意思、勧誘時の状況、収入などの支払能力に関することを本人に問い合わせます。以上の手続の結果、問題がなければ契約が成立することになります。

　葬儀ローンの場合には、通常の個別クレジット契約の場合の支払能力の調査よりも緩やかになっています。これは、割賦販売法による規制が、葬儀ローンの場合には緩い規制になっていることによります。

4 割賦販売法による規制

　割賦販売法は、個別クレジット契約について、個別信用購入あっせん取引としての規制を設けています。規制の概要は以下のとおりです。

・クレジット会社は登録が必要
・クレジット会社は、加盟店契約を締結するときは加盟店の販売方法に問題はないか、などについて加盟店調査をする義務がある。
・個別クレジット契約を締結するにあたっては、消費者の支払能力について調査をしなければならず、支払能力を超えた契約を締結することは禁止（ただし、葬儀ローンについてはこの規制は若干緩くなっています）。
・個別クレジット契約を締結した場合には、契約書面を消費者に交付する義務がある（実際は、加盟店である葬儀社が契約書の控えなどを渡す実務になっています）。
・加盟店（葬儀社）に対して支払を拒絶できる法的権利がある場合には、加盟店に対する法的権利（抗弁事由）を根拠に、クレジット会社に対する支払を拒絶することができる「支払停止の抗弁制度」がある。

5　ご質問の場合

　ご質問の事例では、葬儀社とトラブルになっているということですが、ど
のような内容のトラブルだったのでしょうか。トラブルの内容によって、と
れる対応が違ってきます。

　葬儀社との契約を取り消したり、解除したりできる場合には、葬儀契約の
取消しや解除を理由に、クレジット会社に対しても支払停止の抗弁を主張し
て支払を拒むことができます。ただし、すでに支払った分について、クレジ
ット会社に対する返金要求まではできません。

　葬儀契約を取消しできる場合としては、葬儀契約の締結について葬儀社が
勧誘する際に、嘘をついて消費者に誤認させた結果契約締結に至った場合な
どです（消費者契約法４条１項・２項）。葬儀契約を解除できる場合とは、葬
儀社の葬儀の実施が葬儀契約の内容どおりではなくきわめてずさんであるな
ど大きな問題がある場合です。この場合には、債務不履行として解除ができ
ます。

　手順としては、消費者は、葬儀社に対して、契約の取消しや解除の通知を
出します。同時に、クレジット会社にも、葬儀契約の取消しないしは解除の
通知をしたこと、したがって、クレジット会社に対する支払も拒絶すること
をはがきなどで通知します。この場合の通知文書は、コピーをとるなどした
うえで、簡易書留や配達証明付き書留で行うのが証拠の保全の意味で有効で
す。

　クレジット会社に通知をしないで黙って支払を止めてしまうと、単なる延
滞として扱われてしまい、株式会社シー・アイ・シーに事故情報の登録がさ
れてしまいます。そうすると、以後はローンやクレジットの利用ができなく
なるので注意しましょう。

（村　千鶴子）

Ⅲ　葬儀の価格・料金・品質に関するトラブル

Q33　オプションとその料金

> 　葬儀社からの見積もりを受け取ったら、葬儀基本料金とは別にオプションとして「棺　布張り棺10万円」とありました。棺なしに葬儀はできないので、葬儀基本料金と二重取りされているのではないでしょうか。

▶▶▶ Point

① 　葬儀基本料金の内訳

② 　オプションの意味の確認

1　葬儀契約は内容があいまいになりがち

　契約は、通常は具体的に事業者が提供する商品やサービスの内容を決め、あわせてその提供時期、対価など契約条件を決めることによって成立します。事業者が提供する商品やサービスの内容が不明確であったり対価などの契約条件があいまいである場合には、トラブルの元となるので要注意です。契約の内容というのは、事業者が約束してくれることを意味しますから、内容があいまいだと何を約束してもらっているのかがはっきりしないということになるためトラブルになるおそれが大きいわけです。

　ところが、葬儀に関する契約では、葬儀社が提供する商品やサービス内容が曖昧であることが少なくないため、しばしばトラブルとなっています。

　葬儀社によっては「葬儀一式」とか「葬儀基本料金」などといった表現をしている場合がありますが、これは確立した用語の定義があるわけではなく葬儀社ごとに恣意的に使用しているものにすぎません。そのため、何が含ま

れているかは事業者ごとにさまざまです。ですから内訳明細がない場合には、何が含まれているのかがわからないのです。個別の事業者のほうでは「うちの場合には常識的にこの内容」と考えているのかもしれませんが、そうした事業者の都合は消費者にはわからないのが当然です。素人である消費者とすれば、「葬儀に必要なものは基本的にすべてが含まれている」と思い込んでも無理はありません。こうした事情から、葬儀が終了してから多額の追加料金の請求をされてトラブルとなることが少なくありません。

2　オプションとは

　もう一つの問題は、葬儀社によってはオプションという言葉を使用していることがある点です。事業者は、基本料金には含まれていないものをオプションとして用意しているので、オプション料金を支払えば利用できます、という説明をしています。

　オプションというと、パック旅行などでよく聞く言葉です。基本のパック旅行には含まれていない観光地での観光やイベントへの参加など、パック旅行とは別にオプション契約をしてオプション料金を追加で支払うイメージです。

　葬儀の場合にも、基本料金に含まれていないサービスの追加を依頼する場合がオプションであるというイメージをもつのも無理はないでしょう。

3　ランクアップの場合

　ところが、葬儀の契約ではもともと基本料金に含まれている棺や祭壇、使用するホールのランクを上げる場合もオプションと呼んでいる場合があります。この場合には、基本料金に含まれている棺・祭壇・ホール使用料とオプション料金の関係が曖昧だとトラブルとなります。ご質問は典型的なケースです。

　これも契約内容があいまいであるために起こるトラブルです。

　トラブルを避けるためには下記の点が重要です。まず、第1に基本料金に含まれている内容について内訳明細を出すように求めます。次いで、棺の料金も入っていることがわかったら、ランクアップのオプションを選択した場合には、オプションの追加料金はどのように算出しているかを確認します。

　この場合、基本の棺の代金は基本料金に含まれているとすれば、ランクの高い棺の代金と基本の棺の代金の差額をオプション料金として支払うことになると考えるのが常識的な解釈だと考えられますが、この点もはっきりと確認しておく必要があります。

　というのは、事業者によっては、基本料金は全体としてのセット料金になっているので、基本の棺を使用しないでランクの高い棺を使用したいという場合でも、基本料金はそのままで高い棺の料金を全額オプション料金として支払ってもらうしくみになっていると説明している事業者もないわけではないからです。

　この問題は、事業者が定めている約款をどう解釈すべきかという問題です。諸外国の中には「約款の解釈は消費者に有利に」という法律制度をとっている国もありますが、日本では今のところ約款の解釈に関する法律はありません（令和2年4月から施行されている改正民法（債権法）では定型約款に関する規定が設けられましたが、約款の解釈についての規定は定められていません）。事業者からは「約款解釈は約款を定めた者の解釈による」と主張してくることが多く、消費者の理解とずれている場合にはトラブルになりがちなのです。

　ご質問のケースでは、基本料金の内訳が明示されていないようですので、まず内訳の明細の提出を求めましょう。さらに、ランクアップの際のオプション料金の算出方法について確認しましょう。この作業は葬儀の契約の締結について協議している段階で行うことが、納得できる契約をするうえでは重要なポイントです。

（村　千鶴子）

Q34　納得できない物品（棺）の品質

> 　葬儀での棺は豪華なものにしたいと考え、三面彫刻入りを15万円で頼みました。実際には彫刻部分をはめ込んだもので棺自体も何か頼りない製品だったので、割引なり納得できる棺への取替えを要求したいのですが、可能でしょうか。

▶▶▶ Point
① イメージ違いの場合は不可
② 勧誘時の説明が事実と違っていた場合は契約の取消事由
③ 契約内容とは異なる商品が引き渡された場合は追完請求できる。

1　葬儀契約で問題が起こりがちな理由

　葬儀契約における棺が、現実に引渡しを受けてみたら、自分がイメージしていたものよりも品質が劣る粗末なものだった、という苦情です。

　葬儀契約では、棺の品質に限らず、祭壇などでも類似のトラブルが起こりがちです。なぜこのようなトラブルが起こるのでしょうか。考えられる理由は、大きく分けて二つあります。

　第1は、日常的に経験している取引ではないために、利用者には、品質と価格のバランスなどがわからないことがあげられます。ご質問で問題となっている棺などは、普段のくらしで日常的に購入するものではありません。そのため、どの程度の品質のものならいくらくらいの価格帯なのかがわからないのが普通でしょう。棺の価格帯は、合板使用の数万円程度の安価なものから、総ヒノキに彫刻を施したものになると数百万円にも上るものまで広くなっています。最近では、環境問題などへの配慮などもあり、安価で燃えやす

119

いものをということで、段ボール製の棺が1万円以下で販売されている場合
もあるようです。ご質問者のイメージしたものは、無垢材に彫刻を施したも
のだったようですが、この種の商品であれば安い価格帯であっても数十万円
程度はすることが一般的です。15万円程度で、無垢材で彫刻を施したものを
購入できることは、通常はあまり期待できないのではないかと思われます。

　第2は、棺などを決める際には、現物を見ないことが多い点があげられま
す。現物を見ないで注文する典型例は通信販売による場合です。そのため、
届いた品物がイメージしたものとは違うというトラブルは少なくありません。
こうした特殊事情があるため、特定商取引法では、通信販売の広告表示には
返品の可否を明示することを義務づけています。葬儀契約における棺の売買
も現物を見ないと同様のことが起こりがちですが、通信販売ではないので、
返品制度という考え方はありません。

　最近は、葬儀社もカタログを用意して写真を示すなどして説明するように
努力しているようです。それでも、現物を直接確認しているわけではないの
で、イメージ違いによるトラブルを完全に避けることは難しいと思われます。

　ご質問のようなトラブルが起こる理由としては、イメージ違い、事業者の
説明に問題があった場合、引き渡された商品が契約内容と違う商品だった、
という3種類のパターンが考えられます。

　以下に、パターンごとの考え方について説明することにします。

2　イメージ違い

　引き渡された棺は、契約で約束したものであったものの、利用者がイメー
ジしていたものとは違った、という場合には、何か苦情がいえるでしょうか。

　通信販売であれば、特定商取引法により広告表示に返品の可否を表示すべ
きことが義務づけられています。返品についての表示がないときは、商品を
受け取ってから8日間は返品できるとする定めを設けています。広告で返品
できると定めていた場合や、広告には返品に関する表示がされていない場合

には、届いた商品がイメージと違っていた場合には返品ができるということになります。

しかし、通信販売に該当しない葬儀の契約の場合には、返品制度に関する規制があるわけではないので、利用者には返品権はありません。民法の契約の原則によって考えることになります。民法によれば、売買契約を締結し、事業者が契約の内容に従って商品の引渡しをすれば、事業者の債務の履行は完了します。顧客は、当然に、契約に従って対価を支払う義務を負うことになり、値引きや交換を求めることはできません。

③ 勧誘時の説明が事実と違っていた場合

利用者が棺の品質について不満を抱いた理由が、契約の締結について勧誘をする際の事業者の説明に問題があったことによる場合はどうでしょうか。勧誘の際の事業者の説明が、「この15万円の棺は、無垢材に直接彫刻を施した豪華なものです」などの説明をし、この説明を信じた利用者が「それなら」ということで、この15万円の棺を選択した場合です。ところが、実際の商品は、合板の棺の一部に彫刻をはめ込んだものだった、そのために利用者が不満を抱いたという場合です。

この場合は、契約の履行には問題がないものの、事業者の勧誘時点の説明に問題があったということになります。

葬儀契約は、個人と葬儀業者との契約ですから消費者契約に該当し、消費者契約法の適用があります。消費者契約法4条1項および5項では、事業者が契約の締結について勧誘をするにあたり、販売する商品の品質などに関する重要な事項について事実と異なる説明をし、消費者が、事業者の説明が事実であると誤認をして契約を締結した場合には、その契約を取り消すことができると定めています。取消しは、追認できる時から1年間可能です。追認できる時とは、取消事由がなくなり、かつ消費者が取り消すことができることを知った時を意味するので、現物が届いてすぐであれば取消しができます。

　そこで、利用者は、ご質問の棺の売買契約を取り消して、納得できる棺の売買契約を新たに締結すればよいということになります。

4 引き渡された商品が契約の内容に適合しないとき

　葬儀社との契約内容は、「無垢材に彫刻を施した棺を15万円で販売する」との内容だったのに、実際に引き渡された棺は合板で彫刻をはめ込んだものだったという場合には、売買契約に基づいて引き渡された商品が「契約内容に適合しない商品だった」ということになります。一種の債務不履行にあたります。

　令和2年4月から施行されている改正民法（債権法）では、購入者は、引き渡された商品が契約の内容に適合しない場合には、不適合に気が付いた時から1年間は、事業者に対して追完請求をすることができると定めています（民法562条）。ご質問のような場合の「追完」とは、契約の内容に適合した商品と交換するように請求することができるということです。追完請求をする場合には、合理的な相当期間を定めて、この期間内に追完してほしいと請求します。

　指定した期間を経過しても追完されない場合には、適合しない程度に応じた減額請求ができます。つまり、値引きの請求ができるということになります（民法563条）。

（村　千鶴子）

Q35　サービスの品質への不満

> 　葬儀社が「ご心配なく、全部いたします」と言うので、受付から案内まで頼んだのですが、態度も横柄で案内も気が利かず、親戚から不満が出ました。葬儀社に言ったら「あくまでも無料サービスだから責任はとれない」という返事でしたが、問題はないのでしょうか。

▶ ▶ ▶ Point
① 　サービスの品質
② 　無料サービス

1　契約内容の確認を

　葬儀社に葬儀の依頼をするのも契約です。したがって、どのような内容の契約をしたのかが重要です。ご質問の事例では契約内容が全くわからないので、なんともいえませんが、受付から案内まで行うということも含まれていたのではないかと思われます。受付・案内は、葬儀社のほうで人手を用意をするということです。葬儀サービスでは、これらの人件費はコストの多くを占めるものなので、この点が無料のサービスということは考えにくいと思われます。受付と案内ということですと、配置されていた人数も１人ではないはずです。何人を配置することになっていたのかも、大切なポイントです。

　契約する時に、どのような内容のことを葬儀社に依頼するのか、内訳の明細をきちんと提出してもらいましょう。「ご心配なく」などのリップサービスだけですまさないようにしましょう。

2　気が利かないなど

　受付や案内などの態度が横柄で気が利かないなどの苦情に対して「無料サービスだから責任はとれない」という回答だったということですが、無料であったかどうかは疑問に残るところですが、もう一つ難しい問題があります。

　受付業務なども依頼内容に入っていた場合に、「横柄」だという苦情が親戚から出てきた場合には、事業者に法的責任が発生するかどうかという問題です。

　横柄・気が利かないとは、具体的にどのような態度だったのか、仕事上どのような支障が生じたかという問題です。確かに、親戚や葬儀に参加した人々からすると、葬儀社の対応が心のこもった丁寧なものだったかどうかは大切なことだとは思いますが、契約どおり人も配置してやるべきことは一通り行っていたということであれば、債務不履行があるとまではいえないのではないかと思われます。

　たとえば、ヘルパーを依頼した場合に、高齢者に優しい対応をしてくれる人もいるし、最低限度のこと、たとえば食事の支度とか掃除などはするものの、高齢者に対する対応が不親切な人もいるのが現状です。たしかに親切な対応をしてくれることを期待したいですが、不親切な対応だから債務不履行だとは直ちにはいえないのです。これは、飲食店などのサービス業での接客対応と似ているといえます。

　したがって、感情的に気が利かないとか、横柄という評価をするだけでなく、するべき事務を怠っていたといった具体的なことをはっきりさせる必要があるでしょう。単に横柄だったということでは、債務不履行による損害賠償などの問題にはならないと思われます。

3　葬儀社を選択する時に

　しかし、葬儀で対応のよくない受付などは困ります。そこで、葬儀社を選

択する場合には、あらかじめ葬儀社を利用したことのある地域の住民などから情報を収集するなどして判断材料にすることが大切です。また、葬儀社に電話をした時の電話での対応、契約のための打合せでの対応や説明が親切かどうか、質問にはきちんと答えてくれるか、見積もりを示して丁寧に説明してくれるか、渡される書類はわかりやすいようにまとめられているか、などもチェックすべき項目です。

　契約の締結についてやりとりをしている段階での対応がよくない場合には、消費者に対する配慮が足りないということであり、従業員教育も行き届いていない可能性があると考えたほうがよいでしょう。

（村　千鶴子）

Q36　疑問がある立替金

都区内で葬儀社の「立替料金」の中に火葬費用一式として20万円
（最上等、冷蔵保管 3 日、休憩室30席用、骨壺青磁 3 号一式）となって
いました。後で火葬場のホームページで費用を調べると、合計してもこ
の金額にならず 7 万円ほど多く請求されていることがわかりました。差
額は立替金ではないのではないでしょうか。

▶ ▶ ▶ Point
① 　葬儀契約と立替金
② 　立替金の内容

1　立替金とは

　葬儀を実施する場合には、葬儀社が行うことのほかに、寺院に依頼するこ
と、送迎のためのタクシーや飲食代、火葬場に支払う費用、などがかかりま
す。葬儀社が「葬儀一式」でいくらいくらと説明していたとしても、すべて
葬儀社の提供するサービスだけで葬儀を行うことはできません。

　こうした事情から、葬儀社では、葬儀社自体が提供するサービス以外のこ
とについても消費者に代行し、支払も立て替えて支払う場合があります。ご
質問のケースはそうした事例に関するものです。

2　立替金の項目の明示がないと聞き

　契約をした時に契約内容に、葬儀社が実施する葬儀サービス以外の内容に
ついて立替払をすることが盛り込まれていることが少なくありません。この
場合には、何の費用を立て替えてもらうことになっているのかが明確になっ

ているので、トラブルは起こりにくいと思われます。

　ところが、契約の時には立替払をすることが明示されていない場合があります。このような場合には、契約内容となっていないのに葬儀社が立て替えて支払ったものを、「頼んだわけではないので支払いたくない」ということでトラブルになる場合があります。

　このようなことを避けるために、葬儀の契約をする段階で、葬儀社に立て替えて支払ってもらうものの内容を具体的に明確にしておくことが重要です。

　では、契約で立替払をすることが明確にされていない場合には、どのように考えたらよいでしょうか。

　たとえば、火葬費用などのように、現実にサービスの提供があり、利益を得ている場合には、本来は火葬場に対価を支払う義務があるものです。それを葬儀社が立て替えて支払っていることによって、消費者は、火葬場に対する支払を免れることになります。このような場合には、葬儀社の支払によって、火葬場への支払を免れるという利益を得たことになるので、消費者は、葬儀社の出費によって得た利益分は葬儀社に対して支払う義務があることになります。

　これとは異なり、火葬場の従業員や送迎のためのタクシーの運転手などに心付けを支払う習慣があるからと、契約で立替払の内容を明示していないのに、葬儀社が心付けを立て替えて支払ったとして消費者に請求してくる場合があります。このような場合には、心付けを支払う法的義務があるわけではなく、葬儀社との契約内容にも明示されていないうえ、消費者は実質的な利益を得ているわけではないので、支払う義務はないと考える余地があります。

③　ご質問のケース

　ご質問のケースでは、葬儀社との契約で火葬費用については葬儀社が立替金として支払う内容となっていたもので、葬儀社は契約の履行として立替払をしたケースです。

　ところが、火葬費用としての立替金の内容について「火葬費用一式として20万円（最上等、冷蔵保管3日、休憩室30席用、骨壺青磁3号一式）」と表示されていたのに、消費者が火葬を実施した火葬場のホームページに掲載されている費用で「最上等、冷蔵保管3日、休憩室30席用、骨壺青磁3号一式」を計算したところ7万円が多く請求されていることが判明したとのことです。

　消費者は、「差額は立替金ではないのではないでしょうか」という疑問をもっているわけですが、このような場合には、まず葬儀社に対して直接、請求金額の内訳明細について明確にするように説明を求める必要があるでしょう。そのうえで、過大な請求であれば支払義務はないということになります。

　火葬場の従業員等に対する心付けを立替払していたという場合には、前記2で指摘した問題が起こることになります。心付けは契約に基づく対価の支払ではないので、葬儀社との契約の際に「心付けの支払が習慣として行われているので心付けについても立替払に含まれる」旨が明示されていなかった場合には、心付けの部分については契約内容にはなっていないと考えられます。したがって、心付けの立替分については、支払の義務はないと考えることが可能です。

（村　千鶴子）

Q37　心付け・追加サービスの支払義務など

> 　葬儀の実施にあたり、葬儀社から、当初の契約による葬儀社への支払のほか、運転手・火葬場職員・会食の際の配ぜん人へのチップなどの心付けを支払うよういわれることがあると聞きました。また、葬儀の際に追加のサービスをしたとして、追加料金の支払を求められる場合もあるようです。これらは支払う義務がありますか。

▶ ▶ ▶ Point
① 　葬儀サービスの場合の寸志・チップなどの支払義務の有無
② 　追加サービスの対価の支払義務
③ 　不当利得の考え方
④ 　過剰な無料サービスの場合

1　チップ・心付けとは

　「チップ」とは、「サービスや芸などに対する慰労や感謝の気持ちとして与える少額の金。心付け。祝儀」との意味、「心付け」とは、「世話になる人に感謝の気持ちを示すために与える金銭や品物。祝儀。チップ」といった意味であると国語辞典などでは説明されています。いずれにしても、感謝の気持ちを表すために少額の金銭などを渡すものを指しているということで、契約に基づいて提供されるサービスの対価として支払うべき法的な債務ではないということです。

　古くから、旅館の仲居さん、冠婚葬祭でお世話をしてくれる人などに、少額の金銭を心付けとして渡す習慣があったことは事実です。契約社会が徹底してきている現代社会では、契約に基づく対価関係が中心になり、このよう

な習慣もすたれてきているようです。以上のように、心付けやチップというものは、あくまでも感謝の気持ちを表すためのもので、契約に基づいて法的に支払う義務があるものではありません。

　ご質問の内容は、「支払う義務はあるか」というものです。法的な支払義務はあるのか、つまり、支払わない場合には裁判に訴えることによって支払を強制できる性格のものか、というご質問かと思われます。こうした観点からいえば、法的な支払義務はないということになります。感謝の気持ちを伝えるために少額のお礼をしたいと思えば支払えばよく、提供されるサービスに対しては契約に基づいて支払うべき対価をきちんと支払っているのだからそれ以上は支払う必要はない、と考えるのであれば支払わなければよいということになります。

２　追加サービスの対価

　葬儀の実施の際に、葬儀社の判断で、契約では約束していなかったサービス業務などを行う場合が見受けられます。

　たとえば、予想以上に会葬者が多かったために受付の人数を急遽増やしたとか、屋外での告別式でにわか雨のためにテントを準備したとか……いろいろな場合が考えられます。契約内容になかったサービスの提供などが必要となった場合には、契約者と協議をして、合意に基づいて行うことが基本です。この場合には、追加のサービス提供についての契約が締結されているので、消費者は、契約に従って追加の料金を支払う義務を負うことになります。

　問題は、葬儀社だけの判断で追加のサービスを提供し、後日、追加サービスの対価を当然に請求することができるのか、消費者は支払義務を負うのか、という問題です。

　対価の支払義務は、契約によって生じます。したがって、葬儀社だけの判断で提供したものについては、追加サービスの提供に関する契約はないのですから、契約に基づく対価の支払義務はないということになります。

3　不当利得をめぐる問題

　では、葬儀社が勝手に行った追加サービスについては、消費者は常に一切支払わなくてもよいのでしょうか。実は、契約によるものではないからといって、常に一切の支払義務はないとばかりはいえないという難しい問題があります。

　民法には、「法律上の原因なく他人の財産又は労務によって利益を受け、そのために他人に損失を及ぼした者（以下この章において「受益者」という。）は、その利益の存する限度において、これを返還する義務を負う」（民法703条）との規定があります。さらに、「債務の弁済として給付をした者は、その時において債務の存在しないことを知っていたときは、その給付したものの返還を請求することができない」（同法705条）との規定があります。

　これは、契約などがないにもかかわらず、相手の労務の提供などによって利益を受けた者は、そのために相手に損失を与えている場合に限って、自分が得た利益の限度で返還しなければならないということを意味します。つまり、契約などの法的根拠がないのに、相手の労務の提供などによって結果的に利益を得てしまった場合の清算について定めているわけです。

　以上のように、いかなる経緯で葬儀社が契約内容とはなっていない追加のサービスの提供をすることになったのか、追加サービスの内容、それによって消費者が得た経済的利益の有無と金額などによって対処が違ってくることになります。そこで、事実関係を把握したうえで、判断することが必要となります。

4　追加のサービスが迷惑だった場合

　葬儀社が追加サービスの対価は請求しないものの、消費者にとっては迷惑だったという場合もあり得ます。「無料だからいいじゃないか」ではすまされない場合には、どうすればよいかという問題です。

　たとえば、消費者は、音楽や司会などはないままの、静かな葬儀を行いたかったのに、葬儀社が善意で音楽を流したり、司会進行をしてしまったなどということが考えられます。

　このような場合に、契約内容には定めていない過剰なサービスを消費者が迷惑だと考えた場合には、葬儀社に対して損害賠償請求あるいは対価の減額を請求ができるでしょうか。これは、過剰に提供されたサービスの具体的な内容や程度にもよります。一般的に考えた葬儀サービスの契約から大きく外れた非常識な追加サービスであれば、不完全履行に該当する可能性があり得ます。不完全履行に該当し、かつ葬儀社が意図的に契約にないことを承知で提供したか、あるいは契約内容の確認を怠って提供したなどの過失が認められる場合であれば、債務不履行に基づく損害賠償として数万円程度の慰謝料が認められる可能性があります。

　なお、このようなトラブルを防止するためにも、葬儀社との契約の際には、どのような葬儀を希望するのかを明確に説明し、提供してもらう必要があるサービス内容について詳しく打ち合わせて決めておくことが大切です。ことに、近年では、葬儀が個人的なものになり、多様化していることから、「普通の葬儀」の概念がなくなってきています。そこで、自分たちの望む葬儀のイメージや予算を具体的にきちんと伝えたうえで、必要なサービスの内容を確定し、契約で明確化することが重要になっているといえます。

（村　千鶴子）

Q38　宗教者への謝礼

　　かつて檀家総代を務めたことのある父が死亡し、通夜のときに住職に50万円を渡すと「檀家総代を務めたことのある人には院号をお渡しすることになっており、最低70万円です。香典も集まるでしょうから、明日の葬儀が始まるまでに20万円を用意するように」と言われました。この20万円は支払わなければならないのですか。

▶ ▶ ▶ Point
① 　戒名とは
② 　戒名の価格
③ 　寺院からの指示の意味

1 　戒名、院号とは

　住職は、亡くなった方の生前の社会的地位が院号にふさわしいものであるという理由で、戒名の中でも最高位の院号を付与するためのお布施としてさらに20万円の支払を要求しているものと考えられます。

　そもそもお布施というのは志ですから、その性質から考えると住職から金額を指定して支払うように要求するというのは矛盾しているようにも思われます。

　しかし、現代社会では葬儀の際の戒名も、ランクによって価格があるものとなっており、実質的には戒名の売買契約と同様の趣旨の契約となっているものと思われます。住職は故人には院号を付与するので、さらに20万円の対価の追加を支払うように請求しているということになります。これに対して、ご質問者は、「支払わなければならないか」という疑問を抱いています。

　ただ、これだけではご質問の意図が不明確です。まず、通夜の際に支払った50万円の趣旨が何かが不明です。葬儀のための読経のためのお布施なのか、戒名の対価としてのお布施だったのか、戒名はどのような戒名のつもりだったのか、などです。また、さらに20万円を支払うべきかという疑問ですが、院号は必要だがさらに支払いたくはないということなのか、院号はいらないので支払いたくないということなのかも不明です。

　ここでは、院号はいらないのでこれ以上は支払いたくないという趣旨である前提で考えることにします。

2　住職の発言の意味

　戒名を付けてもらうのは、一種の契約です。

　現代社会における戒名の実態を踏まえると、これこれのランクの戒名を付けてもらいたい、それについてはこれこれのお布施を支払うという合意に基づいて、お布施を支払い、戒名を付けてもらうことになります。つまり、双方の合意＝契約によるものであるということです。

　どのような戒名を付けるのか、それに対していくらのお布施にするのか、について寺院や住職に決定権限や命令する権限があるわけではありません。

　この住職の発言の趣旨は、客観的には「提案」であり、住職からの「申出」であるということになります。民法に基づく法律用語でいえば「契約の申込み」であるということになります。

　したがって、この申込みに対して承諾するのか、承諾しないのかは相手方である相談者に選択の自由があります。相談者は、「支払いたくない」と考えるのであれば、断る自由があります。この場合には、院号は付与しないということになり、20万円を支払う義務もないということになります。

3　お寺との関係

　以上は法的な関係の整理です。

　ただし、故人はお寺の檀家総代も務めたことがあるということであり、長くこのお寺の檀家であったと思われます。お寺との関係は、単に契約問題としてのかかわりだけではありません。そこで、今後のお寺との付き合いなども含めて、関係がぎくしゃくしたりしないように、院号までは必要ないことの事情など説明するなどして丁寧な対応をするように心がけるなど、法的な問題とは別の点からの配慮が必要ではないかと思われます。

（村　千鶴子）

Q39　宗教儀礼と信教の自由

> 浄土真宗の門徒ですが、キリスト教の葬式に出席する場合、賛美歌を歌ったり聖書を読むことに参加しなければならないのですか。

▶ ▶ ▶ Point
① 葬儀への参加
② 信教の自由との関係

1　ご質問の背景

　葬儀の方式が自分が信仰している宗教とは違うものである場合に、葬儀を実施している宗教の方式に従いたくないがどうすればよいかという趣旨のご質問ではないかと思われます。

　自分が信仰している宗教の方式ではないとしても、亡くなった人や遺族の方の信仰している宗教によって実施されている葬儀であるということを考慮して、亡くなられた方を悼む気持ちから参加しようと考える人であればこのような疑問は抱かないだろうと考えられるからです。また、自分が信仰している宗教の方式による葬儀ではないのなら、自分の宗教観に反することはできないと考えているのであれば、葬儀には出ないという判断をすることは自由です。この場合にも、このような趣旨のご質問は出てこないだろうと考えられます。

　葬儀には参加するけれども、自分の信仰する宗教とは異なる行為はしたくないと考えるから、このようなご質問が出てくるのであろうと考えられます。

2　どう考えるか

　ここでまず考えなければならないことは、自分に信仰する宗教があるように、亡くなった人や遺族にも信仰する宗教はあるということです。その信仰する宗教によって葬儀を実施するのは、亡くなった人や遺族の人たちの自由ですし、これらの人々の宗教の自由は尊重すべきものです。

　葬儀の儀式の中で、賛美歌を歌ったり、聖書を読んだり、献花をしたりするのは、亡くなった人を弔うための儀式です。葬儀に参加する際に、どのような気持ちで参加するのかということによるのではないかと思われます。賛美歌を歌ったりすることは、葬儀に参加した人の義務というわけではないので、歌いたくなければ黙っていればよく、歌うことを強制されるわけではありません。

　ただ、亡くなられた人や遺族の方たちにも自分たちが信仰する宗教によって葬儀を実施する自由があることを尊重すべきだと思われます。遺族の方たちに対して自分の信仰する宗教観を押し付けることはできないということは認識しておく必要があるでしょう。

（村　千鶴子）

Q40　団体契約等の割引が後から判明した場合

> 　父が生前所属していた団体と葬儀提携契約を締結していた葬儀社が、
> 「基本葬儀料金１割引、生花一対付き」としていました。それを知らず
> に、同じ葬儀社に個人で葬儀の依頼をして支払をした後にそのことを知
> ったのですが、差額の返金を求めることは可能でしょうか。

▶ ▶ ▶ Point
① 　団体契約と個人契約の関係
② 　契約の成立と効果

1　ご質問の趣旨

　お父さんが亡くなられたので葬儀社に依頼して葬儀を行ったところ、葬儀
が終わった後でお父さんが生前所属していた団体がその葬儀社との間で葬儀
提携契約を締結していたことが判明したという事例のようです。葬儀社との
葬儀契約で約束していた葬儀費用は支払済みであるものの、団体との葬儀提
携契約では団体の加盟メンバーであれば「基本葬儀料金１割引、生花一対付
き」で利用できる取り決めとなっていたので、支払済みの金額から、団体葬
儀提携契約による内容に基づいた割引料金にしてもらえないか、差額を返還
してもらえないかという趣旨のご質問のように思われます。ここでは、この
前提で検討することにします。

　葬儀を実施する際の葬儀社への依頼も、団体と葬儀社の葬儀提携契約もい
ずれも契約です。そこで、契約問題としてどのように考えるべきかがポイン
トになります。

2　基本的な視点

　消費者は自分で葬儀社との間で葬儀を依頼する契約を締結し、葬儀の実施をしてもらって代金を支払っており、契約関係は終了しています。

　契約関係が終了した後に、亡くなったお父さんが所属していた団体が、たまたま今回お父さんのための葬儀の際に利用した当該葬儀社との間で団体員が割引で葬儀サービスを利用できる内容の葬儀提携契約を締結していたことが判明したというわけです。あらかじめ葬儀提携契約の存在を知っていれば、葬儀提携契約によって割引代金で葬儀の依頼をすればよかったのに、知らなかったために正規の料金の契約をしてしまったので、割引分を返還してもらえないかというものです。

　お父さんが所属していた団体と葬儀社との契約と、消費者が葬儀社と締結した契約は、内容も当事者も違う別々の契約です。別々の契約関係がある場合に、相互の関係はどのように考えるべきでしょうか。

　そこで、団体が葬儀社と締結していた契約の内容はどのようなものだったのか、ということが重要になります。

3　団体の締結した契約

　まず、お父さんが生前所属していた団体とその葬儀社との葬儀提携契約の内容を確認する必要があります。

　「基本葬儀料金1割引、生花一対付き」との規定の適用を受ける葬儀契約の範囲はどのように決められているか、その適用を受けるための要件や手続などについて、契約ではどのように定められているのか、その内容を確認します。葬儀団体契約の契約書などが手元にある場合には、手元の書類で確認します。手元に契約書などの契約内容が記載された書類がない場合には、お父さんが所属していた団体に控えか写しの発行を求めるか、葬儀社に依頼して契約書の控えか写しなどを交付してもらって確認してください。

　そのうえで、団体に所属している本人の葬儀の際にも適用があることが確認できたら、団体割引で葬儀を依頼する場合の手続について確認します。団体員であることを証明するための資料、割引で葬儀をしてもらうための葬儀社への手続や提出資料など、どのようなものが必要なのかを確認します。さらに、葬儀が終わった後でもその手続が利用できるかも確認します。

　以上を確認したうえで、葬儀完了後であっても手続的に可能であれば、割引分を返還してもらうことは可能です。また、事情を説明して考慮するように配慮を求めるのも一つの方法です。

　ただ、団体契約による葬儀を利用をする場合には、個別の葬儀の契約締結の段階で団体契約による利用であることを明示するなどの一定の手続が必要とされている場合には、難しい可能性があります。葬儀社のほうであらかじめ亡くなった人が団体契約を締結している団体の所属メンバーだったかどうかなどを、葬儀のたびに調べて利用者（消費者）に教えるべきだったという義務があるとまではいえないと思われるからです。

４　トラブルを防ぐために

　生前葬儀契約の場合のところでも指摘したように、本人が亡くなった時の葬儀の実施については、契約した本人は亡くなっているために、本人に生前契約をしていたのか、どの葬儀社としていたのか、その内容はどのようなものだったのか、などを本人に直接確かめることができません。

　亡くなったお父さんが所属していた団体が葬儀社と葬儀提携契約を締結していたことやその内容なども、亡くなったお父さんに直接確認することはできないことは、生前葬儀契約の場合と同様です。

　自分が死亡したのちの葬儀に利用することができる制度がある場合には、自分が元気なうちに葬儀を実施することになる家族の方たちと情報を共有しておくことと詳しい契約内容などのわかる資料をきちんと整理して共有しておくことが重要です。　　　　　　　　　　　　　　　（村　千鶴子）

Ⅳ　販売方法に関するトラブル

Q41　病院で紹介された葬儀社の利用

　父が病院で亡くなりました。病院から「すぐに遺体を引き取ってほしい」といわれて、選択の余地がないままに紹介された葬儀社に自宅までの遺体の搬送を依頼することになりました。葬儀社は葬儀もまとめて行うというのですが、遺体の搬送を依頼した以上は葬儀も頼まなければならないのでしょうか。

▶▶▶ Point
① 　抱き合わせ販売
② 　独占禁止法違反の不公正な取引方法

1　遺体の搬送と葬儀

　近年では、自宅で亡くなる場合よりも病院で亡くなるケースのほうが一般的になっています。病院で亡くなった場合には、個々の病院にもよりますが、なるべく早く遺体を引き取るように要求される場合が少なくありません。病院とすれば、限られたスペースをなるべく有効に使用したい、あるいは使用する必要があるからという事情があるようです。

　しかし、家族は事前に心がけて準備をするような余裕はないので、あわてることになります。病院によっては、遺体の搬送をしてくれる葬儀社を紹介するところもあります。搬送してもらう際に葬儀も一括して行うと勧誘する葬儀社も少なくないようです。

　ご質問のケースでは、葬儀も一括して行うと葬儀社がいっているというこ

とですが、その意味がはっきりしません。ここでは、論点を整理して説明することにします。

2 遺体の搬送だけの依頼

とりあえず、遺体を自宅まで搬送してもらいたいという場合に、それが可能かという問題です。

葬儀社に依頼する場合に、依頼内容を「遺体の自宅への搬送だけ」と明確にして依頼することは可能です。その場合には、病院と自宅との搬送する距離によって価格が違う場合があるので、注意して費用の決まりについて確認しましょう。

3 搬送の際に注意すること

このケースでは、自宅に遺体を搬送することにしているので、自宅に搬送してもらったうえで、あらためてどこの葬儀社に依頼するかを検討することになります。

しかし、最近ではマンションで生活している人が多く、マンションによっては遺体の搬送が困難な場合があります。このような場合には、葬儀社のほうで遺体を自社の関連する施設に搬送して保管できるという場合があります。これは、結局、葬儀までを一括して契約させるためです。

自宅に遺体を搬送できない事情がある場合には、どこに遺体を搬送するかを決める際には、どのような葬儀を行うのか、葬儀社をどこにするのかの選択にかかわってくることになります。あまりゆっくりと考えている余裕はないということになります。

4 抱き合わせ販売の禁止

独占禁止法19条では「事業者は、不公正な取引方法を用いてはならない」と定めています。不公正な取引方法は、公正取引委員会の告示によって定め

られていますが（「不公正な取引方法」昭和57年6月18日公正取引委員会告示第15号）、その10項で、「相手方に対し、不当に、商品又は役務の供給に併せて他の商品又は役務を自己又は自己の指定する事業者から購入させ、その他自己又は自己の指定する事業者と取引するように強制すること」と規定し、抱き合わせ販売等を禁止しています。

　遺体の搬送にあたり、葬儀の実施の契約も一括してする必要があると主張する業者は、独占禁止法に違反する可能性があります。

（村　千鶴子）

Q42　訪問販売による契約

> 　葬儀社の従業員が自宅に訪問してきて「近くに会館ができた。事前相談の予約を受け付けているので来ないか」と勧誘しました。断わると「来週また来る」と言います。迷惑なので、断わることはできないのでしょうか。

▶▶▶ Point
① 　訪問販売
② 　特定商取引法による規制
③ 　再勧誘の禁止
④ 　契約してしまったとき

1　多い訪問販売

　生前の葬儀契約の販売形態で圧倒的に多いのは電話勧誘と訪問勧誘によるものです。最近では、説明会を開いたり各種のイベントを開催して、その際に相談会を開いたりして消費者から出向いてもらってじっくりと契約してもらうようにする努力や工夫をしている葬儀社なども出てきていますが、それでも訪問販売などによるものがまだまだ多くを占めているという現実のようです。

　葬儀の契約というのは、消費者が元気なうちに自分から必要と感じて、普段の買い物のように積極的に選択して契約しようという行動には出にくいという事情があるということでしょうか。

　そうした事情からか、ご質問のようなしつこい勧誘が行われている現実があり、消費者が迷惑に感じる場合も少なくありません。

2　訪問販売に対する規制

　葬儀の契約の締結について訪問勧誘をする場合には、訪問販売にあたります。訪問販売は、特定商取引法の規制対象となります。葬儀の契約であっても同法の適用除外とはなっていません。

　特定商取引法では、訪問販売をする場合には、次のような規制を設けています。

　事業者が勧誘のために訪問したら最初にすべきことは、氏名等の明示です。これは目的をきちんと告げて消費者に説明を聞くかどうかの選択の機会を確保するためのものです。同法3条では「事業者は、訪問販売をしようとするときは、その勧誘に先立つて、その相手方に対し、……事業者の氏名又は名称、売買契約又は役務提供契約の締結について勧誘をする目的である旨及び当該勧誘に係る商品若しくは権利又は役務の種類を明らかにしなければならない」と定めています。

　次いで、「事業者は、訪問販売をしようとするときは、その相手方に対し、勧誘を受ける意思があることを確認するよう努めなければならない」と定めています。つまり、これから勧誘をしてもよいですか、と確認することを求めているわけです。

　さらに、「事業者は、訪問販売に係る売買契約又は役務提供契約を締結しない旨の意思を表示した者に対し、当該売買契約又は当該役務提供契約の締結について勧誘をしてはならない」と定めています。つまり、契約しないと述べている消費者に対して居座って勧誘を続けたり、いったん帰ったもののその後も勧誘のために繰り返し訪問したりすることを禁止しているのです。

　したがって、「契約するつもりはないので、もう来ないでほしい」とはっきりと断ることが大切です。

③　しつこく勧誘に来る場合

　特定商取引法では、同法違反がある疑いがある場合には消費者庁および都道府県が立入検査や報告徴収ができると定めています（特定商取引法66条）。調査により違反が明白な場合には、違反の程度に応じて改善するように指導したり、違反が重大な場合には最大で２年間の業務停止と事業者名の公表ができます（同法8条）。

　きっぱりと断っているのに居座ったり、しつこく何回でも訪問してくるような場合には、最寄りの自治体の消費生活センターに情報提供しましょう。センターから違法行為は止めるように伝えてもらえばやめると思われます。また、他の消費者からの苦情が多数ある場合には上記のような行政処分の対象になる可能性があります。

④　契約してしまった場合

　しつこい訪問販売により断り切れなくなって生前葬儀契約を契約してしまった場合には、対策はあるのでしょうか。

　家族の誰かが亡くなった場合の葬儀について、訪問販売で勧誘されて葬儀の契約を締結した場合には、特定商取引法でクーリング・オフの適用除外としています（特定商取引法26条4項2号、政令6条の3、第4号）。これは、亡くなった方の葬儀については、契約締結後速やかに提供されないと消費者側が困るといった不利益が生ずることに配慮したものです。

　ご質問では、生前葬儀契約に関するものですから、上記の適用除外の対象にはなりません。したがって、しつこさに負けて契約してしまった場合に契約を解消したいと考えているのであれば、クーリング・オフにより契約を解除することができます。それにより、契約は最初にさかのぼって解消され、消費者は違約金なども含めて一切の支払を免れます。

　なお、業者がしつこいなどの問題がなくても、訪問販売による契約であれ

ばクーリング・オフはできますので、念のため。

　クーリング・オフができるのは、消費者が、事業者から申込みの内容を明らかにした書面（特定商取引法4条による書面）を受け取った日か、あるいは契約の内容を明らかにした書面（同法5条による書面）を受け取った日かのいずれか早いほうの日を一日目として計算して、8日目までの消印により解除通知を出せばよいことになっています。事業者が消費者に渡した書面の記載内容が、特定商取引法で定めた項目について不足なく正確に書いてあることが必要です。もし、渡された書面の記載内容が不十分であったり、そもそも書面を渡されていない場合には、契約をしてから8日を経過していてもクーリング・オフをすることが可能です。

　クーリング・オフをするはがきを発信した時に、契約は最初に遡って解除されます。

　違約金等は支払う義務はなく、支払済の金銭は全額を返金してもらえます。

（村　千鶴子）

Q43　冠婚葬祭互助会の訪問販売

冠婚葬祭互助会業者が訪問勧誘に来て、「30万円のコースに入れば市価の半額でいつでも利用できる。20年後でも利用できる」、「不要になったらいつでも解約できるし、積み立てたお金は戻る」と言います。良いことずくめのように思いますが、信用してよいでしょうか。

▶ ▶ ▶ Point

① 　葬儀費用についての不当な説明

② 　中途解約

③ 　清算ルール

④ 　クーリング・オフ制度

1　はじめに

　ご質問のケースは、冠婚葬祭互助会の訪問勧誘で苦情になることが多い典型的なものです。このケースでは、多くの問題点がみられます。第 1 に、「市価の半額で利用できる」と述べている点、第 2 に、「不要になったらいつでも解約できる」と述べている点、第 3 に「積み立てたお金は戻る」と述べている点です。

　以下、問題点ごとに整理して説明しましょう。

2　冠婚葬祭互助会とは何か

　冠婚葬祭互助会とは、結婚式や葬式などが実際に必要となる前に契約し、代金を 2 カ月以上にわたり 3 回以上の分割で前払するものです。多くは、数千円ずつ数年間の分割で支払うというものです。結婚式や葬式は、いつ実施

することになるかは契約では決めていないので、必要になった時にはいつでも利用できるという契約内容です。

　契約するときに、その契約で含まれるサービスの内容を決めておきます。必要になった時は契約で決めた内容のサービスを契約で決めた料金で受けることができます。

　最近では結婚式の利用は減り、葬式のために利用するケースが多くなっています。葬式の場合には契約してから20年後とか30年後に実施するという場合もあります。ですから、20年後でも利用できるという説明は嘘ではありません。

３　費用の説明

　問題は、「市価の半額で利用できる」との説明です。市価とは何を指しているのでしょうか。その根拠がわかりませんし、サービスや商品の内容もよくわかりません。

　他社と比較する広告のことを比較広告といいますが、景品表示法による比較広告に関する考え方では、次の三つの要件をすべて満たすことが必要だとしています（Q29参照）。

　①　比較広告で主張する内容が客観的に実証されていること
　②　実証されている数値や事実を正確かつ適正に引用すること
　③　比較の方法が適正であること

４　中途解約に関する説明

　契約締結後、サービスの提供を受ける前に不要になった場合にはいつでも中途解約できることは事実です。冠婚葬祭互助会では、割賦販売法に基づく許可が必要ですが、その際には約款についても審査の対象となっています。約款内容に中途解約ができることとなっていることが必要とされているので、この点は嘘ではありません。

　問題があるのは、「積み立てたお金は戻る」といっている点です。冠婚葬祭互助会契約により支払うお金は、将来受ける葬式などのサービスの対価を前払するというものであり、積立金ではありません。積立金であるという説明は、事実と異なります。また、中途解約した場合には、全額が戻るわけではなく、事業者によっても金額は異なりますが、一定の解約料は差し引かれる仕組みになっています。この点は、契約書に明記されているはずですので、契約の際には必ず確認する必要があります。

5　クーリング・オフ制度

　訪問販売により互助会の契約を結んだり、契約してしまった場合に、やめることができるでしょうか。この場合には、特定商取引法によるクーリング・オフ制度の適用があります（特定商取引法9条）。
　クーリング・オフ制度については、Q42の解説を参照してください。

（村　千鶴子）

V　遺族間のトラブル

Q44　略式葬と親族の反対

> 　現在、認知症の母を一人息子である私と妻とで介護しています。亡き父の葬式の時は何かと大変でしたので、母が亡くなった時は葬式をしないつもりでいます。その旨を母方の伯父・叔母に話したところ、こぞって反対されました。葬式はしなければいけないのでしょうか。

▶▶▶ Point
① 　略式葬とは何か
② 　現行法が定めている「死者を葬るのに必要な手続」
③ 　略式葬の問題点

1　略式葬とは

　最近、葬式をしないで火葬だけで済ませてしまう「略式葬」が増えています。略式葬は、葬式という儀礼を排するという点で、儀式を行う「無宗教葬」とは異なります。東京では、すでに全体の約3割（全国平均でも1割程度）が略式葬であるといわれています。

　なお、略式葬は、葬祭業者などの間では「直葬（ちょくそう）」と呼ばれることが多いようです。この直葬（ちょくそう）という言葉は平成12年頃から使われはじめました。しかし、それ以前に、「直葬（じきそう）」という言葉がすでに使われており、事典にも載っています（石棺・木棺が直接封土中に存在するあり方の意。小野泰博ほか編『日本宗教事典』20頁参照）ので、直葬（ちょくそう）という言葉の使用は混乱や誤解を招くおそれがあります。そこで、ここでは、略式葬と呼びます。

　略式葬が行われる場合には、①やむを得ず行われる場合と、②故人や遺族の自由な意思に基づいて行われる場合とがあります。①の原因として考えられるのが、貧困世帯の増加と、いわゆる「孤独死」の増加です。②の略式葬増加の背景には、葬送に関する国民意識の変化、寺や葬祭業者に対する不信、遺族の故人（特に高齢の死者）に対する哀惜の念の欠如、マスコミが略式葬の存在をしばしば報道したことなどがあるようです。

２　死者を葬るための法的手続

(1)　葬儀の基本的な流れ

　今日最も多い仏式の葬儀（全体の９割を占める）を例にとって、現在、一般に行われている葬儀の基本的な流れを見てみると、次のようになります。①臨終、②遺体の搬送と安置、③葬儀の打合せと連絡、④納棺、⑤通夜、⑥葬儀・告別式、⑦出棺、⑧火葬、⑨骨上げ、⑩還骨法要・初七日法要、⑪納骨（〔図〕参照）。

(2)　死者を葬るための法的手続

　これに対して、現行法が定めている死者を葬るのに必要な手続は、以下のとおりです。

(A)　「死亡届」の提出

　死亡の届出は、届出義務者（同居の親族、その他の同居者、家主・地主など）が、死亡の事実を知った日から７日以内（国外で死亡があったときは、その事実を知った日から３カ月以内）に、これをしなければなりません（戸籍法86条１項・87条１項）。なお、死亡届は、届出義務者以外の者（同居の親族以外の親族、後見人、保佐人、補助人、任意後見人、任意後見受任者）も提出することができます（同法87条２項）。

　届書には、死亡の年月日時分および場所を記載して、死亡診断書または死体検案書を添付する必要があります（戸籍法86条２項、医師法19条２項）。もし、死亡診断書や死体検案書の添付が不能なときは、「死亡の事実を証すべ

〔図〕 葬儀の基本的な流れとそれに対応する法的手続

葬儀の基本的な流れ	死者を葬るための法的手続
① 臨終（医師による死亡の判定、末期の水、死後の処置（清拭・衛生処置））	① 医師による「死亡診断書」の交付（医師法19条2項）
② 遺体の搬送と安置（病院で亡くなった場合、遺体を自宅または斎場等に搬送、枕飾り、菩提寺の僧侶に連絡、枕経）	② 霊柩車・自家用車による遺体の搬送（タクシー利用は不可）（旅客自動車運送事業運輸規則14条・52条）
③ 葬儀の打合せと連絡（喪主の決定、故人の意思・宗教・予算などをもとに遺族で葬儀方針を決定、葬儀について菩提寺に相談、葬儀社への葬儀の依頼、葬儀通知書を作成し関係先に連絡）	③ 「死亡届」「死亡診断書」「火葬許可申請書」を市区町村役場に提出（戸籍法86条1項・2項・87条1項、墓地埋葬法5条） ④ 「火葬許可証」を受領（墓地埋葬法8条）
④ 納棺（納棺の前に「湯灌」を行うこともある）	
⑤ 通夜（通夜の告別式化）	
⑥ 葬儀・告別式（葬儀式と告別式との同時進行が一般化）	
⑦ 出棺（葬儀場から火葬場へ）	
⑧ 火葬（炉前での僧侶による読経、続いて焼香） ⑨ 骨上げ（日本特有のもの）	⑤ 「火葬許可証」を火葬場の管理者に提出（墓地埋葬法14条3項） ⑥ 火葬の実施（墓地埋葬法3条・4条2項・14条3項） ⑦ 火葬の実施日時が記載された「火葬許可証」を受領（墓地埋葬法16条

	2項、同法施行規則8条)
⑩ 還骨法要・初七日法要（初七日法要は一般に葬儀当日に行われる）	
⑪ 納骨（七七日の供養を済ませて墓に納骨するのが一般的） ※上記「流れ」は、仏教宗派・地域によって異なる場合がある。	⑧ 上記「火葬許可証」を墓地（または納骨堂）の管理者に提出し、焼骨を墓地に埋蔵（または納骨堂に収蔵）（墓地埋葬法14条1項・2項）

き書面」（たとえば、僧侶などの葬儀執行証明書・死体実見者の証明書など）を添付します（戸籍法86条3項）。

　届出は、死亡者本人の本籍地または届出人の所在地のほか、死亡地でもすることができます（戸籍法25条1項・88条1項）。

(B) 「火葬許可証」下付申請

　埋葬（＝土葬）、火葬を行おうとする者は、厚生労働省令で定めるところにより、市区町村長の許可を受けなければなりません（墓地埋葬法5条）。火葬の場合、通常、死亡届に「火葬許可申請書」を添えて、市区町村役場の担当窓口に提出し、「火葬許可証」を交付してもらいます（同法8条）。

　次に、火葬する際、火葬場の管理者に火葬許可証を提出します（墓地埋葬法14条3項）。火葬終了後、火葬場では火葬許可証に必要事項を記入して返却してくれます（同法16条2項、同法施行規則8条）。

　納骨する場合には、さらに、「火葬済」の証印が押された火葬許可証を墓地（または納骨堂）の管理者に提出し、焼骨を墓地に埋蔵（または納骨堂に収蔵）します（墓地埋葬法14条1項・2項）。

(C) 略式葬と法律

　以上見てきたように、現行法で義務づけられている手続は、火葬の場合では、①死亡診断書または死体検案書を添えて「死亡届」を提出し、②「火葬

許可証」を交付してもらい、火葬することだけです。納骨も法律上は必ずしも必要ではなく、身内の遺骨を自宅に保管しておくことも可能です（法律で禁止されているのは、遺骨を墓地以外の場所に埋蔵すること（墓地埋葬法4条1項）と、他人から頼まれて遺骨を預かること（同法2条6項）です）。したがって、葬式という儀礼を省き、火葬だけで済ませてしまう略式葬も、法的には可能であるということになります。

　なお、水葬の場合については、船員法施行規則5条で、「船長は、死体を水葬に付するときは、死体が浮き上らないような適当な処置を講じ、且つ、なるべく遺族のために本人の写真を撮影した上、遺髪その他遺品となるものを保管し、相当の儀礼を行わなければならない」（圏点は引用者）と定められています。

③　略式葬の問題点

　では、略式葬が法的に可能だからといって、安易に葬式なしで済ませてよいかというと、そう一概にはいえないようです。略式葬にはいろいろ問題があるようです。

⑴　故人の立場からみた問題点

　超高齢社会の現在、80歳以上の高齢者の死が増加し（全死亡者数の63％を占める）、長患いや長期介護の末に亡くなると、悲しみよりも、「ようやく面倒から解放された」という気持ちをもつ家族が増えています。また近年、子どもがいても、高齢者だけで暮らす世帯が増加し（核家族化）、親族関係が希薄になっています。その結果、「今さら死んだ人にお金をかけたくない」「葬儀をきちんと行いたくない」と考える遺族が増え、遺体の単なる物理的処理（＝火葬）だけで済ませてしまう人が増加しています。

　しかし、故人が葬式無用の意思を表明していないにもかかわらず、――多額の費用を要しない「家族葬」も行わず、――遺体の単なる物理的処理（＝火葬）だけで済ませてしまうのは、やはり故人の尊厳への配慮（葬儀には故

人の霊を弔うという役割がある）という点で問題ではないでしょうか。ご質問者の伯父・叔母が略式葬に反対しているのは、まさにこの点を問題にしているものと思います。略式葬にした後、親戚から非難され、結局、通常の形で葬式をやり直したという話も聞きます。

　今日、行動原理として「真・善・美」よりも「優劣・勝敗・損得」が重んじられ、現代社会は他の生者に対して冷たい社会となっています。この社会の波が、ついに死者にまで押し寄せてきたのかもしれません。

⑵　遺族の立場からみた問題点

㈠　実利的問題点

　略式葬の場合には、遺族が、周囲から「なぜ葬儀をしてくれなかった。弔いたかったのに」と言われることが多いようです。また、後日、死の事実を知った弔問客が自宅にひっきりなしにやって来て、毎日のようにその応対に追われ、かえって負担になることもあるようです。特に、故人が会社経営者や教育者の場合、略式葬後、自宅に多数の弔問客が押し掛けることになりかねません。

　ある評論家は、葬儀の効用について、「あえて葬儀を執り行わなかった場合、そこから却って負の条件が生まれる。故人がよほどの変わり者で、誰とも交際していなかったのならともかく、亡くなったと聞けば捨てておけないという知り合いがかなりある以上、その弔問を一挙に片づけるためには、やはり葬儀が必要である。誰かが亡くなったと聞いた場合、多くの人はなんらかのかたちで鳧（けり）をつけ、以てみずから意を安んじたいのである」と述べています。

㈡　精神的問題点

　実利的な問題よりもっと重要なのは、精神的問題です。大切な家族（配偶者・子など）の死によって、残された家族の多くは、死別の悲しみ・苦しさを体験します。この死別の悲しみは、遺族の心だけでなく、身体にも悪影響を及ぼすということが、これまでの研究で確認されています。それほど深い

「死別の悲しみ」を遺族は体験することになります。

しかし、葬儀によって心の区切りをつけた人は、葬儀をしなかった人より悲嘆が解消しやすい、つまり葬儀はグリーフケア（外国では bereavement care という）の面で有効である、といわれています。事実、葬儀をしなかった場合には、後で「心の整理がつかない」と悩む遺族が多いということが新聞などで報じられています。したがって、葬儀とは、①遺族が家族の死を事実として受け入れ、確認する場であり、②葬儀に集まってくれた人々の支援によって立ち直るきっかけを与えられ、悲嘆の涙に暮れながらも死者と訣別する決心をして、悲しみの淵から新たな第一歩を踏み出す場でもある、といえるでしょう。

以上のこと（(A)(B)）から、葬儀は、故人のためにだけあるのではなく、残された遺族のためのものでもある、ということを再認識する必要があるでしょう。

いずれにしても、略式葬にするか否かは、「手間がかからない」「経済的負担が少ない」ということだけでなく、故人の生前の意思（「推認される意思」を含む）や上記問題点をよく考えて決めるべきでしょう。

（石川　美明）

Q45　葬儀とグリーフケア

> 　大切な家族を亡くした人は、死別の悲しみを体験するといわれています
> が、この死別の悲しみは残された家族にどのような影響を及ぼすので
> しょうか。また、葬儀によって遺族の悲しみを癒やすことはできるので
> しょうか。

▶ ▶ ▶ Point
① 　死別による悲嘆とは
② 　グリーフケアとは
③ 　葬儀とグリーフケア

1　死別による悲嘆とは

(1)　悲嘆（グリーフ）

　死別によって経験される「悲嘆（グリーフ）」は、一時的な反応であり、
誰しも経験しうる正常な反応です。通常の悲嘆は、①悲しみ、怒り・いらだ
ち、不安・恐怖、罪悪感、絶望、孤独感、喪失感などの感情的反応、②否認、
非現実感、無力感、記憶力や集中力の低下などの認知的反応、③疲労、泣く、
動揺・緊張、引きこもるなどの行動的反応、④食欲不振、睡眠障害、活力の
喪失、免疫機能の低下などの生理的・身体的反応の 4 つに分類されています。
悲嘆反応の種類や強さに関しては個人差が非常に大きく、同じ人でも時間と
ともに変化します。悲嘆が軽減されるのに必要な時間は、人によって大きく
異なります。時間の経過に伴い、悲嘆は必ずしも直線的に軽減していくので
はなく、気持ちや感情は波のように大きく揺れ動きます。故人の命日や誕生
日、結婚記念日などが近づくと、故人が生きていた頃の記憶がよみがえり、

気分が深く落ち込む「記念日反応」がみられることもあります。死別に伴う通常の悲嘆は決して病的なものではないですが、一方で新たな身体疾患や精神疾患、自死につながることもあります。配偶者との死別の場合には、「後を追うように亡くなる」といわれるように死亡リスクが高まることが知られています。

(2) 通常ではない悲嘆

死別による悲嘆は基本的に正常な反応であるものの、症状の持続期間と強度が通常の範囲を超え、日常生活に支障が出るような「複雑性悲嘆」と呼ばれる状態に陥ることもあります。一般人口での有病率はおよそ2.4%〜4.8%とされ、危険因子として、突然の予期しない死別、自死や犯罪被害による死別、同時または連続した喪失、遺体の著しい損傷、子どもとの死別など故人との間に深い愛着関係、過去の未解決の喪失体験や精神疾患歴、経済的な困窮、サポート・ネットワークの不足、訴訟や法的措置の発生などが挙げられています。複雑性悲嘆は、従来、精神疾患とは認められていませんでしたが、世界保健機関（WHO）のICD-11（国際疾病分類の第11回改訂版、2018年発表）では、「遷延性悲嘆症（仮称）」という疾患名が冠され、新たな精神疾患として位置づけられることになりました。

2 グリーフケアとは

(1) グリーフケアの目的

グリーフケアに関する厳密な定義は必ずしも定まっていませんが、死別後の心理的な過程を促進するとともに、死別に伴う諸々の負担や困難を軽減するために行われる包括的な支援ととらえることができます。死別による悲嘆は基本的に正常な反応であるものの、ときに複雑性悲嘆や、精神疾患や身体疾患への罹患、自死、死亡につながる危険性を孕んでいます。このようなリスクの低減を図るため、元の正常な心身の機能を回復させることがグリーフケアの目標となります。また、現実生活の困難や今後の人生設計など、故人

亡き後の生活や人生をどう立て直していくかという課題にも死別に伴い直面します。必要に応じて、生活上の困難に対する問題解決的な支援も求められます。遺された人の抱えるニーズやリスクは多様であり、すべての人に同様の支援が必要なわけではありませんが、各人のニーズやリスクに応じた多層的な支援が望まれます。

(2)　グリーフケアの分類

　グリーフケアは、提供される援助の内容に基づき、①情緒的サポート、②道具的サポート、③情報的サポート、④治療的介入に分類されます。情緒的サポートとはいわゆる心のケアのことで、当事者の思いを尊重し、心の声にじっくりと耳を傾けることが大切です。家事や育児、経済的問題、法律問題など、目の前の現実的な困難に直面している人に対しては、問題の解決を手助けする直接的かつ具体的な支援、いわゆる道具的サポートが必要となります。情報的サポートとは、悲嘆反応や対処方法などについての知識を提供することや、法律相談窓口や当事者団体といった各自のニーズに対応可能なサービスを提供している公的機関や民間組織など、社会資源に関する情報を提供することです。そして治療的介入とは、精神科医やカウンセラーなどによる専門的な治療のことで、うつ病や不安障害といった精神疾患が認められる場合には、薬物療法を含む精神科的治療が必要となります。

　このように一般的には、故人亡き後の遺族への直接的、意図的なサポートがグリーフケアと考えられています。その一方で、たとえば最期に故人との良い時間を過ごせたことや、故人らしい葬式を挙げられたことなど、遺族にとって少なからず救いや助けになる事象全般を広義のグリーフケアとしてとらえることもできます。

3　葬儀とグリーフケア

(1)　葬送儀礼や法事・法要

　葬儀を含む死に関わる儀礼や慣習は、死者のためだけの行事ではなく、遺

族にとっても重要な意義があります。葬儀や通夜といった非日常的な一連の儀式は、死を現実のものとして受け入れる手助けとなります。日本独特の儀礼である拾骨儀礼、いわゆる骨揚げも死の現実を受容するための重要な手段といわれています。葬儀や通夜の場は、悲嘆の感情を公に表すことが許された社会的な機会であり、参集した親戚縁者、故人にゆかりのある人々などと、故人の思い出や気持ちを共有することは遺族の支えになります。葬儀後には、仏教の場合、七日目ごとの追善供養、百カ日、一周忌、三回忌、七回忌、十三回忌や、月参りなどが行われます。こうした法事・法要は、悲しみを共有する場を提供するだけでなく、記念日反応が懸念される節目の時期に行われ、加えて長期にわたって実施されるという点で、グリーフケアとしての要素を備えていると考えられます。

(2)　湯灌やエンバーミング

　湯灌とは、臨終後に遺体を洗い清めることで、現在では主に葬儀社によって行われています。遺族は湯灌に立ち会い、協働するなかで、現世での故人の苦しみを洗い流せたと思えたり、死化粧を施されて穏やかにみえる故人の顔を眺めて安堵の気持ちを抱いたりします。また限られた時間ですが、故人を前にして、遺族同士で思い出を振り返り、思いを分かち合える機会でもあります。一方、エンバーミングでは遺体の長期保存が可能となるため、急いで葬儀を行う必要がなくなり、落ち着いて準備を進めることができ、故人と顔を合わせる最期の時間をゆっくりと過ごせるようになります。また、死亡時の外傷や、長い闘病生活や薬の副作用によるやつれをなおし、生前の故人の姿に近づけることができます。こうした湯灌やエンバーミングを通じて、故人が喜んでくれていると思えることが、つらい気持ちを少し楽にしてくれるかもしれません。

(3)　墓や仏壇

　遺族は故人のことを忘れて、新たな人生を歩み始めるのではなく、姿形はなくとも、故人とともに生きています。故人の写真を持ち歩き、ことあるご

とに故人に語りかけたり、墓や仏壇の前で故人と対話したりします。たとえば家を出るときには仏壇に声をかけて、帰ってくると一日のことを仏前で話すなど、仏壇に話しかけることが日常生活の一部になっている遺族も少なくありません。肉体はなくとも、聞き役や相談役として故人の存在や役割は維持され、墓や仏壇は遺族が故人と向き合う窓口のような働きを有していると思われます。従来、お盆などの行事を通して死者と交わり、そして墓や仏壇を媒介として故人との強い絆を維持し、そうした亡き人とのつながりが、遺族の心のよりどころとなってきたのかもしれません。

（坂口　幸弘）

Q46　葬儀費用の負担者

　父が亡くなり、相続人は、兄、私、妹の 3 人で、実家の地元に残って
父のそばにいたのは二男の私だけでした。父が亡くなった病院が地元の
葬儀社を紹介してくれたので、私が慌ただしくその葬儀社と契約し、実
家は寺の代表的な檀家で伝統ある旧家ですから、葬儀社に任せる形で旧
家にふさわしい大がかりな葬儀を行って、高額な費用がかかりました。
喪主は長男として兄が務めましたが、立て替えるつもりでとりあえず葬
儀社には私が代金を支払いました。ところが兄は、私が勝手にした葬儀
契約だといい、私に費用を支払ってくれません。葬儀費用は喪主が負担
するものではないのでしょうか。

▶ ▶ ▶ Point

① 　葬儀費用は、誰が負担するべきか

② 　葬儀費用として負担者に請求できる相当な金額とは

1　葬儀費用と葬送の変化

　国や時代を超えて、人間は葬送の儀式を営んできました。葬儀という死者
との別れの儀式は、愛する者を失った生者が生活を立て直して、その後の人
生を送るために必要な喪の作業なのでしょう。民法306条・309条は「葬式の
費用のうち相当な額」について先取特権を認めています。貧しい人であって
も葬儀が必要だと判断されているからです。この「葬式の費用」（以下、「葬
儀費用」ともいう）の内容については、立法段階の議論を参照して、追悼の
儀式と埋葬の費用が含まれると解されています。ただし埋葬の費用のうちに
は、墓地や墓石を購入する費用は含まれません。それらは祭祀財産の問題と

して扱われます。また通常、葬儀費用とは、死者を弔うのに直接必要な儀式費用をいい、したがって参列客への酒食の接待費用は含まれず、さらに通夜と葬儀当日の費用のみで、四十九日や一周忌の法要の費用は含まれないとされています（東京地裁昭和61年1月28日判決・家月39巻8号48頁等）。

　日本では、江戸時代の檀家制度以来、葬式仏教と揶揄されながらも、寺院による葬儀が習俗化してきました。村八分といわれる共同絶交行為においても、火事の消火活動と並んで葬儀の世話は例外とされたように、地域共同体も葬儀に関与してきました。しかしそれらの慣行も崩れだして久しく、近隣が遺族に協力して葬儀を行っていた時代は遠くなり、葬送も産業化しています。

　産業化したとはいえ、日本の葬送産業においては、設備費と人件費を足してコスト計算をし、しかるべき利潤を加えて対価を出してそれらを比較するという通常の産業において行われる競争原理がなかなか働きません。葬儀費用には、コスト計算につきないある種の不合理な費用、すなわち「ケガレ」に関与する対価、遺体に触れる作業をしてもらうことへの対価が含まれがちです。遺族には、遺体に触れる作業をしてくれる人々への感謝を金銭で表現したい、対価をけちると供養にならないという思いがあり、そのような思いが葬儀費用に含まれる傾向があります。さらに死の悲しみの中でゆっくり選択する余裕がないこともあって、葬送業者との契約においては、消費者である遺族の選択があまり機能しません。

　しかし、同時に葬儀のあり方は流動化しています。他方の極には、家族や地域社会から孤立して生活する人々が孤独死したときに、腐乱死体を廃棄し、その悪臭を処理する業者も生まれています。葬儀をする場合でも、家族だけの規模の密葬にする場合から、参列客の目を意識した大規模な行事とする場合まで、選択肢の幅は非常に広くなりました。したがって、いわゆる「相当な」葬儀費用を設定することが難しくなっています。どのような規模と形式の葬儀を行うかについて、遺族の意見が相違している場合には、慌ただしく

流されるように葬儀が行われた後で、費用負担でもめる危険性も高いでしょう。

2　葬儀費用の負担者

　誰が葬儀費用を負担するかという問題については、民法に規定はありません。先述した民法306条・309条はあくまでも債務者の財産が担保となることを決めているだけで、債務の負担者を決めているものではありません。この点について、学説と判例は多岐に分かれています。共同相続人全員で負担するとする説（葬儀費用は相続債務となり相続人に分割帰属することになります。福岡高裁昭和40年5月3日判決・家月17巻10号110頁等）、相続財産が負担するとする説（葬儀費用は民法885条の相続財産に関する費用に含まれることになります。盛岡家裁昭和42年4月12日審判・家月19巻11号101頁等）、喪主の負担とする説（東京地裁昭和61年1月28日判決・家月39巻8号48頁等）、慣習ないし条理によるとする説（甲府地裁昭和31年5月29日判決・下民集7巻5号1378頁等）、相当な費用は相続人の共同負担であるがそれ以上の支出は喪主の負担とする説（野田愛子『遺産分割の実証的研究』135頁等）などの諸説です。

　これらのうち近時有力であるのは、喪主の負担とする説です（松原正明『全訂判例先例相続法Ⅱ』305頁等）。理由の一つは、葬儀費用の負担をめぐって相続人間で争いがあるような場合には、遺産分割紛争をも伴っていることが多く、遺産の中に含めて解決しようとすると遺産分割紛争がいっそう難しくなるので、葬儀費用は、遺産分割の枠外で処理したほうがよいという判断です。さらに基本的には、葬儀のあり方が多様化したため、どのような葬儀が「相当」かということが言いにくくなった現代では、「葬儀を自己の責任と計算とにおいて手配等して挙行した者（原則として喪主）の負担となると解すべき」（神戸家裁平成11年4月30日審判・家月51巻10号135頁）であるという判断があるのでしょう。とはいえ、この場合の喪主は、実質的に「葬儀を自己の責任と計算とにおいて手配等」した者とするべきであって、形式的な

喪主にその負担を負わせるのは必ずしも妥当とはいえません。被相続人の実家家族と相続人である妻子が対立して実家家族が妻子を排除して葬儀を行い、形式的な喪主となったのは前妻の若年の子であったという前掲・東京地裁昭和61年1月28日判決のケースでは、「葬式を実施した者とは、葬式を主宰した者、すなわち、一般的には、喪主を指すというべきであるが、単に、遺族等の意向を受けて、喪主の席に座っただけの形式的なそれではなく、自己の責任と計算において、葬式を準備し、手配等して挙行した実質的な葬式主宰者を指すというのが自然であり、一般の社会観念にも合致するというべきである。したがつて、喪主が右のような形式的なものにすぎない場合は、実質的な葬式主宰者が自己の債務として、葬式費用を負担するというべきである」として、被相続人の兄から妻子への葬儀費用の請求を認めませんでした。

　喪主負担説に立って考えると、ご質問のケースでは、長男である喪主については、もし喪主が弟に葬儀契約締結を任せると事前にはっきりと委託していたのなら、喪主として単独で、あるいは少なくとも弟と共同主宰者として、費用負担するべきでしょう。そうではなかったとしても、前掲・東京地裁昭和61年1月28日判決のケースよりは、喪主も葬儀の実質的な共同主宰者であったと解する余地がありそうですので、共同主宰者と評価できる場合は分担請求ができるでしょう。共同相続人が全員で負担する説がかつて有力であったのは、以前は相当な費用がある程度自明であったからでしょうが、喪主負担説をとるとしても、相当な費用の範囲内については、共同相続人を実質的共同主宰者とする黙示の合意を認定することは可能だと思われます。なお香典は、葬儀費用に充てるべくなされた贈与として費用を負担する葬儀主宰者に帰属するとされますから（Q47参照）、葬儀費用を負担する主宰者が香典を受け取ることになります。

（水野　紀子）

Q47　受け取った香典の帰属

　父が死亡した際、家族で相談のうえ、母が喪主となり葬儀を行いましたところ、父の会社関係者からだけではなく、兄・姉や自分の知人からも多額の香典を受け取りました。葬儀の際の会計帳簿は母を補助していた兄が作成していたはずですが、母と兄は、「香典は葬儀費用に使用した後、香典返しや法事の費用に使うつもりだ」といって、収支を明らかにしてくれません。香典の残額は遺産として相続人間で分割すべきではないでしょうか。

▶ ▶ ▶ Point
① 　香典とは、どのような性質をもつものか
② 　香典を葬儀費用に充てた残額は、遺産に準じて扱われるべきか

1 　香典の性質

　香典は、葬儀の際に、喪家に送られる金銭や物品などの贈与品を指しますが、現在では金銭による香典が一般化しています（新谷尚紀＝関沢まゆみ編『民俗小事典・死と葬送』72・73頁）。元来、香典は社会習俗・慣行に根ざしたもので、その意味合いも一様ではありませんが、香典には葬儀という不時の出費に対して喪家の負担を軽減し、同時に他日の援助を期待する相互扶助の意味合いもあるようです（東京地裁平成30年３月29日判決・LEX/DB25552736）。葬儀への参列も死者や遺族との日頃の付き合い関係を表明する重要な機会であり、香典はその際に喪主や家族への見舞いとして贈られる儀礼的な意味合いをもつものです。さらに、忌中明けなどに、香典の半額程度の品物を返礼として贈る香典返しという慣習も存在します。

　このように、香典は、慣習的に行われてきた一種の贈与といえますが、誰に対する贈与、つまり、受贈者は誰と考えたらよいでしょうか。香典は、直接的には、亡くなった父（被相続人）やあなた方兄弟姉妹との人間関係に基づいて贈られたわけですが、死者には権利が帰属することはありませんから被相続人は受贈者にはなりません。また、あなた方と香典の贈り主（贈与者）との人間関係は、香典を贈る動機の一つには含まれるでしょうけれど、香典を贈る目的は、葬儀費用の一部に充ててもらうことによって、遺族の負担を軽くすることにあります。そこで、香典は、葬儀の主宰者として、葬儀の準備や手配を行い、葬儀を実施する責任を負う喪主に対して贈られたものと考えられます（東京地裁昭和61年1月28日判決・家月39巻8号48頁、広島高裁平成3年9月30日決定・判時1434号81頁）。したがって、香典の受贈者は喪主であり、葬儀費用に充当されるべきことになります（喪主＝実質的な葬儀の主宰者が葬儀費用の負担を行い、この反面として香典を喪主が取得することを指摘するものとして、東京地裁平成6年1月17日判決・判タ870号248頁、東京地裁令和元年12月11日判決・LEX/DB25583376）。

2　葬儀費用に充当した香典の残額がある場合

　香典は、葬儀に関連する出費に充当されることを目的に支払われたものであれば、慰霊金といった名称がつかわれていても同様に扱われます（東京都消防庁職員共済規約に基づく慰霊金および同庁職員互助会規約に基づく退職記念品代がいずれも香典に当たるとされた事例―東京家裁昭和44年5月11日審判・家月22巻3号89頁）。したがって、これらを含む香典を、喪主が葬儀費用に充当すること、さらに、香典返しなど、葬祭に関連する諸費用に充てることも問題はありません（法事等の祭祀費用も含まれる―前掲・広島高裁平成3年9月30日決定）。それでも、香典が残った場合は遺産に準じて扱うべきでしょうか。

　この点について、喪主が葬儀を主宰し、葬儀費用を負担する以上、香典は喪主に帰属しこれを葬儀費用に充当した余剰があったとしても、香典の残額

も喪主に帰属すると考えられています（松原正明『全訂判例先例相続法Ⅱ』
306頁、野田愛子＝松原正明編『相続の法律相談（第5版）』117頁〔日野原昌〕）。
したがって、香典の残額について、喪主は裁量によって、今後の祭祀費用に
用いたり、福祉事業に寄付したりすること、あるいは、相続人に分配するこ
ともできますが、相続人側から遺産として分割を要求することはできません
（神戸家裁昭和43年10月9日審判・家月21巻2号175頁）。

（犬伏　由子）

第4章

墓地をめぐるトラブルと対策

Ⅰ　購入・契約に関するトラブル

Q48　墓・納骨堂の種類

> 現在、妻と二人で「墓探し」をしています。墓・納骨堂にもさまざま
> な種類があるようですが、それぞれどのような特徴があるのでしょうか。

▶ ▶ ▶ Point
① 　経営主体による違い
② 　外形・納骨方法による違い
③ 　管理・供養システムによる違い

1　お墓の特徴

　お墓には「経営主体による違い」「外形、納骨方法による違い」「管理・供養システムによる違い」があり、それぞれ特徴があります。希望の条件がすべて揃うお墓を探すのは難しいので、優先順位を考えながら比較検討することをおすすめします。

2　経営主体による違い

　一般の墓所、樹木葬、納骨堂問わず、遺骨を永続的に納めることを目的につくられるものは、墓地埋葬法の規定に基づき、都道府県知事の許可が必要です。墓地、霊園の経営については永続性・非営利性が求められるため、株式会社などの営利法人による経営は許可されていません。

　現在販売されている墓地を経営主体別に分けると、都道府県や市区町村などの自治体による「公営墓地」、寺院の境内もしくは隣接する場所にあり、

檀信徒加入契約が必要になる「寺院墓地」、経営主体の名義は宗教法人等であっても石材店や開発業者が開発・販売に携わっている「民間墓地」に大別できます。「公営」に対して「民営」ではなく「民間」と称されるのは、民間業者は経営主体ではなく、あくまで開発・販売に参画している事業者であるという位置づけのためです。

　それぞれの特徴をひとくくりにすることはできませんが、大まかに整理すると次のようになります。

(1)　公営墓地

〔メリット〕

・経営・管理体制が比較的安定している。

・墓地使用料に割安感がある。

・宗教・宗旨・宗派不問。

・自分で石材店を選ぶことができる。

〔注意点〕

・募集数が少なく、募集時期が限られている。

・申込資格に制限がある（遺骨の有無、在住歴など）

・新規販売の区画ではなく、過去に別の墓があった区画が整地され販売されることも多い。

・墓石の形に制限があることもある。

(2)　寺院墓地

〔メリット〕

・日々の勤行によって供養の空間が完成されている。

・都市部では比較的立地の良い場所にある。

・管理が行き届いている。

・管理規約等によらない融通が利くこともある。

〔注意点〕

・宗教・宗旨・宗派が制限されている。

・寺院との相性、住職の人柄などに左右される場合がある。

・石材店を指定されることがある。

・墓地使用規則がなかったり、墓地使用料・管理料などが明確にされていない場合もある。

(3) 民間墓地

〔メリット〕

・販売数が多いので入手しやすい。

・申し込みの資格制限がゆるやかで、条件を気にせず選ぶことができる。

・墓石のデザインの自由度が高いところが多い。

・宗教・宗旨・宗派不問。

〔注意点〕

・墓地使用料・管理料は公営に比べて割高。

・石材店は指定業者制になっている。

・公共の交通機関を利用しにくい場所にあることも多い。

・管理や運営に差がある。

　地方に行くと、田畑の一角、山の一角、自宅の一角などに墓地を目にすることもありますが、これは「墓地埋葬法」が制定される以前（1948年以前）につくられたものです。これらは法律施行以前に使用されている墓地または墓地経営の許可を受けたとみなされる者が経営している墓地で、「みなし墓地」といわれています。みなし墓地については墓石の建替えや区画のリフォームは可能ですが、土地の使用権が複雑だったり、そもそも地目が墓地となっていないこともあり、新規で売り出されるケースはそう多くありません。

③　外形・納骨方法による違い

　お墓を見た目による違いで分類してみましょう。墓石を使用するタイプを一般墓とすると、樹木をシンボルとする墓所を樹木葬墓地といい、屋内にある遺骨の収蔵施設のことを納骨堂といいます。

　墓石の形について、かつては縦長の和型の墓石が主流でしたが、近年建墓される墓の約4割程度は洋型といわれる横長タイプになっています。洋型の墓石には「○○家」といった家名ではなく、「夢」「絆」「愛」「偲」といった文字が刻まれていることも多く、オブジェのようなお洒落な墓石も増えています。

　樹木葬墓地というと、「遺骨が自然に還る」「墓石が不要なので安い」というイメージをもつ人が多いのですが、骨壺を利用して納める場合もありますし、複数人分となると従来の墓石型墓地より割高になってしまうケースもあります。都市型の樹木葬墓地の場合は、墓石やタイル状のプレートをセットで購入しなければいけないところもあったり、そもそも樹木がほとんどない墓地でも樹木葬と称されていることもあり注意が必要です。

　納骨方法は、前述のように陶器等の骨壺に納めるケース、土に還るタイプの骨壺に納めるケース、遺骨をパウダー状にして土に納めるタイプなどさまざまです。承継を前提とするのか、また永代管理・永代供養システムの有無なども墓地によって異なります。

　一般墓と樹木葬の間をとったような外形をしているのが、芝生墓地です。各区画に外柵を造らず、芝生に背の低い墓石を置くシンプルなタイプですが、そこにシンボルツリーが植樹されていると樹木葬墓地と称されることもあります。

　納骨堂は都市部を中心に年々増加しています。納骨堂には納め方や参拝方法により、棚に並べて納める「棚式」、鍵付きのロッカーに納める「ロッカー式」、仏壇と納骨室が一体となった「仏壇式」、屋内に設置した墓石の中に納める「墓石式」、近年急速に増えている「自動搬送式」等があります。

　納骨堂は草むしりや清掃などメンテナンスの必要がなく、セキュリティ完備、立地条件等交通至便な場所に多く、購入費用も墓石を建てるよりリーズナブルです。特にカードをかざすと、遺骨を納めた納骨箱（厨子といわれる）が目の前に出てくる「自動搬送式」納骨堂は、高級感あふれる設備や共用ス

ペースの充実度から注目を集め、近年都市部を中心に急増しています。

4 管理・供養システムによる違い

　近代の日本の墓システムは、「継ぐこと」を前提とする承継墓が主流でしたが、最近はそれを前提としない「永代管理」「永代供養」というシステムが注目されています。「永代」とは、「承継者がいる限り永代にわたり」という意味です。「管理」は字のごとく管理をすることで、「供養」は仏教から派生した言葉なので管理に加えてそこに宗教儀礼が伴うことを意味します。つまり管理者が承継者に代わって管理・供養をするシステムのことで、墓の形やタイプは問いません。墓石を使用する一般的な墓であっても、近年は「期限付き墓地」として販売されているところもあります。このようなタイプは、一定期間を過ぎると遺骨を取り出し別の合葬墓などに移して永代供養されます。

　ご質問のようにご夫婦二人で入るお墓をお考えの場合、墓守がいない状況なら「永代管理」「永代供養」システムのあるお墓を選ぶとよいでしょう。

　ただし、「供養」といってもその定義はまちまちで、何をもって供養とするかは寺院によって異なります。たとえば毎年、個々に法要を行うことを供養とするのか、年に一回の合同法要を供養とするのかでも異なりますので、永代供養墓を購入する際は確認しておくとよいでしょう。

（吉川　美津子）

Q49　異なる宗教の霊園の墓地購入

私は、キリスト教を信仰しています。「過去の宗旨宗派は問いません」
という広告を見て、霊園の墓地を見学しました。その霊園では、霊園を
経営する寺院の信者にならなければならないと聞かされました。墓地は
公共性の強いものなので、このようなことは許されないと思いますが、
いかがでしょうか。

▶ ▶ ▶ Point
① 　墓地の経営母体による違い
② 　寺院の信教の自由との調和

1 　墓地の種類

「墓地」と一口にいっても、現実には、いくつかの形態に分けることがで
きます。たとえば、墓地の経営母体に着目して分類すると、まず、①国や地
方公共団体が経営する「公営墓地」、②それ以外の「民営墓地」に分けられ
ます。そして、民営墓地についてはさらに、ⓐ寺院が経営する「寺院墓地」、
ⓑその他宗教法人や公益法人が経営する「公益法人墓地」とに分けることが
できます。墓地を経営する主体がこれらのうちのどのような団体であるかに
よって、ご質問のような条件を付すことについての可否は異なります。

2 　公営墓地

公営墓地の場合は、宗旨・宗派による制限は一切ありません。経営主体で
ある国や地方公共団体が特定の宗教と結びつくことは、憲法によって禁じら
れています（憲法20条3項）。

したがって、公営墓地について、墓地使用権者を宗旨・宗派により限定することは、憲法上の問題が生じ、許されません。

③ 寺院墓地

これに対し、伝統的な寺院墓地では、その寺院の墓地使用権者になるためには、当該寺院の檀徒となることが必要とされているのが一般的です。

その背景の一つに、歴史的経緯があります。すなわち、江戸時代に、徳川幕府が、キリシタン禁制目的によりすべての者がいずれかの寺院に属するという寺請制度を採用し、宗門人別帳を一種の戸籍制度として用いたことから、寺院では、その寺院に帰依する檀信徒のみが埋葬されてきました。その慣行が今もなお存在しているわけです。

もう一つに、寺院には信教の自由が保障されていることがあります（憲法20条）。墓地の使用を、自寺院の檀信徒のみに限定することは、信教の自由したがってまた寺院の宗教活動の自由に含まれると考えられます。そこで、寺院が自寺院の檀信徒にのみに墓地の使用を認めることについては、法律上何ら問題はありません。ご質問のような条件を付けることは違法ではないのです（Q69も参照してください）。

④ 公益法人墓地

前記③の伝統的な寺院墓地を除いた寺院経営墓地や、その他の公益法人経営墓地（これらの墓地は、「霊園墓地」と呼ばれることが多いようです）では、宗旨・宗派を問わないのが一般的です。

墓地の経営母体が寺院であっても、自宗派以外の者に対し、墓地の使用を認めることもまた信教の自由、したがってまた寺院の宗教活動の自由に含まれるからです。その他の公益法人の場合には、特定の宗教団体が母体ではないからです。

もちろん、このような霊園墓地においても、霊園使用権者を霊園経営主体

の宗旨の信奉者に限るとするものもありますが、墓地購入者を広く募集するという観点から、宗旨・宗派を問わないとする場合が多いように見受けられます。

5　墓地購入後に改宗した場合

　もっとも、当初、ご質問のような条件に同意して墓地を購入し、当該寺院の信者となったものの、その後、他の宗教を信仰するに至り改宗した場合には、前記③の寺院墓地といえども、埋葬自体を拒否することはできません。

　これは、埋葬拒否の「正当理由」の有無という形で争われてきました（墓地埋葬法13条）。墓地使用権者にも信教の自由が保障されていますから、改宗を理由に埋葬を拒否できるとすると、墓地使用権者は当該寺院の宗旨・宗派に拘束され、信仰を変えることができないという大きな制約を受けます。このような場合、裁判例では、寺院の信教の自由よりも墓地使用権者の信教の自由が優先すると考え、寺院は改宗者の埋葬そのものを拒絶できないとしています。また、墓地は、死体を埋葬したり、焼骨を埋蔵する施設であり、公衆衛生にとって不可欠なものですから、その見地からも埋葬拒否は許されないと考えられます。ただし、火葬率が99.9％の現在では、公衆衛生に比重が置かれるべきではないという意見もあります。

　一方、埋葬の際に行う典礼に関しては、裁判例は、反対に、寺院の信教の自由が優先し、墓地使用者が他宗派による典礼を望む場合でも、寺院はこれを拒否することができるとしています（津地裁昭和38年6月21日判決・下民集14巻6号1183頁）。

6　結　論

　以上のとおり、霊園の経営母体が寺院である場合には、墓地購入者に対し「霊園を経営する寺院の信者にならなければならない」という条件を付すことは許されます。そのような条件を承諾して墓地を購入した場合でも、後に

改宗し当該寺院の信者でなくなったとき、そのことだけを理由に埋葬自体を
拒否されることもありません。

　もっとも、ご質問者の場合、まだ霊園墓地を見学したにすぎませんから、
その寺院の信者になる意思がないのであれば、宗旨・宗派を問わない前記2
の公営墓地や4の公益法人墓地を選ぶこともできます。墓地の広告には、
「宗教自由」「宗旨・宗派不問」「当院の檀家になっていただきます」など、
それぞれ記載があります。「宗教」とは、仏教、神道、キリスト教、イスラ
ム教などの分類を指し、「宗旨」とは、一つの宗教の中の分派を意味し、通
常、仏教の中における曹洞宗、臨済宗、天台宗、真言宗、浄土宗などの13宗
を指します。「宗派」とは、教義の解釈の相違により、この宗旨の中でさら
に分かれた分派を意味します。したがって、「宗旨・宗派を問わない」とは、
仏教徒であることが前提とされているともいえます。これらの用語は、それ
ぞれの墓地によって意味するところが異なる場合もありますので、資料を取
り寄せて、十分な説明を受けたうえで、納得のいく墓地を選ぶことをお勧め
します。

（雨宮　真歩）

Q50　墓地・墓石と税金

> わが家には家墓がありませんので、墓を購入しようと思いますが、墓の購入には税金がかかるのでしょうか。また、私が死亡して子供が墓を承継する場合、相続税はかかるのでしょうか。

▶▶▶ Point

① 墓の購入と消費税等

② 墓の管理と消費税等

③ 墓と相続税

1 墓の購入と税金

(1) 墓購入時の税

　一般的に墓を新規に購入する場合、その寺院に納める墓地代（永代使用料）と石材業者に支払う墓石代および工事費が必要になります。

　ここで問題となるのが消費税等です。結論からすると、墓地代（永代使用料）は消費税が非課税となり、墓石代および工事費には10%の消費税等が課税となります。なおここでは「消費税等」という言葉を使っていますが、一般に消費税といわれるものは、国に納める消費税と地方に納める地方消費税から構成されているため、両者を併せて「消費税等」といっています。そして、標準税率は消費税（7.8%）と地方消費税（2.2%）を併せて10%となっています（消費税法29条、地方税法72条の83。ただし、飲食料品等の軽減税率として8%〔消費税6.24%・地方消費税1.76%〕のものもある。所得税法等の一部を改正する法律（平成28年法律第15号）附則34条1項。令和3年3月現在の法律による。以下同様）。

　消費税とは、国内において事業者が行った資産の譲渡等に対して課税するものです（消費税法4条1項）。また「資産の譲渡等」とは、事業として対価を得て行われる資産の譲渡および貸付け並びに役務の提供をいいます（同法2条1項8号）。ただし、①消費税を課税することがなじまないもの、②社会政策的な配慮から課税することが適当でないもの、もあります。そこで消費税法は、このような取引を非課税取引として課税していません。現在この非課税取引は、消費税法において13種類の取引が、限定列挙のかたちで規定されています（同法6条1項・2項、別表1・2）。さらには課税対象外（不課税）取引というものもあります。課税対象外（不課税）取引とは、課税の対象とならない取引のことです。消費税の課税対象は、原則として、資産の譲渡等に該当する取引です。この資産の譲渡等の要件を欠く場合には、課税の対象とならない課税対象外（不課税）取引となるのです。

　(A)　墓地代（永代使用料）

　では、墓地代（永代使用料）の消費税法上の取扱いはどうなるのでしょうか。

　「永代使用料」は、一般的に、永代にわたりその墓地を使用する権利の代金のこととされています。墓地として土地を購入するのではなく、あくまで使用する権利の代金です。つまり寺院からみれば、永代使用料を受領して行う墳墓地の貸付けということになります。消費税法は、「土地（土地の上に存する権利を含む。）の譲渡及び貸付け（一時的に使用させる場合その他の一定の場合を除く。）」を非課税取引と規定します（消費税法6条1項、別表1）。それゆえ墓地代（永代使用料）は、原則として、消費税法において非課税とされるのです。

　(B)　墓石代および工事費

　墓石代および工事費は、消費税の非課税取引として規定されていません。またこの墓石代および工事費は、国内において事業者が行った資産の譲渡等に該当するため課税対象外（不課税）取引にも該当せず、課税対象取引とし

て消費税の課税対象となります。さらにこの墓石代および工事費は、酒類と外食を除く飲食料品、定期購読の新聞ではありませんので8％の軽減税率対象取引には該当しません（前掲平成28年法律第15号附則34条1項）。そのため標準税率（10％）が課されることになります。

(2)　墓の管理と税

墓地代（永代使用料）と墓石代および工事費は、墓の購入時にのみかかる費用です。しかし、その後、墓の「管理費」を継続して支払うことが求められます。この「墓地、霊園の管理料」は、(1)で確認した非課税取引、また課税対象外（不課税）取引のいずれにも該当しません。さらに軽減税率の対象ともなりません。したがって、標準税率（10％）の消費税等が課されることになります。

2　墓の継承と税

(1)　墓と相続税

墓を継承すると税金はかかるのでしょうか。相続税法は非課税財産として、「墓所、霊びよう及び祭具並びにこれらに準ずるもの」と規定します（相続税法12条1項2号）。ですから墓を相続しても相続税はかかりません。これは墓が「祭祀財産」とみなされるためです。「祭祀財産」とは、一般的に神や祖先をお祀りするためのものをいい、民法では具体的に系譜、祭具および墳墓を挙げ、「系譜、祭具及び墳墓の所有権は、前条の規定にかかわらず、慣習に従って祖先の祭祀を主宰すべき者が承継する」と規定します（民法897条1項）。つまり、これらを一般財産とは切り離し、別個に継承されるべき旨を規定するのです。相続税法は、この民法の精神に従い、礼拝の対象となっているといった国民感情等を考慮して、「墓所、霊びよう及び祭具並びにこれらに準ずるもの」を相続税の非課税財産としているのです。

では、「系譜」とはいったい何をいうのでしょうか。一般的に系譜とは、血縁関係、系統関係のつながりをいい、またこれを図式的に記したもので家

系図などがこれにあたります。次に「祭具」とは、祭祀に用いられる道具のことです。最後に「墳墓」ですが、遺体や遺骨などを埋めて供養する墓所のことといわれます。墓石のほか、その敷地となる墓地もこれに含まれます。

なお、相続税法では、「これらに準ずるもの」と規定します。その具体的内容については、「庭内神し、神たな、神体、神具、仏壇、位はい、仏像、仏具、古墳等で日常礼拝の用に供しているもの」がこれに該当するものとして取り扱われています（相続税法基本通達12-2）。また「墓所、霊びょう」についても具体的に、「墓地、墓石及びおたまやのようなもののほか、これらのものの尊厳の維持に要する土地その他の物件をも含むもの」としてその取扱いを定めます（同通達12-1）。

このようにみてくると、相続税法のいう非課税財産と民法とでは、その範囲が異なるようにも読み取れます。しかし相続税法は民法の精神に従い、この非課税財産を定めたことから、その範囲は同じということがいえます。

ただし、「これらに準ずるもの」、すなわち、庭内神し、神たな、神体、神具、仏壇、位はい、仏像、仏具、古墳等で日常礼拝の用に供しているものであっても、商品、骨とう品または投資の対象として所有するものはこれに含まれず、相続税の課税対象となる場合があるので注意が必要です（相続税法基本通達12-2）。

(2)　墓の購入費用に係る借入金

相続税法は、相続税額の計算にあたり、「被相続人の債務で相続開始の際現に存するもの（公租公課を含む。）」を債務控除として、控除することを認めています（相続税法13条1項1号）。

では、生前に墓を金融機関からの借入金により取得し、相続開始の時点でこの借入金に残高がある場合、この借入金残高は債務控除として控除できるのでしょうか。(1)で確認したとおり、墓は相続税の非課税財産でした。このような生前に被相続人が購入した墓の借入金などといった相続税の非課税財産に関する債務は、相続税の計算上、債務として差し引くことができません

（相続税法基本通達13-6）。なお、相続税額の計算において控除が認められる債務は、被相続人の債務で、相続開始時点で現に存するもので確実を認められるものに限ります（同通達14-1）。つまり保証債務などは、原則として控除できません（同通達14-3）。具体的にこの控除できる債務には、借入金や未払金などのほか、死亡した年の所得税など、被相続人が納めるべきであった税金などが該当することになります。

　さらに、この債務控除の規定では、「被相続人に係る葬式費用」も控除の対象としています（相続税法13条1項2号）。しかし、この葬式費用には、墓碑および墓地の買入費並びに墓地の借入料は含まれません（相続税法基本通達13-5）。

（阿部　徳幸）

Q51 墓地管理料の使途についての会計報告

　私は菩提寺に対して、毎年、墓地管理料を支払っていますが、どのように使用されているのか会計報告がありません。これを知る方法はないでしょうか。

▶ ▶ ▶ Point

① 収支計算書の記載事項と閲覧請求権

② 墓地管理料収入台帳の記載事項と閲覧請求権

1 宗教法人の会計書類と閲覧

　宗教法人法は、「宗教法人は、……毎会計年度終了後3月以内に財産目録及び収支計算書を作成しなければならない」旨を定めていますので（宗教法人法25条1項）、これを受けて、各寺院は、その寺院規則において、毎会計年度、決算を行うものと定めています。こうした義務は、法人である以上当然のことです。

　次いで、同法は、宗教法人は、その事務所に、「財産目録及び収支計算書」を備えなければならない旨を定めています（宗教法人法25条2項3号）。

　さらに、同法は、宗教法人は、「信者その他の利害関係人であつて」、財産目録および収支計算書を「閲覧することについて正当な利益があり、かつ、その閲覧の請求が不当な目的によるものでないと認められる者から請求があつたときは、これを閲覧させなければならない」旨を定めています（宗教法人法25条3項）。

　檀信徒が、ここにいう利害関係人であることは明らかであり、かつ自己が納めた墓地管理料がどのように使われているかを調べることには、特段の事

情がない限り、正当な利益と目的があるといえますので、あなたには、墓地管理料の使用状況を知るために、寺院に対して収支計算書の閲覧を請求する権利があります。

2　収支計算書の内容〔図〕

ところが、収支計算書を閲覧しても、墓地管理料の使用内容はわからないのが普通です。

なぜかというと、寺院の収支計算書は、通常、次頁〔図〕のような科目区分になっていて、その収入の部に「墓地管理料収入」という科目はおかれていないからです。

3　墓地管理料の台帳の閲覧

墓地管理料は、特別会計を用いて大きな墓地を経営しているような寺院を除き、一般の寺院では、上記収支計算書の収入科目のうちの「布施収入」として、葬儀料、戒名料、読経料などと一緒に集計されています。墓地管理料については、支払があったかどうかを管理するため、各寺院において「墓地管理料収入台帳」が作成されているでしょうが、檀信徒には財産目録や収支計算書の閲覧請求権があるものの、その他の帳簿閲覧請求権まではありませんので、寺院に対し墓地管理料収入台帳の閲覧を請求することはできません。

したがって、寺院の墓地管理料の収入総額は、自分の支払っている墓地管理料の額と、檀家数もしくは墓地の個数から推測するほかありません。

4　墓地管理料の使途

墓地の管理料がどのように使われているかも、収支計算書からは把握できません。なぜなら、収支計算書の支出の部には、次頁の〔図〕のとおり「墓地管理費」という科目はなく、墓地に関しては、たとえば、墓地周辺の整備費用は「修繕費」として、墓地の清掃のための日当は「人件費」として、墓

〔図〕 収支計算書例

令和○○年度収支計算書
自令和○○年4月1日 至令和○○年3月31日

宗教法人 ○ ○ 寺

収入の部 （単位：円）

科目	予算額	決算額
布 施 収 入		
資 産 収 入		
寄 附 付 入		
雑 収 入		
特 別 繰 入 金		
繰 越 金		
建設寄附収入		
合 計		

令和○○年○月○日 議決
宗教法人 ○ ○寺
代表役員 ㊞
責任役員 ㊞
責任役員 ㊞

収出の部 （単位：円）

科目	予算額	決算額
寺 院 維 持 費		
公 租 公 課		
宗 派 課 金		
諸 会 費		
修 繕 費		
保 険 料		
寺 院 運 営 費		
会 議 費		
法 要 費		
教 化 費		
接 待 費		
事 務 費		
什 器 備 品 費		
管 理 費		
徒 弟 養 成 費		
雑 費		
人 件 費		
給 与		
社 会 保 険 料		
積 立 金		
建 築 費		
予 備 費		
剰 余 金		
合 計		

地使用権者への連絡費用は「事務費」としてそれぞれ支出されていますので、檀信徒から受け入れた墓地管理料の支出総額や明細は、これも各種帳簿を詳細に閲覧しない限り把握できません。

　結局は、墓地管理料の増額などの機会に、住職に質問して大略を知るよりほかないと思います。

（雨宮　眞也）

Q52　永代使用権の更新

先日、お寺から、「三十三回忌がきたので、今年 4 月 1 日で永代使用期間が切れる」という通知がきました。更新するか、終了するかを決めるようにとのことです。永代というのに、このようなことがあるのでしょうか。

▶ ▶ ▶ Point

① 墓地購入の法的性質

② 永代使用と永代供養の違い

1　「墓地を買う」とは

　私たちは、日常的に「お墓を買う」とか、「墓地を購入する」という言い方をします。電話で「お墓をお買いになりませんか」などと勧誘を受けたり、チラシに「墓地売り出し中」といった記載をご覧になることがあると思います。

　「永代使用」の意味を理解する前提として、そもそも、「お墓を買う」とは法律上どのような意味をもつのでしょうか。

(1)　お墓とは

　お墓に関する事柄を規律する法律である墓地埋葬法には、「墓」という漠然とした概念はなく、「墳墓」「墓地」「納骨堂」と分けて、それぞれ定義規定がおかれています。すなわち、墳墓とは、死体を埋葬し、または焼骨を埋蔵する施設（墓石や納骨室（カロート）、花立など）であり、墓地とは、墳墓を設けるために、墓地として都道府県知事等の許可を受けた区域をいい、納骨堂とは、他人の委託を受けて焼骨を収蔵するために、納骨堂として都道府

県知事の許可を受けた施設を指します（墓地埋葬法2条4項〜6項）。

　日常用語である「お墓」からイメージするものは、人それぞれ違いがあるかとは思いますが、お墓を買うといった場合、その対象は、通常、「墓地内の一定の区域・区画」（専用使用部分）を意味します。永代使用という言葉は、一般的には、「墓地」について使われますが、「納骨堂」についても永代使用という形式をとる霊園もあります。

⑵　「買う」とは

　「買う」という言葉は、通常、その目的物の所有権を取得することを意味します。しかし、お墓の場合には、「指定された区域・区画について、墳墓を設けるために排他的、永続的に使用する権利（墓地使用権）を取得すること」を意味するだけであって、決して、その区域・区画の所有権を取得することではありません。所有権はあくまでも、霊園・寺院側に残ります。

② 永代使用とは

　「永代使用」という言葉は法律上の用語ではなく、祭祀承継者がいる限り期限を定めずに代々承継して使用できるという墓地の一般的な使用権を示す意味で使われているにすぎません。したがって、すべての墓地使用権は永代使用権であるともいえます。

　しかし、永代使用権であることと、更新手続が必要であるかどうか、更新料を支払う義務があるかどうかは、別問題です。墓地をめぐる法律関係は、各地の慣習によるところが大きく、一概に論じることはできません。

　伝統的な寺院墓地における墓地使用権は、通常、更新という概念もなく、更新料の支払を要しないことが多いでしょう。その代わりに、諸法要の際に相当のお布施を納めなければなりませんし、護持会会費や本堂改修費用等を寄付する必要もあるでしょう。

　これに対し、霊園墓地においては、永代といっても長期というほどの意味しかもたないのが通常であるといえるでしょう。最初に一時金として永代使

用料を支払って墓地使用権を購入し、その後定期的に定額の「管理料」を払い続け、墓地購入契約により定められた一定時期がくるたびに更新することによって、使用権を承継し続けることができるというものです。したがって、永代使用の具体的な期間・内容については、霊園との契約に定められた内容によって決まります。長い年月をかけて承継されていく途中で、承継者がいなくなることもありますし、別の埋葬方法を選択することも十分に想定されます。そこで、実際には、三十三回忌までなどの有期契約（有期使用権）とし、期間満了時に契約更新といった方法をとることが多いようです。このような有期使用権は、使用者にとっては、契約時に支払う使用料を軽減できますし、霊園にとっては、更新がない場合の土地の再利用が可能となるなど、双方にメリットがあります。そこで、このように、永代といっても「長期」という程度の意味しかもたない場合があり得るのです。もっとも、近年、「永代」という概念が明確でなく、誤解を招くことから、単に「使用権」という言葉を使う霊園もあります。

　なお、墓地使用権は墓地管理規則等に規定がある場合はもちろんのこと、規定がない場合であっても、永代と称するか否かにかかわらず、第三者に転貸したり、売却することはできません。なぜなら、墓地使用権は、使用権者に対し、その親族等の遺骨を埋葬し死者の霊を弔うために設定されるもので、当事者が転貸や売却を予定していない権利だからです。また、途中で、墓地を移転したいとか、不要になった等の理由で解約しても、墓地購入代金や永代使用料の払戻しを受けることはできません。祭祀承継人がいなくなり、無縁墓地（墓地埋葬法施行規則３条）となれば、墓地使用権は消滅すると考えられます。

３　永代供養とは

　「永代使用」と似た言葉に、「永代供養」があります。永代供養は、少子化や未婚者の増加、子供のいない夫婦や子供がお墓の承継を望まない場合など、

お墓の面倒をみてくれる人がいない場合に、お寺などが代わりに管理・供養してくれるものです。この場合にも、三十三回忌などを契機に合祀墓へ合祀する霊園もあるようですが、供養自体は継続して行ってくれますので、「永代」という言葉の本来的意味に近いかもしれません。

4　結　論

　ご質問のケースにつきましては、まず、寺院の慣習や、霊園との間で交わした墓地使用に関する契約書や関連する書類を確認してください。「永代使用」の具体的内容は、各霊園・寺院との契約内容や慣習によって決まるからです。実際には、祭祀承継者の不在等を考慮して、三十三回忌までなどの有期契約とし、期間満了時に契約更新という方法がとられることも多いようですが、寺院墓地では慣習によるところが大きいようです。有期の墓地使用契約であれば、たとえ「永代」という名称が付けられていても、契約に定められた期限が来れば終了し、あとは更新するかどうかの問題となります。あなたが更新を希望するのであれば、寺院・霊園は正当な事由がない限り、更新を拒絶することはできません。紛争の予防のためには、「墓地使用規則」などのルールを定め、使用者に墓地の使用方法等を理解してもらうとよいでしょう（Q59参照）。

（雨宮　真歩）

Q53　霊園管理料の値上げ

　霊園から管理料値上げの通知がきました。比較的最近に値上げがあったばかりなのに、また値上げとは納得できません。管理料は霊園の都合で勝手に値上げできるものでしょうか。

▶▶▶ Point
① 管理料値上げ条項に基づく相当額までの値上げ
② 事情変更の法理による管理料の値上げ

1　霊園管理料の定め

　霊園管理料は、名前のとおり、霊園の環境保全、整備、管理等に要する費用であり、通常、霊園使用者から、その支払が行われています。

　具体的には、霊園の使用規則や管理規則の中に、「使用者は毎年いくらいくらの管理料を納入しなければならない」旨の定めがあり、これを承諾して霊園を購入することにより成立する管理契約に基づき、管理料が支払われることになります。

2　管理料の値上げ条項がある場合

　霊園使用規則の中には、「物価の上昇その他経済事情の変動等により、管理料の額が不相当になったときには、これを改定することができる」との条項が設けられていることも少なくありません。その旨の条項がある場合には、霊園使用者として相当額までの管理料の改定に応じる義務があります。しかし、そのことは、霊園側からの値上げ要請額を無条件で承諾しなければならないことを意味するものでないこともちろんです。管理料の額が不相当にな

ったといえるか、いくらに改定することが相当なのかについて、霊園側に説明を求め、納得のいくところで合意するのが望ましいでしょう。どうしても合意に達しなければ、裁判所における調停や訴訟により、増額の当否を決めてもらうことになります。しかし、裁判に勝訴しても費用倒れになることが多いでしょうし、霊園との間で裁判をすることはあまりお勧めできることでもありませんから、それ以前に話合いによって解決することをお勧めします。

3　管理料の値上げ条項がない場合

　霊園使用規則の中に、上記のような管理料改定についての条項がない場合には、管理料の値上げが一切許されないかというとそうではありません。常識的に考えても、たとえば、諸物価が高騰し続けた場合に、改定条項がないからといって使用料が永久に不変であるというのは不合理であることは明らかです。そこで法律の世界には、「事情変更の法理」という理論があります。
　これは、「契約は、双方が慎重に協議検討のうえ締結されるものであるから、その一方的変更をみだりに許すべきではないが、契約締結当時予想できなかったような大きな事情の変更があり、契約をそのまま存続させることがかえって公平・正義に反すると考えられるような場合には、契約の変更ないし解除を認めるべきである」という法理です。この法理は、借地借家法に採り入れられ、物価の変動に応じた地代家賃の改定が認められていることは、広く知られているところです。ただし、一定期間改定をしないという特約があるとか、比較的最近改定したばかりであるというような場合には、裁判所は、法的安定性維持の立場から事情変更の法理に基づく改定を認めないことがあります。

4　結　論

　結論としては、無条件で霊園管理料の値上げ請求に応じる必要はありませんが、上記のような観点から値上げ請求の合理性の有無を判断し、合理性の

ある範囲でこれに応じるという姿勢で弾力的に霊園側と話し合うことをお勧めします。

　なお、物価が低下したときには、逆に、同じ法理によって管理料の値下げを申し入れることも可能です。

5　寺院墓地の場合

　寺院墓地の場合も、墓地管理料の値上げについては、以上に述べたところと同様に考えることができます。

（雨宮　眞也）

Q54　管理料における管理の内容

毎年管理料を支払っているのに、私の墓所内はいつも草が生えています。お参りするたびに草取りをしなければなりません。私も年老いてきて草取りするのもつらくなりました。これは、管理不行届きではありませんか。

▶ ▶ ▶ Point
① 管理料の法的性質（一般論）
② 個々の契約における管理料規定の内容

1　管理料の発生根拠

(1)　概　説

墓地の管理料とは、墓地内の共同使用部分や共益施設などの維持保全、清掃、環境の整備、事務などに要する管理費について、墓地使用契約に基づいて、墓地使用者が墓地管理者に対して定期的に支払う金員を意味します。

管理料と一口にいってもその内容は各墓地使用契約ごとに異なりますので、ここでは、最も平易な例を用いて説明します。

(2)　条例および規則の規定

地方公共団体が経営する公営墓地の場合、条例および規則において「条例の定める額の範囲内において、規則の定める額の管理料を徴収する」と定められていることが通常です。

公益法人が経営する事業墓地（いわゆる霊園墓地）の場合、墓地使用規則において「使用者は、別に定める管理料を所定の時期に納入する」と定められていることが通常です。

寺院が経営する民営墓地の場合、墓地使用規則において「墓地使用者は、当寺の檀徒として墓地を使用でき」、「毎年、当寺が定めるところによる管理料を納入する」と定められていることが通常です。

墓地の使用者は、これらの定めに従って、管理料を支払う義務を負っているのです。

2　管理料の内容

(1)　問題の所在

以上のように、条例や規則において管理料について定められているのが通常ですが、その使途（内容）については、必ずしも明確にされていないようです。

そこで、ご質問のように、「自分が使用している墓所区画内の清掃や除草」をすることが管理料の内容に含まれるのかが問題となります。

(2)　墓地管理料の使途

墓地管理料は、園内通路や植栽、水場や休憩所などの各種設備や施設の維持管理の費用に充てられています。したがって、これらの費用と、埋葬や改葬、分骨等に伴う事務処理のための人件費などを基礎にして、墓地管理料の具体的な金額が算定されているというのが実情です。

すなわち、墓地管理料を支払うということは、墓地使用者の共用部分や共益施設について発生する「共益的費用」を分担することを意味します。

ここで気をつけなければならないことは、墓地を使用することの対価ではなく、あくまで永続継続して墓地使用するという用益的な関係において定期的に支払うべき金員であるという点です。

3　結　論

以上の説明に基づきますと、まず、管理料には、「自分が使用している墓所区画内の清掃や除草をするための費用」は含まれません。

　上記2のような管理料の性質に照らせば、墓地管理料とは、あくまで墓地「全体」を管理するために求められる負担であって、個々の墓所区画内の管理をするために求められているものではないからです。

　したがって、ご自身が使用している墓所区画内の清掃や除草がされていないことをもって、管理不行届きであると主張することは難しいように思われます。仮に使用する墓所の面積を基に管理料を計算する方法をとっていたとしても、個々の区画の管理を前提としているとは必ずしもいえないでしょう。

　冒頭で説明したとおり、あくまでこれは一般論です。規則において、「墓地管理料には、個々の区画の清掃や除草の費用を含める」というような規定が存在する場合には、当然、管理不行届きと主張することも可能となってくるでしょう。

（秋山　経生）

Q55　管理料と消費税

> 今年から管理料に消費税を上乗せした請求書が届きました。管理料に消費税はかかるのでしょうか。

▶ ▶ ▶ Point
① 墓地管理料の対価的性質
② 消費税対象取引の収入総額

1　消費税概論

　消費税とは、広義では、商品・製品の販売やサービスの提供などの消費に対して課される税金をいいます。狭義では、消費税法の定める消費税（標準税率7.8％、軽減税率6.24％）と地方税法の定める地方消費税（標準税率2.2％、軽減税率1.76％）の総称をいいます（税率は令和3年7月1日現在）。

2　墓地管理費と消費税

(1)　消費税該当性

　墓地の管理料とは、Q54で説明したとおり、墓地内の共同使用部分や共益施設などの維持保全、清掃、環境の整備、事務などに要する管理費について、墓地使用契約に基づいて、墓地使用者が墓地管理者に対して定期的に支払う金員を意味します。

　そうすると、このような墓地の管理自体は、上に示した消費税の定義（のうち）の「サービスの提供」に該当することになります。問題は、管理料を支払うことが、同定義（のうち）の「消費」に該当するといえるのか、すなわち、管理料がサービスの対価として支払われていると評価できるかという

点にあります。

(2) 墓地管理業務の性質と対価性

墓地管理料がサービスの対価であるかという点について、墓地の管理業務の性質をどのように考えるかによって結論が異なってきます。

(A) 墓地使用者の利益を重視する立場

墓地の管理とは、墓地管理者が、墓地使用者に対し、墓所の良好な環境の継続および墓地を使用をする際の便益を提供するために行うものであるという考え方があります。

この見解に立てば、墓地使用者は、管理によって得られる利益に対して墓地管理費を支払っていることになり、対価関係が認められ、消費税の課税対象となります。

(B) 管理者の円滑な運営を重視する立場

これに対して、墓地全体の維持管理を図り、その利便性・快適性を向上させ、もって墓地経営者が事業を円滑に運営するために墓地の管理が行われているのである、という考え方があります。

この見解に立てば、墓地使用者に利益がないため、対価を観念することができませんから、消費税の課税対象にはなりません。

(3) 国税不服審判所の判断

(A) 消費税における対価性が争われた事例

墓地管理料に消費税が課税されたことを不服として、対価性がないことを理由に審判を求めた事例（札裁（諸）平成20年第17号、TAmaster 328号34〜35頁）において、審判所は上記(2)(A)とほぼ同様の見解に立ちました。

すなわち、墓地管理料は使用者の利益の対価として支払われるものであり、消費税を課税することは不当ではないと判断しました。

(B) 法人税における収益事業性が争われた事例

墓地管理が、請負業に該当するとして法人税が課されたことを不服として、これらに該当しないとして審判を求めた事例（平成14年2月28日非公開裁決、

税理2004年8月号90〜93頁）において、審判所は上記(2)(B)とほぼ同様の見解に立ちました。

　具体的には、まず、収益事業の解釈として、公益法人が営む収益事業の範囲をむやみに拡大すべきではないないとしました。

　そのうえで、前記(1)(B)の立場、すなわち管理者の円滑な運営のために墓地管理が行われることを前提に、「管理者のために墓地を管理することは、使用者からの注文・指図という要素がなく、請負にあたらない」として、収益事業該当性を否定しました。

3 まとめ

　このように審決の見解は分かれているため、実務上は、リスクを回避するために、前記②(2)(A)の見解によって処理される可能性を考慮し、管理費に消費税をかける墓地経営者が多いと考えられます。

　消費税法においては、非課税とする取引が列挙して規定されていますが、その中に「墓地管理料」があげられていないこともあり、墓地管理料に消費税が課されることはやむを得ないと考えなければいけないでしょう。ただし、1000万円を超える管理料（その他の消費税対象取引による）収入（課税売上高）がある法人に限られます（消費税法9条）。

　なお、墓地の永代使用料には消費税は課税されません。永代使用料とは、墓地の存する土地を借りるために支払われる金員であり、このような土地の貸付けは「商品・製品の販売やサービスの提供などの消費」に該当しないため、その対価である永代使用料にも課税されないのです。

（秋山　経生）

Q56　墓石建立条件付墓地とその条件に違反した場合

霊園側より、墓地を買ったら1年以内に外柵をつくってほしいと言われました。まだ私には納骨すべき遺骨がないので、更地のままにしておきたいのですが、外柵をつくらなければなりませんか。

▶ ▶ ▶ Point
① 墓地使用規則の確認
② 工事施行実施期間の定めに違反した場合の効果

1 まずは墓地使用規則の確認を

霊園側から、墓地購入後1年以内に外柵をつくってほしいと言われているとのことですが、まずは墓地使用規則の内容の確認をしてみてください。もし、1年以内に外柵を作る旨の規定がなければ、それは契約の内容となっていませんので、あなたには墓地購入後1年以内に外柵をつくる義務はありません。そこで、1年以内に外柵をつくる旨の規定があった場合について、以下説明します。

2 工事施行実施期間の趣旨

公営・民営を問わず、多くの墓地では、墓地使用規則（公営墓地の場合は、墓地使用条例）において、「墓地使用権取得後、○年以内に外柵工事、または建墓をしなくてはならない」といった墓所区画内の工事施行実施期間の制約を定めています。なぜ、このような工事施行実施期間が定められているのでしょうか。理由は大きく二つあると考えられます。一つは、墓地の景観の保持という理由、もう一つは、恒久性のある石材などで外柵を設けておかない

と、区画の境界が曖昧になってしまうという理由です。

　そして、墓地使用規則に「墓地購入後、外柵を１年以内に設ける」旨の工事施工実施期間の定めがあった場合、それはご質問者と霊園側との間の墓地使用契約の内容となっているため、ご質問者には、墓地購入後１年以内に墓地区画に外柵を設置する義務があります。なお、墓地使用規則において工事施工実施期間の定めがある場合、工事施工時・施行後に霊園管理者に届出をする旨の定めがあることが通例ですから、届出を忘れないようにしてください。

３　工事施工実施期間の定めに違反したらどうなるか

　ご質問者が、墓地使用規則の工事施工実施期間の定めに反して、墓地購入後１年以内に墓地に外柵を設けなかった場合はどうなるでしょうか。

　公営墓地の場合は、条例の定める許可条件に違反したとして、墓地使用権の取消しがなされる可能性があります。民営墓地の場合は、契約違反だとして、解除がなされる可能性があります。

　もっとも、墓地使用権は、一般に慣習法上の物権であるとされることが多く（岡山地裁津山支部昭和44年２月13日判決・判時567号72頁、東京地裁平成２年７月18日判決・判タ756号217頁等）、強固な権利です。また、墓地使用権は、単なる私権ではなく、宗教的感情や公衆衛生上の見地も加味された（墓地埋葬法１条参照）権利であるといえます。したがって、墓地使用権の取消しもしくは墓地使用契約の解除をめぐって争いが裁判所に持ち込まれた場合、工事施工実施期間の定めが合理的か否か、解除の必要性・相当性があるか等、解除の有効性が厳格に判断されることになるでしょう。とはいえ、墓地使用規則に工事施工実施期間の定めがあった場合は、その内容がよほど不合理ではない限り、墓地使用規則の定めに従って工事をすべきでしょう。

（本間　久雄）

Q57 指定石材店制度と他の墓石業者の選択

　親戚に石屋がいますので、この者に依頼して墓石を建立しようとしました。ところが、霊園には出入りの石屋がいて、その人に頼まなければいけないとのことです。私が注文するのだから私の自由ではないのでしょうか。

▶▶▶ Point
① 墓地使用規則の確認
② 指定石材店制度と独占禁止法

1 まずは墓地使用規則の確認を

　まず、ご質問者の霊園の墓地使用規則（霊園使用規則）を見直してみてください。墓地使用規則に「墓石の購入・墓石の建立工事は指定石材店を用いて行わなければならない」という趣旨の項目は入っているでしょうか。

　墓地使用規則にその旨の項目が入っていなければ、墓石工事に指定石材店を用いることは、ご質問者と霊園との間の墓地使用契約の内容となっていないので、霊園から霊園の出入りの石屋に墓石工事を頼むよういわれても、ご質問者には霊園の出入りの石屋に墓石工事を頼む義務はありません（もっとも、ご質問者と霊園との今後の関係を考えたとき、霊園の要望を断ることは事実上困難かもしれません）。

　墓地使用規則にその旨の項目が入っていたときは、ご質問者と霊園との間の墓地使用契約の内容となっているため、ご質問者は、墓石の建立に際して、霊園の指定石材店を用いる義務があります。

② 指定石材店制度と独占禁止法との関係

　独占禁止法19条は、事業者が、不公正な取引方法を用いることを禁じています。どのような行為が不公正な取引方法にあたるかについて、公正取引委員会は、告示を出しています（「不公正な取引方法」（昭和57年6月18日公正取引委員会告示第15号））。その10項には「抱き合わせ販売等」という項目があり、「相手方に対し、不当に、商品又は役務の供給に併せて他の商品又は役務を自己又は自己の指定する事業者から購入させ、その他自己の指定する事業者と取引するように強制すること」が不公正な取引方法にあたるとしています。

　指定石材店制度の場合、墓所の使用権の設定と墓所に設置する墓石の購入、墓地建立工事、墓地のメンテナンスを一体化させたような制度ですから、前述の「抱き合わせ販売等」に該当するのではないかとの指摘がなされています。しかし、墓石の購入や墓石建立工事はそれのみを取り出せば、一時的な取引ですが、霊園の管理運営は、永続性が求められ、長期的な保守・管理が必要となるため、その霊園の管理運営について事情をよくわきまえ、経営基盤がしっかりした石材業者を指定石材店とする必要性が高いという特殊性があります。

　このようなことから、指定石材店制度は制度として許容され、「抱き合わせ販売等」に該当しないとされています。

③ 現実的な対応

　このように、墓地使用規則に指定石材店制度が規定されていた場合、ご質問者は、墓地使用契約上、霊園が指定した石材店を墓石の建立の際に用いる義務があります。しかし、契約内容はお互いの合意によって変更することができます。まずは、霊園に、「親戚の石屋で墓石をぜひとも建立したい」とあなたの希望を正直に直接伝えてみたらいかがでしょうか。指定石材店以外

の石材店でも、将来のお墓の管理やメンテナンスをきちんと行うことを伝えれば、工事を許可してもらえたり、指定石材店の名義を借りて工事をさせてもらえたりする例があるようです。もっとも、その場合、いくばくかの御礼を支払うことが必要なことが多いようです。

　霊園が、ご質問者の希望を聞き入れず、指定石材店以外の石材店を使うことを許可しなかった場合、ご質問者は指定石材店に墓石の建立を頼むしかありません。もし、ご質問者が指定石材店に頼まず、親戚の石材店で墓石を建立した場合、霊園は、ご質問者との間の墓地使用契約を解除してくるなど、ご質問者と霊園との間でトラブルが発生することは必至ですので、親戚の石材店に頼んで墓石の建立を強行することはやめたほうがよいでしょう。

　霊園が指定石材店以外の石材店の利用を認めなかったにもかかわらず、どうしても親戚の石材店に墓石の建立を頼みたいならば、他の霊園に移るしかないと思われます。その際、その霊園に指定石材店制度があるかないかを事前に必ず確認をとってください。なお、墓地区画を返還するにあたって、永代使用料はほとんど戻ってこない可能性があります（京都地裁平成19年6月29日判決・裁判所ウェブサイト参照）ので、中途解約の場合の永代使用料の扱いについて墓地使用規則をもう一度よく確認してください（なお、この点について、Q60参照してください）。

（本間　久雄）

Q58　墓石業者との契約と墓地使用規則

　石屋に高さ3mの竿石（さおいし）を注文したら、石屋に「そんなに大きい石は
だめだ」と言われました。危険だからというわけではなく、この霊園は
2mまでのものしかだめだということです。また、木を植えようとし
たらこれもだめ。このようなことは許されますか。

▶▶▶ Point

① 霊園墓地の使用契約

② 霊園の共同使用関係

1 墓地使用規則

　墓地の経営管理は、墓地埋葬法10条1項により、都道府県知事（市または
特別区にあっては市長または区長）の経営許可を得た者でなければ行うことが
できません。霊園事業は、その許可権者である都道府県知事（市長または区
長）の監督を受ける公益的事業であり、事業を行うにあたっては必ず墓地の
管理者を任命することになっており、その管理者が、墓地の使用内容を墓地
使用規則といった名称の約款を定めています。

　霊園は、不特定多数の利用者を予定しており、墓地の管理上、このような
規則をもって一定の規制をすることで、公益事業を行う者としての責任をも
った管理を行えるように体制を整えているのです。

　墓地は、遺骨を埋蔵して追善するための施設であり、参詣者が読経し、線
香・供花を手向けるなどの使用以外には使用できませんし、使用者が、当該
墓地の使用権を自由に他人に転貸・譲渡することもできません。のみならず、
他の墓地使用者にとっても迷惑を及ぼすわけにもいきません。樹木の繁茂や

豪雪台風などによる倒壊・折損被害の防止については、そもそも使用者自身が注意しなければなりませんが、仮にそれらの問題が実際に発生し、他の使用者の墓地区域内に被害が及んだ場合には、本来的には使用者同士で解決する問題ではあるものの、霊園管理者としても何らかの責任追及をされかねません。

したがって、霊園の管理においては、各墓地の区画使用について、一定の行為制限が必要であり、その対策が墓地使用規則などの約款によって定められているのです。

墓地使用規則においては、墓石の高さの制限や樹木の植栽の禁止などの条項が設けられていることがあります。

墓地が高い樹木で覆われてしまうと、土地柄によっては、開放感が損なわれたり、浮浪者に不法占拠されたり、犯罪者に悪用されたりすることの危険性が増してしまいます。そのために墓石の高さや樹木の植栽禁止策がとられるのです。

また、墓参者の安全や霊園としての尊厳保持などのため、あるいは外観上の美観保持の問題もあります。

このように、さまざまな理由を背景として使用者の行為の制限が定められているわけです。

多人数が共同で使用する墓地は、多くの墓地来訪者の使用に供されるものであり、各使用者は必ずしも同じ宗教・宗派に属していないことが一般的ですから、霊園の管理者としては、できるだけ少ない労力で管理することが大事となりますし、墓地経営に対しては行政が監督しているという面もあるため、一定の規制がされていることは不合理なものとはいえないでしょう。

したがって、ご質問の場合、墓地使用規則に墓石の高さについての制限や植栽の禁止が定められているのであれば、使用者はその内容に従わなければならないということになります。

墓地使用規則によっては、この規制に違反した場合には契約が解除される

 こともあり得ますので、その点はよく確認する必要があるでしょう。

2 墓石業者との契約

　霊園の管理にあたっては、規模にもよりますが、石材店が窓口となることがあります。これは、霊園の開発にあたって宗教法人と石材店が共同で行い、霊園の経営主体は宗教法人であるものの、管理や販売に関しては石材業者に委託している場合があるからです。

　このような場合には、墓石の建立等にあたっては、指定された石材店に注文しなければならないという趣旨の項目が墓地使用規則に定められていることが多くみられます。

　霊園開発を共同で行っていない場合であっても指定石材店制度が設けられているところもあります。指定石材店制度についてはQ57を参照してください。

　いずれにせよ、霊園の経営者である宗教法人ではなく、管理や販売を任された石材業者が窓口となる場合においても、石材業者は墓地使用規則の定めに従って管理や販売をすることになります。

　ご質問のケースにおいても、石材業者は、自身の都合で墓石の高さや植栽について意見を述べているのではなく、墓地使用規則に基づいて対応していると思われます。

（秋山　経生）

Q59　墓地使用の約款

> 　墓地使用規則をみると、霊園の都合によって、必要があれば墓所を移動させることがある旨の規定がありました。いったん納骨した遺骨を霊園の都合で改葬して移動させることは許されるのですか。

▶ ▶ ▶ Point
① 　墓地使用規則の法的拘束力──約款
② 　墓所移動規定の法的拘束力
③ 　改葬手続

1　墓地使用規則の法的拘束力──約款

　墓地提供者である霊園と墓地使用者との間における法律関係は、慣習や「黙示の合意」によって規律されている場合もありますが、近年では、墓地使用規則によって規律されていることが多いです。墓地使用規則の名称・内容は霊園によってさまざまであるものの、墓地使用規則では、主として墓地の使用目的、使用者の宗派に関する事項、墓地の使用権、管理料、契約の解除等に関する事項が定められます。

　墓地使用規則は、多数取引のためにあらかじめ事業者側で定型化した契約条件である「約款」の性質を有するため、「約款」である墓地使用規則の内容は霊園と墓地使用者との間の墓地使用契約の内容を構成します。厚生省生活衛生局長「墓地経営・管理の指針等について」（平成12年12月6日生衛発第1764号）も、墓地使用規則が「約款」の性質を有することを前提として「墓地使用に関する標準契約約款」を提示しています。

　ここで約款に関しては、令和2年4月1日に施行された改正民法（債権

法）により「定型約款」という概念が創設されました。①ある特定の者が不特定多数の者を相手方として行う取引であって、②その内容の全部または一部が画一的であることがその双方にとって合理的なものが「定型取引」と定義されており、③定型取引において、契約の内容とすることを目的としてその特定の者により準備された条項の総体が「定型約款」と定義されています（民法548条の2第1項）。改正民法では「定型約款」に関する三つの条文（同法548条の2〜548条の4）が新設されており、墓地使用規則が「定型約款」に該当すれば改正民法の規律に従うことになります。旧法下で締結された契約についても定型約款の規定は原則として適用されますので（民法の一部を改正する法律（平成29年法律第44号）附則33条1項）、民法改正前の古い墓地使用規則であっても定型約款に該当する可能性があります。

　改正民法で「定型約款」の概念が導入されたことにより、約款ではない単なる契約／定型約款ではない約款／定型約款という三層の法的規律構造が現れることになり、墓地使用規則がいかなる根拠において法的拘束力を有するかを確認する必要があります。

　第1に、墓地使用規則が「定型約款」に該当する場合、霊園は一定の条件の下でみなし合意を主張でき（民法548条の2第1項）、不当条項に関する内容規制が働くこと（同条2項）、定型約款の内容の表示義務が発生すること（同法548条の3）、相手方の同意なく一方的に定型約款の内容を変更しうること（同法548条の4）という各効果が発生します。

　第2に、仮に墓地使用規則が「定型約款」に該当しない場合でも、霊園は民法改正前のとおり、一般的な約款法理に基づく墓地使用規則の法的拘束力を主張できます。

　第3に、墓地使用規則の制定・管理・運用等の具体的状況に照らして墓地使用規則が定型約款および約款ではないとされた場合には、当事者間の明示または黙示の合意の限度で墓地使用契約の拘束力があることになります。墓地使用規則の個別規定をみると、墓地使用者として通常果たすべき義務に関

するものも多く、このような規定は明示または黙示による合意が認められる可能性があります。ただし実務上は約款に該当しないことを理由にして墓地使用規則の法的拘束力を否定した例は見当たりません（以上の一般論につき、大島義則「墓地・納骨堂使用規則と約款論：債権法改正を踏まえて」宗教法39号29頁（2020年）参照）。

　以上を踏まえると、一般論として、墓地使用規則は法的拘束力を有し、霊園と墓地使用者との間における墓地使用契約の内容を構成していることが多い、といえるでしょう。

2　墓所移動規定の法的拘束力

(1)　墓所移動規定の解釈

　たとえば、墓地使用規則に契約の終了後「元使用者等が前項に定める義務を履行しない場合において、契約終了後○年経過した場合には、経営者は、墓石等を墓地内の所定の場所に移動し、及び法令の規定による改葬手続を経て埋蔵された焼骨を墓地内の合葬墓又は納骨堂に移すことができる」と定める例（前記墓地使用に関する標準契約約款10条3項）や「管理者が墓地につき、公用収用のため、または墓域整備その他の必要のため、使用者に対して相応の代替地等を用意して改葬を求めたときは、使用者はこれを拒んではならない」と定める例（日蓮宗現代宗教研究所「墓地使用約款作成の経緯」現代宗教研究51号（2017年）登載の墓地管理使用規程10条）があります。もっとも、ご質問のように「霊園の都合によって、必要があれば墓所を移動させることがある旨の規定」（以下、「本件墓所移動規定」という）という抽象的な霊園都合での一方的移動を墓地使用規則に定める例はあまり多くはないと思われます。

　このような広範な霊園都合での本件墓所移動規定であっても、当事者間における合意等により法的拘束力を説明できる場合はありますが、「霊園の都合」という意味内容がいかなる事態を指すのかについては必ずしも明らかではありません。公営型墓地に関してですが、地方公共団体の長が使用区画の

変更を求めうる要件として「管理、事業執行上の必要性」を定めている場合
でも、「当該区画の使用継続が、墓地全体の管理上重大な支障が生じるなど
墓地の固定性を犠牲にするのもやむを得ない事情がある場合で、かつ、使用
者側にとっても従前の使用区画における使用環境と比較し、新たな使用区画
が実質上不利益にならない場合」に例外的に使用者の承諾を不要とする見解
も存在します（茨城県弁護士会編『墓地の法律と実務』202頁）。この見解を参
考にすると、仮に「霊園の都合」を要件とする本件墓所移動規定が存在する
場合でも、「霊園の都合」の内容が制限的に解釈され、墓地管理上の支障や
墓地使用者側の実質的不利益の不存在・軽微性などが必要とされる可能性も
あります。

　よって、ご質問の事例では、たとえば、墓域整備等の墓地管理者側の必要
性があり、使用者に対して相応の代替地等を用意して改葬を求めたときは
「霊園の都合」による墓所の移動が可能であり、墓地使用者もこれに応じる
民事上の義務があると解釈される可能性があります。

　やや事案は異なりますが、東京地裁平成21年10月20日判決・判時2067号55
頁は、墓地区画整理事業に関して宗教法人法に則した機関決定により墓地使
用者の協力義務を導き、墓地使用者の墳墓移転・改葬承諾義務等を認めてい
ます（同事件控訴審としてやや理由づけは異なりますが東京高裁平成22年5月27
日判決（判例集未登載））。これに対して、東京地裁平成28年9月21日判決・
判例秘書は、寺院による改葬承諾請求に関して「本件遺骨が祭祀財産として
原告の所有に属しており、かつ、本件設定契約において改葬に係る合意事項
があるとは認められない以上、被告寺院が、原告の意思に反し、改葬の承諾
を求めることができると解する根拠がなく、改葬の承諾請求は認められな
い」としています。墓地使用者に民事上の改葬承諾義務があるといえるか否
かを、事案に応じて判断していく必要があるでしょう。

(2)　損害賠償責任、解除

　墓地使用者の承諾なく本件墓所移動規定を根拠に霊園が勝手に墓所を移動

させた場合、霊園は、墓地使用契約の債務不履行（民法415条1項本文）または不法行為（民法709条）に基づく損害賠償責任を負う可能性があります。東京地裁平成5年11月30日判決・判時1512号41頁は、墓地使用者の承諾を得ずに墓石を移動した行為について信頼関係の破壊を理由とする解除およびこれに伴う原状回復義務として永代使用料・管理料返還義務を認めるとともに、不法行為に基づく損害賠償責任を認めています。

③　改葬手続

　仮に「霊園の都合」による墓所移動が可能であり、墓地使用者もこれに応じる民事上の義務があると解釈された場合であっても、霊園側で自由に墓所を移動できるわけではなく、墓地埋葬法上の改葬手続を踏む必要があります。

　墓地埋葬法上、改葬には市町村長の許可を要し（墓地埋葬法5条1項）、墓地使用者等以外の者が改葬許可申請を行う場合、「墓地使用者等の改葬についての承諾書又はこれに対抗することができる裁判の謄本」を添付する必要があります（墓地埋葬法施行規則2条2項2号）。そのため、霊園側としては改葬を行う理由を説明したうえで墓地使用者から改葬承諾書を取得することになります。もし墓地使用者が改葬承諾書を任意に提出しない場合には、霊園は墓地使用者に対して「被告は、原告に対し、別紙物件目録記載1の土地に存する焼骨を同目録記載2の土地に改葬することを承諾せよ」との判決を求める民事訴訟を提起して判決を取得し、この「裁判の謄本」を添付して改葬許可申請を行う必要があります。

　そのため、仮に本件墓所移動規定があったとしても、霊園は一方的に霊園都合で墓所を移動することはできず、墓地使用者から改葬承諾書を取得するか、前記のような民事訴訟を提起して「裁判の謄本」を取得したうえで、改葬承諾書または裁判の謄本を添付して改葬許可申請をすることにより改葬をすることになります。

（大島　義則）

Q60　墓地使用権の解約と墓地使用料

前年買った墓地が不要になったので返そうと思い、霊園の事務所へ行ったら、永代使用料は返還しないと言われました。こんな不合理なことがあるのでしょうか。

▶ ▶ ▶ Point
① 墓地の返還
② 墓地使用料の精算

1　墓地の返還

　墓地利用者から墓地経営者に墓地が返還される場合としては、次のような場合が考えられます（茨城県弁護士会編『墓地の法律と実務』参照）。

　第1は、墓地使用契約に定められた永代使用権の消滅事由が生じたときです。墓地使用者の契約違反がこれにあたりますが、この契約違反があると直ちに返還義務が生じるのではありません。返還義務が発生するかどうかは、契約に違反した者の意図・動機・態度、違反の程度・回数、契約を締結するに至った事情、使用期間、使用態様、墓地使用料の金額、宗教法人の宗教的感情や経済的事情等を総合して墓地の永久性・固定性に照らして判断されます。

　第2は、墓地使用権の放棄や合意による終了です。

　第3は、消滅時効です。しかし、永代使用者の墳墓が存在する間は時効は完成しません（東京地裁平成19年2月8日判決（判例集未登載）参照）。時効が問題となるのは空墓地の場合のみです。

　第4ですが、期間満了によって契約が終了するということは原則として考

えられません。墓地使用権は永久性を備えていますので、期間を限定する特約があっても、期間満了によって墓地使用権は消滅しないというのが通常の見解です。

　ただし、三十三回忌までとか五十回忌までという契約もないわけではありません。しかし、この場合は通常の終了の場合と異なって、永代使用料の返還という問題は起きません。

　第5は、契約の解除です。墓地経営者と墓地使用者の間で信頼関係が破綻したときは、解除原因となります。一般的には、①墓地使用者側の事情、②墓地使用権の永久性、③墓地使用権の固定性、④寺院側の事情（墓地整理の必要性等）、⑤寺院双方の宗教的感情、⑥双方の経済的利益などを比較考量して決められます。寺院が墓地使用者に無断で墓石の向きを変え、納骨してある遺骨を動かしたことが信頼関係を破綻させたとして、解除を認めた判例（東京地裁平成5年11月30日判決・判時1512号41頁）があります。

② 墓地使用料の精算

　墓地使用権がなくなると墓地経営者は墓地を返還してもらうことになりますが、当初受け取った永代使用料はどのように扱うべきでしょうか。

　墓地使用契約は墓地の永続性から、期間を定めない継続的契約関係と考えられています。この継続的契約関係が途中で終了した場合は、終了後に対応する永代使用料は墓地経営者の不当利得となりますので、その利得分を返還することが原則です。

　返還しなければならない金額は、公平の理念から判断することになります。①墓地使用権の消滅に至った事情、②どちらの責任で終了に至ったのか、③その責任の程度はどれほどか、④墳墓があったかどうか、⑤納骨されていたかどうか、⑥墓地経営者の規模や経済状態等が判断の対象となります。

　墓地管理規約に、永代使用料を返還しない特約があるときはどうでしょうか。返還しない特約を適用することが権利の濫用にならない限り有効と考え

てよいでしょう。たとえば契約期間がまだ半年とか1年に満たない場合で、墳墓も造られておらず、納骨もされていないような場合にも一切返還しないというのは権利の濫用となる場合があります。

　もっとも、永代使用料は使用権の設定の対価であり、使用期間に対応した使用の対価ではないため、中途解約した場合であっても返還する必要はないと判断した裁判例（京都地裁平成19年6月29日判決・裁判所ウェブサイト）がありますし、権利の濫用が認められることは極めてまれですので、特約がある場合は基本的に返還されないものと考えるべきでしょう。

　ちなみに都営霊園の条例は、「既納の使用料及び管理料は、還付しない。ただし、知事は、相当の理由があると認めるときは、その全部又は一部を還付することができる」（東京都霊園条例15条）としています。還付されるのは3年以内に届け出て、原状回復を行ったときです（東京都霊園条例施行規則14条）。

3　結　論

　永代使用料を返還しないとの約款が定められているのは、永代使用料の返還を認めてしまうと、永代使用権を設定してから返還されるまでのあいだ、霊園はなんの収入も得られなかったことになってしまうからです。霊園といってもビジネスの要素は当然ありますので、理由自体が不当なものとは一概にはいえませんし、何より、永代使用料が返還されないことについては、それだけ重要なことですので、あらかじめ説明を受けているはずです。

　墓地使用権を購入するにあたっては、金額も安いものではありませんから、契約内容を含めて慎重に検討する必要があるでしょう。

（秋山　経生）

Q61　墓地・納骨堂の解約と原状回復費用

> 　霊園に眠っている母の遺骨を郷里のお寺に移そうと思います。霊園に相談したところ、更地にして明け渡してほしいといわれました。「霊園のほうでお願いします」と言ったら、30万円必要といわれました。こんなに必要なものでしょうか。

▶▶▶ Point
① 　墓地（納骨堂）使用権の承継者
② 　墓地（納骨堂）使用契約の解除方法

1　霊園墓地の権利関係

　霊園ということなので、「霊園使用規程」とか「霊園管理規約」というような名称の書類（契約書）があると思います。まず、この契約書を確認してください。

　一般的に霊園墓地は、土地の所有権が霊園側にあり、墓地の一区画（墓地と区別して墓所としている霊園もあります）を使用する権利（墓地使用権）を譲渡してもらっているという関係にあります。なお、この場合の譲渡は、大半の霊園では有償であり、永代使用料という名称で支払われています。また、これとは別に、毎年の管理料を霊園に支払うことになります。

2　祭祀主宰者による承継

　ここにいう墓地使用権は、民法897条に規定する祭祀主宰者が絶えない限り、半永久的に承継されていくものです。ちなみに、民法897条は祭祀主宰者を以下のように規定しています。

（祭祀に関する権利の承継）

①　系譜、祭具及び墳墓の所有権は、前条の規定にかかわらず、慣習に従って祖先の祭祀を主宰すべき者が承継する。ただし、被相続人の指定に従って祖先の祭祀を主宰すべき者があるときは、その者が承継する。

②　前項本文の場合において慣習が明らかでないときは、同項の権利を承継すべき者は、家庭裁判所が定める。

　これによれば、祭祀主宰者の第1順位は被相続人の指定であり、第2順位は慣習となっています。そして、被相続人の指定もなく、慣習も明らかでないときは、家庭裁判所が祭祀主宰者を定めるとなっています。

　わが国では、被相続人が祭祀主宰者を指定するという行為は、まだまだ一般的ではなく、大阪高裁昭和24年10月29日決定・判タ3号54頁によって、戦前の長男が承継するといった慣習も否定されてしまったため、現在では被相続人の葬儀の喪主を務めた者が祭祀主宰者となるのが一般的と考えられています。

③　契約の解除と墓地使用料

　ところで、転勤などによって霊園との距離が著しく遠くなってしまい、墓参に不便を来すような場合には、霊園との墓地使用契約を解除して、住居の近くに新たな墓地を構えることも祭祀主宰者の自由です。相談者は、祭祀主宰者と思われますので、ご質問は墓地使用契約を解除した後の墓石等の取扱いに関する問題です。

　霊園によっては、未使用の場合に限って、墓地使用料の一部を返還すると契約書に明記しているものもあります。また、使用期間が短い場合にも、その期間に応じて一定の割合の墓地使用料を返還するというものもあります。ただし、短期間であっても一度墓地を使用すると、墓地使用料はいっさい返還しないとしている霊園が一般的です。

　また、契約を解除し遺骨等を他の墓地に移動する場合には、「更地にして

当初の原状に復すこと」としている霊園が大半です。

4　今後の対処方法

　平成13年4月1日から消費者契約法が施行されており、消費者にとって一方的に不利な契約は、当初から無効となりました。たとえば、未使用の場合であってもいっさい返金しないとか、使用期間が短くこれに対する墓地使用料が極めて高額である場合には、再考の余地があると思われます。なお、霊園から要求された金額が30万円ということですが、これには墓石等の撤去、処分費も含むと思いますので、墓石等の大きさにもよりますが、必ずしも高額すぎるということではないように思います。金額が不満だからといって、民事上の手続（調停・裁判）をすることは、費用と時間のことを考えると、決して得策ではありません。

　いずれにしても、お母さんの遺骨を郷里の寺に改葬するわけですから、墓石等の移転をどのようにするのかも含めて、改葬先のお寺の住職からも石材業者を紹介してもらうなどして、見積もりを取ったらいかがでしょうか。そのうえで、霊園側と再度移転費用について交渉してみてください。

（竹内　康博）

Ⅱ 納骨（遺骨の埋蔵・収蔵）の際のトラブル

Q62 納骨の方法（送骨）

> テレビで見たのですが、遺骨をお寺に郵送すれば、それ以後はお寺が責任をもって供養してくれるというもので、「送骨」と言っていました。このような納骨方法があるとは知りませんでしたが、法的に問題はないのでしょうか。また、このような納骨方法で注意する点はありますか。

▶▶▶ Point
① 送骨の具体的方法
② お寺（霊園）との契約

1 送骨という納骨方法

　近年では散骨という葬法も行われていますが、一般的に遺骨（焼骨）は、死後一定の期間が経過すると墓地に埋蔵（焼骨を墓地に収納すること）され、または納骨堂に収蔵（焼骨を納骨堂に収納すること）されます。ただし、法律上、民法897条の祭祀承継者には埋蔵もしくは収蔵する義務はなく、自宅に置いて供養する遺族もいます。ただし、遺骨を遺棄した場合には、刑法190条の死体損壊・遺棄罪に問われることもあります（法定刑は3年以下の懲役）。

　ところで、平成19年に送骨という納骨方法も提案されるようになりました。この方法を最初に構築したのは、富山県高岡市にある海秀山大法寺（日蓮宗）の栗原啓充住職（第31世）です。

2 大法寺の送骨システム

　高岡大法寺のホームページによれば、送骨の実務を取り扱っているNPO法人「道しるべの会」に以下のように説明されています。

> 利用の流れ
> ① 「送骨パック」をTEL、FAX、メールにてオーダーください。
> ② 「送骨パック」を代金引換ゆうパックでお届けします。
> ③ ご遺骨を「納骨専用パッケージ」で梱包し「申込書」をご記入ください。
> 　「埋葬許可証」「志納金袋」を同梱して郵便局またはコンビニにて弊社が用意した「ゆうパックの送り状」に必要事項をご記入の上、郵送ください。
> ④ 「道しるべの会」提携寺院大法寺合祀墓所「寂照」にて納骨・合祀の上、永代管理・供養をいたします。
> 　合祀後も、盂蘭盆供養・両彼岸法要の他に毎日11時には合祀墓にて合祀された各霊位のご供養を行っております。
> ⑤ 「寂照」霊簿に記載し納骨証明書を送付いたします。

　ところで、送骨について、日本郵便は「輸送に適した状態であれば引受可能」ということで、ゆうパックで「遺骨」を送ることを認めています。これに対して、ヤマト運輸と佐川急便は「紛失時の責任が取れない」という理由で遺骨を引受不可としています。

3 送骨に対する裁判所の対応

　平成24年、宗教法人が送骨を受け入れるための納骨堂経営許可申請に対し、これを不許可とした市を相手に不許可処分の取消しを求めて裁判が起こされ、その判決の中で松山地方裁判所が送骨について以下のように判示しています（松山地裁平成25年9月25日判決・判例地方自治390号77頁）。

　「社会的な需要が存在すること自体は否定し難いものであって、比較的簡素な焼骨の収蔵施設の利用権を安価に提供する行為が、直ちに公共の福祉に反するものとはいえない。

　しかし、①本件不許可処分の当時、インターネットを通じて全国から利用者を募集し、郵送により焼骨を受け取るという方法による納骨堂の運営形態が広く一般的に利用されていたとは言い難い状況下にあったことに加えて、②宗旨・宗派を問わないとする点や、③殊更に安価な価格であることや、遺骨を持参して住職と面談することなく郵送により受入れるなどと簡便であることを強調していることなどを総合的に勘案すると、前期(1)のような利用者の募集方法が、商業主義的との印象を与えるものであることは否定し難い。また、原告は、利用者を募集する際に、その受入可能数を明示しておらず、原告が、当該地域はもとより原告とすら何ら縁のない遺骨を無制限に募っているとみられかねない事情もあった。

　そうすると、被告地域における風俗習慣等に照らし、前記のような本件施設の運営方法が、地域住民の宗教感情に適合しないものであるとした被告の判断が、合理性を欠くということはできない」。

　「したがって、本件施設の経営実態が、国民の宗教感情に反するとしてされた本件不許可処分が、被告に与えられた合理的裁量の範囲を逸脱したものということはできない」。

　この判決内容は、控訴審である高松高等裁判所でも支持され（高松高裁平成26年3月20日判決・判例地方自治390号75頁）、上告されることなく確定しましたが、送骨が国民に十分に認知されていない状況下での判決と思われます。

4　送骨契約の留意点

　少子高齢社会の到来により、下記のような脳みを抱えている方が多く存在していると思われます。
①　亡くなった夫の遺骨を家で保管しているので、何とかしたい。
②　経済的に苦しく時間もないので納骨できない。
③　お墓を持っていないし、持ちたいと思わない。
④　将来にわたって、お墓の管理やお墓参りなどできない。

　近年では、跡継ぎを必要としない新たな葬法として、永代供養墓（納骨堂）、樹木葬、散骨葬が出現してきました。

　さらに送骨供養という方法も提案されています。これは、ゆうパックの配達サービスを利用してお寺や霊園に遺骨を送り、そのまま納骨してもらうことを指します。納骨先のお墓の形態はさまざまですが、お寺・霊園が管理・供養を永代にわたって行う永代供養墓が特に多く、合葬型の永代供養墓で非常に低価格に納骨できることが特微です。

　ちなみに、「送骨供養」という用語を Google で検索すると、約270万件がヒットし、あるサイトによれば令和２年10月末現在、全国で約140カ所の寺や霊園が送骨を扱っています。確認した限りでは、大半の寺や霊園は、大法寺と同様のシステムを採用していますが、供養内容や料金にはそれぞれに特色があります。

　送骨供養に関するサイトの中から信頼のおけるお寺や霊園を探すことになります。その際には契約書等によって以下の点を必ず確認してください。

①　遺骨の埋蔵方法（合葬・将来合葬・個別埋蔵）　　合葬をしてしまうと、将来遺族からの返還請求が物理的にできなくなります。

②　料　金　　戒名付きなどの内容にもよりますが、２万円台から10万円を超えるものもあります。

③　納骨証明書　　どこに納骨されたかを証明する書類です。いつ発行されるかも確認してください。

④　供養の内容　　仏教系では、毎日の読経に始まり、年に何回かの供養があります。

⑤　納骨場所のロケーション　　郵送するわけですから場所は関係ないと思われますが、将来訪ねることがあるかもしれませんので、インターネットでもかまいませんので納骨場所の確認はしておいてください。

（竹内　康博）

Q63　手元供養

　最近「手元供養」という言葉をよく耳にするようになりましたが、これはどのような供養方法なのでしょうか。また、将来私が老齢に達し、手元に置いた遺骨を埋蔵または収蔵したいと思ったときには、どのような手続が必要でしょうか。

▶ ▶ ▶ Point
① 　手元供養とは
② 　納骨する際の手続等

1　手元供養とは

　手元供養とは、一般的に自宅に遺骨を安置しておく供養スタイルのことをいいます。遺骨の納骨先については墓地または納骨堂として許可を得た場所に限りますが、自宅に置いておくことについての規制はありません。すべての遺骨を納骨せずに自宅に安置しておく人もいますし、一部だけ取り出して、つまり分骨して自宅に置いておく人もいます（なお、自宅に遺骨を置くことの法律上の問題の有無については Q90参照）。

　分骨については「魂が分けられてしまうので良くない」という意見をもつ人が少なくありません。考え方は人によって、環境によって異なりますので一概にはいえませんが、西日本では、そもそも全部の遺骨を拾骨せず、部分拾骨を主流とする地域が多いことから、分骨に対して比較的抵抗がないように思います。なお仏教では、お釈迦様自身がマッラ族によって火葬された後に分骨されていますので、分骨に対しては否定的ではありません。

　遺骨を納める容器や遺骨そのものを加工して作ったグッズについては「手

元供養品」といわれ、遺骨を納める容器などは一般に流通しています。手元供養品は、遺骨をどう扱うかで納骨型と加工型に分けることができます。

　納骨型はミニ骨壺やカロートペンダント等、遺骨をそのまま納めることができるタイプのものです。加工型は、遺灰を土やガラスに混ぜてオブジェやガラス珠をつくったり、遺骨に含まれる炭素を特殊加工して人工ダイヤモンドをつくるなどの技法があります。

② 納骨する際の手続等

　手元供養として、遺骨が手元にある間はよいのですが、ご質問にあるように保管していた方が高齢になり亡くなった場合など、遺骨をどこかに納めることが想定されます。このように自宅に長らく手元供養として保管していた遺骨を納骨するときや分骨をする場合、あるいは納骨されている遺骨を分骨して手元供養する場合で、ケースに応じて下記の証明書が必要になりますので、あらかじめ取得しておくようにしましょう。

⑴　手元供養の遺骨を納骨する場合

　手元供養としてしばらく自宅に安置していた遺骨を納骨（墓地に埋蔵、納骨堂に収蔵）する場合には、納骨先に誰の遺骨なのかわかる証明書を一緒に提出しなければなりません。証明書にも種類があり、一度も納骨したことのない遺骨が全部残っているのであれば、死亡届を出したときに発行される「埋火葬許可証（火葬済印付）」を提出することになります。これは通常、骨壺と一緒に火葬場で渡されていますので、骨壺を覆う桐箱に入っていることが多いようです。

⑵　火葬前に分骨して手元供養することが決まっている場合

　火葬する段階で分骨することが決まっている場合は、その旨を葬儀社を通じて火葬場に伝えておきましょう。火葬の際には準備しておいた分骨容器に納めながら拾骨が行われ、その分骨容器ごとに発行された「火葬証明書」または「分骨証明書」が後に納骨時の証明書となります。

(3)　火葬後に分骨して手元供養する場合

火葬した後に遺骨を分骨する場合には、火葬場か火葬場のある市区町村で「火葬証明書」または「分骨証明書」の発行を依頼します。これが後に納骨時の証明となります。

(4)　納骨されている遺骨を分骨して手元供養する場合

すでにお墓に納骨されている遺骨を分骨する場合、まずお墓の承継者の承諾を得て、寺院など墓地管理者に「分骨証明書」を発行してもらうことになります。この分骨証明書が後に納骨時の証明となります。

(5)　自宅で分骨をして証明書がない場合

証明書が必要なことを知らずに自宅で分骨し、それに対する証明書が何もない場合、火葬場か火葬場のある市区町村で「火葬証明書」または「分骨証明書」の発行を依頼します。これが後に納骨時の証明となります。

（吉川　美津子）

Q64　納骨時に必要な火葬許可証の紛失

　　納骨しようと霊園に行ったら、火葬許可証がないと納骨できないと言われました。実はなくしてしまい、今、手許にありません。どうしたらよいでしょうか。

▶ ▶ ▶ Point
① 　火葬許可証の法的意味
② 　納骨に対する墓地管理者の応諾義務

1　身内の死から納骨までの流れ（図1）

　身内が亡くなったら、まず、死亡届右側の死亡診断書（Q1参照）に、必要事項を医師に記入してもらう必要があります。次に市町村の窓口に死亡届（Q3参照）を提出し、「火葬許可証」をもらいます。これを火葬場の管理者に提出しなければ、火葬は行われません。そして、当該火葬場で火葬を行った場合には、火葬場の管理者は、火葬許可証に省令で定める事項を記入し、火葬を求めた者に返さなければならないと、墓地埋葬法16条2項に規定されています。そして、この所定事項が記入された火葬許可証を、焼骨を埋蔵しようとする墓地の管理者に提出します。

　この火葬許可証をなくしてしまった場合に、納骨（焼骨の埋蔵）するためにはどうすればよいのか、以下で解説します。

〔図〕 人の死から納骨まで

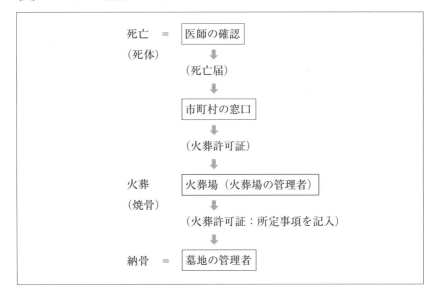

2 墓地管理者の応諾義務

墓地埋葬法は、納骨（正確には焼骨の埋蔵）について、墓地の管理者に応諾義務を課しています。

> 第13条 墓地、納骨堂又は火葬場の管理者は、埋葬、埋蔵、収蔵又は火葬の求めを受けたときは、正当の理由がなければこれを拒んではならない。

つまり、墓地（霊園）の管理者が焼骨の埋蔵依頼を受けた場合には、正当な理由がなければこれを拒むことはできません。ここにいう「正当な理由」には、墓地がいっぱいで埋蔵の余地がない場合が考えられます。

ただし、墓地埋葬法14条1項は、許可証のない埋蔵を禁止しています。

> 第14条第1項 墓地の管理者は、第8条〔市町村長の許可証交付〕の規定による埋葬許可証、改葬許可証又は火葬許可証を受理した後でなければ、埋葬又は焼骨の埋蔵をさせてはならない。

これによれば、墓地の管理者は火葬許可証を受理した後でなければ、焼骨の埋蔵をさせてはならないとなっています。

さらに、墓地埋葬法16条1項は、墓地の管理者に許可証の保存も義務づけています。

第16条第1項　墓地又は納骨堂の管理者は、埋葬許可証、火葬許可証又は改葬許可証を受理した日から、5箇年間これを保存しなければならない。

なお、墓地の管理者が墓地埋葬法14条、16条の規定に違反して焼骨を埋蔵した場合には、同法21条の規定に従って、罰金、拘留もしくは科料に処せられてしまいます。

3 今後の対処方法

そこで、霊園に納骨する場合には、火葬許可証の再発行を受けるしか方法がないと思われます。幸いなことに、墓地埋葬法施行規則7条3項は、火葬場の管理者に火葬簿の備付けを課しています。

第7条第3項　火葬場の管理者は、次に掲げる事項を記載した帳簿を備えなければならない。
一　火葬を求めた者の住所及び氏名
二　第1条第1号〔死亡者の本籍、住所、氏名〕、第2号〔死亡者の性別〕及び第5号〔死亡年月日〕に掲げる事項並びに火葬の年月日

まず最初に、納骨しようとする焼骨（正確には死体）を火葬した火葬場の管理者に、火葬簿によって確かに火葬したことの証明書をもらいます。次に、最初に火葬許可証を発行した市区町村の長から火葬許可証の再発行を受けます。再発行された火葬許可証と火葬証明書を霊園に提出して納骨をすることになります。

（竹内　康博）

Q65　ペットの納骨と法的扱い

> ペットの骨を納骨しようとしたら断られました。納骨できないのでしょうか。

▶▶▶ Point
① ペットの焼骨の法的取扱い
② ペット霊園の現状と今後の課題

1 ペットの骨と廃棄物処理法

　近年では、ペットを家族同様あるいはそれ以上と考えているペット愛好家も数多く存在しています。しかし、ペット愛好家の皆さんには酷な話ですが、廃棄物処理法においては、ペットの死体や骨（焼骨）は、一般廃棄物に分類されています。

　そのため、これを埋葬したり火葬する場合には、一般廃棄物の焼却処分や埋立処分の基準を満たす必要があります。河川や公園などの公有地や、他人の土地にペットの死骸を埋めた場合は、廃棄物の不法投棄となり同法により罰せられることになります。また、海などに投棄することも同法施行令で禁じられていますが、不衛生にならない形で、ペットの焼骨を自宅の敷地内に埋める行為は、法律上の問題はないでしょう。

2 ペット霊園の出現と現状

　ペットの死体をどのように処理してきたのかについての調査等を見かけたことがありませんが、土地に余裕のあった時代や、地方においては最近でも敷地の一部や集落の墓地の一角に埋葬されてきたと思われます。しかし、人

や建物が密集した都市部においては、ペットを埋葬する土地すらもままならず、お寺の敷地の一角にペットの墓地と称して埋葬するようになりました。これがペット霊園の始まりではないでしょうか。

　その後、高度経済成長とともにペット霊園も全国各地につくられるようになり、ペット霊園の数に関する公的なデータは公表されていませんが、ⅰタウンページ（NTTタウンページ株式会社）で「ペット霊園」を検索すると、15,200件がヒットしました（令和2年11月4日現在）。

　しかし、名称はペット霊園となっていますが、墓地埋葬法の適用は受けませんので、墓地（霊園）ではありません。あくまでも、ペットの遺体や焼骨の処理施設と考えられています。最近では、近隣住民とのトラブルもあり、条例によって規制している地方公共団体もあります。

③　墓地管理者の義務と権限

　Q64②で説明したように、墓地の管理者が焼骨の埋蔵依頼を受けたときには、正当な理由がなければこれを拒むことはできません。しかし、ペットの骨（焼骨）は、墓地埋葬法上の焼骨にはあたりません。したがって、墓地管理者は、ペットの骨の納骨を拒むことができます。

　また、納骨方法については、地方によって異なっています。焼骨を骨壺に納めて、骨壺ごとカロートに納める方式と、骨壺から焼骨を取り出し、これをカロートに納める方式があります。後者の方式では、当然焼骨が混ざり合ってしまうことになりますので、動物の骨と混ざることを精神的に忌避する人もまだまだいると思われます。

　骨壺ごとの埋蔵であれば、墓地管理者によっては認めてくれる可能性もありますので、引き続き時間をかけてお願いするしかないと思います。

④　ウィズペット（withペット）霊園の開設と今後

　神奈川県で「来世はペットとともに」を売りにした納骨堂（ロッカー形式）

が出現したのが、1980年代のことです。その後、ペットの焼骨も一緒に納骨できることを売りとする霊園（ウィズペット霊園）もわずかですが開設されました。

　今後もこのような霊園は、全国的に広がっていくと思われます。前記③で説明したように、骨壺ごとの納骨方式の地域であれば、比較的抵抗なく受け入れられるのではないかと思われます。

（竹内　康博）

Q66　納骨と墓地使用者の承諾

　子どもに先立たれたので、実家のお寺へ納骨をお願いしに行ったところ、実家の兄の承諾を得るように住職から言われました。実は、兄とは喧嘩状態で頼むわけにはいきません。どうしたらよいのでしょうか。

▶ ▶ ▶ Point
① 　墓地使用権者の権限
② 　近年における埋葬の変化

1　墓地使用権者の権限

　Q52の霊園墓地の権利関係で説明したように、ご質問の場合、一般的には墓地全体の所有権はお寺（宗教法人）にあります。そして、その住職は墓地の管理者であり、実家のお兄さんが墓地使用権者という関係にあると思われます。住職から「実家の兄の承諾を得るように」と言われたことからも、お寺は実家のお兄さんを民法897条の祭祀承継者（祭祀主宰者）と認めています。この場合には、書類上の手続はともかくとして、お兄さんとの間で祭祀承継の手続も済ませているはずです。たとえば、お寺に対するお布施等は、お兄さんがこの間支払ってきているはずですし、お寺からの案内もすべてお兄さんのところに行っていると思われます。このような状況では、当該墓地に誰の遺骨を納骨させるかどうかは、第一義的には墓地使用権者、つまり実家のお兄さんにあります。

　いずれにせよ、墓地管理者である住職がいわれるように、お子さんの遺骨を実家の墓地に納骨するためには、どうしてもお兄さんの同意をもらうしか方法はありません。お兄さんに直接お話しできないようであるならば、住職

にお願いし、時間をかけて実家のお兄さんを説得してもらうのも一つの方法
です。

2 遺骨の納骨義務

　ご質問から推測しますと、現在もお子さんの遺骨をそばに置いたままの状
況にあると思われますが、墓地埋葬法にはいつまでに納骨しなければいけな
いという規定はありません。地方によっては、四十九日や三回忌を節目とし
て、遺骨を墓地に納骨するという慣習が残っている所もあります。しかし、
近年ではこの慣習も崩れつつあり、納骨の時期にはあまりこだわらない地方
もあります。さらには、まだまだ少数ではありますが、故人の遺骨をいつま
でも手元に置いておくという、いわゆる「手元供養」という方法も行われて
います（Q63参照）。

　お子さんの遺骨ということで、多くの思い出もあることですし、どうして
も手元に置いておくのは忍びないという場合には、実家のお寺の住職に相談
して、お寺で（この場合には、お寺の位牌堂とか納骨堂になります）しばらく
の間、預かってもらうという方法も考えられます。

　住職に、お兄さんとの間の取り持ちをお願いしたうえで、どうしてもうま
くいかない場合には、住職も考えてくれるのではないでしょうか。

3 公営納骨堂の利用

　地方公共団体が経営する納骨堂には、民営に比べ値段が安いという利点が
あり、主に次の2種類があります。一つは、まだお墓を持っていない人が、
お墓を建てるまでの間の比較的短い期間（1年から3年契約、ただし更新も可
能です）焼骨を預かるというものです。もう一つは、合葬式納骨堂と呼ばれ
るもので、一定期間（20年間とか30年間）は個別に預かるが、年数を過ぎる
と共同納骨墓に合葬するというものです。

　実家のお兄さんとの話し合いがうまく進まないようでしたら、選択肢の一

つと考えられます。ただし、あなたがお住まいの市町村が納骨堂を提供していない場合には、民営の納骨堂を検討するしかありません。価格、設備、距離、交通手段、供養内容などを十分考慮して、検討してみてください。

4 最近の葬法の利用

　最近ではお墓に対する意識も大きく変化してきており、墓石の代わりに故人の好んだ樹木を植えるといった樹木葬や、桜の樹の根元に焼骨を埋蔵するという桜葬や、焼骨を細かく砕いて自然豊かな海や山に撒くという散骨葬も行われるようになりました。

　これらの葬法の特徴は、これまでの墓石を利用した墓地よりも安価である点と、原則として将来の跡継ぎ（祭祀承継者）の心配をする必要がないという点にあります。

　今回の出来事を契機として、ご自分のことも含めて今後のお墓について、ゆっくりと考えてみてはいかがでしょうか。

（竹内　康博）

Q67　同じ墓に入れる者の範囲

> 　私には無二の親友がいますが、彼女は生涯未婚者です。彼女が亡くな
> ったら、わが家の家墓に入れてあげたいと思っていますが、親族ではな
> い友人を家墓に入れることは可能でしょうか。

▶ ▶ ▶ Point
① 　それぞれの親族との関係
② 　管理者の応諾義務
③ 　墓地埋葬法14条「許可証のない埋蔵・収蔵又は火葬の禁止」

1　同じ墓に入れる者の範囲の考え方

　この問題については「親族」のかかわり、墓地埋葬法13条「管理者の応諾
義務」、そして、同法14条の定める「許可証のない埋蔵・収蔵又は火葬の禁
止」とのかかわり、この三つの点でとらえ、整理して考えてみましょう。

2　「私」と「無二の親友」の親族

　まず、「『親族』とのかかわり」について考えてみます。ご質問では「生涯
未婚者」とありますが、ご兄弟（姉妹）や甥、姪といった親族の状況がわか
りません。

　もし仮に、ご当人が生前に「私は『生涯未婚者』だから、お願いしたい」
と、依頼しており、これを受けていたとしても、ご兄弟（姉妹）や甥、姪と
いった親族より、改めて「当方で祭祀します」と申し入れられたら、故人の
生前の意思より、そうした親族（＝遺族）の意思が優先されることとなりま
しょう。

　また、受け入れ側である「私」の「家墓」の使用者（≒祭祀主宰者）は誰なのでしょうか。「私」が使用者（≒祭祀主宰者）ではないなら、「家墓」の使用者（≒祭祀主宰者）の許諾を得ておかなければなりません。

　もし「私」が使用者（≒祭祀主宰者）であったとしても、祭祀主宰者というのは、祭祀財産を自由に扱い得る立場ではなく、あくまでも「祭祀を行う親族から、その管理を負託されている立場に留まる」と解するのが妥当でしょう。

　ですから、「私」は、その「家墓」に「無二の親友」の遺骨を納めることについて、「家墓」を祭祀の対象としている親族から、同意を得ておかなくては、親族の方々とのトラブルを招きかねません。（「可能性」として述べますが）他の親族から、祭祀「主宰者」としての適格性を逸しているとして、家庭裁判所での争いにはならないとは言い切れません。

③　墳墓使用者と墓地管理者、各々の「管理権」

　こうした課題を整理・解決したとしましょう。

　次は当該「家墓」（墓地埋葬法2条の「定義」に倣えば「墳墓」）が建立されている墓地の管理者から、その受け入れを認めてもらわねばなりません。

　墓地埋葬法13条「管理者の応諾義務」では「管理者は……正当な理由がなければこれを拒んではならない」とされています。

　これは、「管理者は」「正当な理由が」あれば（遺骨を墳墓に納めることを）「拒」むことができる、と読み替えることができます。

　つまりは、墳墓には使用者の有する管理権がある一方で、その墳墓が建立されている「墓地」の管理者（墓地埋葬法12条で墓地所在地の市町村に届出された「者」）の管理権があることについても理解しなくてはなりません。

　ここでいう「正当な理由」については、必ずしも具体的には明らかにはなっていません。各々の地方・地域における慣習や、宗教的感情に馴染むものであるか、否かということで判断がなされています。

ですので、管理者がどういった点が「正当な理由」にあたらないと指摘するのかは個別具体的な対応に留まらざるを得ません。

たとえば「他のご親族から異議があるかもしれない（から）」というのであれば、それはあくまで「使用者側における事柄」ですので、ここでの説明のはじめで指摘をしていたことを整理・解決しておきさえすれば、これは「正当な理由」たり得なくなります。

あるいは「あなたの『無二の親友』の信仰していた宗旨・宗派は異なる（から）」というのであれば、「『親友』を埋葬する際の祭祀は、墓地で行われている典礼に従います」とすれば、「正当な理由」には、なり得なくなります（津地方裁判所昭和38年6月21日判決・下民集14巻6号1183頁—傍論）。

この他にも、墓地管理者側からの受け入れが断られる場合もあるかもしれません。しかし、墳墓の使用者は常にその「理由」について具体的に示すことを求めるべきでしょう。そして、その「理由」に合理的な対応策（方法）を示せば、墓地管理者は拒む根拠を失うこととなります。墓地管理者には墓埋法第13条による管理権はありますが、同条は「管理者の『応諾義務』」とされていることからも明らかなとおり、墓地管理者の「管理権」は極めて限定的な事柄である、と解されるものであろうと思料されます。

4 「他者の死後を請け負う」ことに伴う義務・責任

以下は付言になります。

墓地管理者は墓地埋葬法8条の定めている火葬許可証、改葬許可証、あるいは火葬場（など）で発行された分骨証明書がない遺骨については、墓地管理者は墓地埋葬法14条により、これを受け入れることができません。

ご質問では、「私には無二の親友がいますが、彼女は生涯未婚者です。彼女が亡くなったら、わが家の家墓に入れてあげたいと思っています」と、ありますが、その「友人」の「死亡届」は一体誰が届出し、火葬許可証の申請は誰がするのでしょう。さらには、この火葬許可証により火葬場にて火葬を

行い、焼骨を拾骨し、骨壺に納めるのは誰が行うのでしょう。

　さらに踏み込むと、「無二の友人」と述べられていることから、「私」と「友人」はほぼ同世代でありましょう。すると、「友人」よりも先に「私」が先に逝くことになることも十分に想定されます。そうなると、遺された親族にとって、その「友人」はほぼ赤の他人ということになります。

　こうして考えていくと、その時々の思いで判断してしまう前に、踏みとどまって考えなくてはならないことが多いのではないでしょうか。

（横田　睦）

Q68 納骨業者の指定・費用の定めの有効性

> 父の遺骨を霊園に納骨（埋蔵）に行ったら、霊園が呼んだ職人がいて手際よく、カロート（かろうど）に遺骨を納めてくれました。霊園のサービスだと思っていたので心ばかりのお金を包んで渡したところ、これでは足りないと言って 3 万円請求されました。支払わなければならないものでしょうか。

▶▶▶ Point
① 霊園墓地使用規則（細則）における業者指定条項の有効性
② 同規則（細則）における費用取り決め条項の有効性

1 霊園墓地使用規則、施行細則と納骨作業

(1) 業者指定と納骨料

多くの霊園においては、墓地使用規則、霊園使用規則が制定され、墓地使用者を規制していますが、これらの使用約款は、墓地経営管理者と墓地使用者との契約内容をなすものと解されます。

そして、多くは、その墓地使用規則の施行細則として、墓地経営管理者において、埋葬、納骨の業務は経営管理者の指定する業者に依頼しなければならず、納骨料についても価格表において、一定の金額が定められているようです。

(2) 業者の手配

墓地使用者は、大体において、この霊園管理者の定めに従い、納骨の際に霊園管理事務所にあらかじめ連絡をして、納骨日時の指定をし、納骨の作業を行う業者（多くの場合石材店の職人）の手配をお願いしているのが通例です。

(3)　納骨の作業

　この場合の納骨作業は、お墓の拝石または石室（カロート）の扉の目地を
はずす、石室（カロート）内に骨を納め、お参りが終わったら、当該業者の
職人は、再びコンクリートの目地をして、拝石または扉を閉じる作業をしま
す。

2　業者指定条項の有効性

　それでは、このような納骨業者の指定は有効なものといえるのでしょうか。
すなわち、墓地使用者は、指定業者以外の者に納骨業務を依頼することはで
きないと定めた場合にその規定は法的に有効でしょうか。

　墓地使用者としては、管理者指定の業者にしか依頼をすることができず、
自ら業者を選択することができないとするのは、甚だ不合理だと思われ、こ
のような強制的規定は経済取引の自由を侵すもので、公序良俗に反するもの
と考えられます。

　霊園管理者の行う業者指定は単なる業者の紹介にすぎないものであり、管
理者に職人の手配を依頼するかどうかは、墓地使用者の自由と解すべきでし
ょう。

　墓地使用者としては、自ら選択した職人を連れて行って納骨作業をしても、
墓地使用契約に違反するとはいえないと考えます。

3　納骨料の定めは有効か

　それでは、次に納骨料を一律３万円と定めることは有効でしょうか。

　上記のとおりに業者の指定を単なる業者の紹介にすぎないものとすれば、
業者指定条項は有効と考えられます。霊園管理事務所に業者職人の手配を依
頼するかどうかは墓地使用者の自由ですから、墓地使用者が任意に管理事務
所を通じて指定業者に依頼した場合には、霊園の定めた価格規定に従うべき
でしょう。業者指定条項をこのように解する限りにおいて、価格決定も高額

ですが有効と解さざるを得ないと考えます。

　石工職人の手間代は高いといわれますが、それにしても、わずか1時間に満たない程度の作業で3万円の手数料は高額すぎると思います。ただし、霊園によっては、雨の降った日や、夏の暑い盛りには、墓地の前に天幕を張ってくれる石屋さんもいるようです。

　安い高いは、作業の程度と形態にもよりますが、使用者側の主観の問題のようです。

4 結　論

　墓地使用者が自ら職人を連れていったのでなく、あらかじめ霊園管理事務所に職人の手配を依頼した場合でしたら、霊園の定めた管理料規定に従うべきです。それが1件3万円と定められているのでしたら、その金額を支払う必要があります。

（永倉　嘉行）

Q69　寺院境内墓地における異教徒の埋蔵依頼

> 　郷里の墓地に、父の遺骨を納めに行ったところ、宗教の違う者は埋蔵させないと住職から言われました。本当でしょうか。

▶ ▶ ▶ Point
① 　埋蔵拒否の正当理由
② 　寺院側の自派典礼施行権

1　寺院境内墓地の性格

　寺院境内墓地は、霊園墓地等と区別され、その寺院に所属する檀徒（家）の墳墓であって、宗教法人法上境内地として取り扱われます（宗教法人法3条1項）。

　檀徒（家）とは、その寺院の仏教教義を信仰し、自己の主宰する葬儀、法要を長期にわたり、当該寺院に依頼し、布施等により寺院の経費を分担する者をいいます。檀徒（家）の多くはその寺院の境内墓地の使用者となり、先祖代々その墓地に埋葬、埋蔵します。

2　墓地埋葬法13条による埋蔵等拒否の行政解釈

　墓地埋葬法13条は、「墓地、納骨堂又は火葬場の管理者は、埋葬、埋蔵、収蔵又は火葬の求めを受けたときは、正当な理由がなくこれを拒んではならない」と規定していますが、この埋葬等を拒否してよい正当な理由とはどのような場合をいうのでしょうか。ご質問の「埋蔵依頼者の宗教が違う」ことが正当な理由となり得るのでしょうか。

　これは、今から57～8年前の昭和30年ころ某新興宗教団体への加入者が激

増したころに問題となったものです。従来寺院の檀徒であった者たちが、新興宗教団体に入会すると同時に離檀し、その寺院の所属する宗派とは異なる宗派の信仰をするようになりました。離檀した檀徒は、改宗したにもかかわらず、旧所属の寺院の境内墓地に埋蔵を要求し、寺院側は、埋蔵を拒否したため、この寺院と改宗離檀者の墓地使用をめぐる紛争が全国的に発生し、大きな社会問題となりました。

　そこで昭和34年12月24日付けで厚生省（当時）公衆衛生局長から内閣法制局第一部長宛に、墓地埋葬法13条の「正当な理由」の解釈について照会がなされ、これに対し翌年2月15日内閣法制局は、「宗教団体がその墓地経営者である場合に、その経営する墓地に、他の宗教団体の信者が、埋葬又は埋蔵を求めたときに、依頼者が他の宗教団体の信者であることのみを理由としてこの求めを拒むことは、『正当な理由』によるものとは到底認められないであろう」と述べたうえで、「ただここで注意しなければならないのは、……埋葬又は埋蔵の施行に際し行われることの多い宗教的典礼をも、ここにいう埋葬又は埋蔵の観念に含まれるものと解すべきではない。すなわち、法第13条はあくまでも、埋葬又は埋蔵行為自体について依頼者の求めを一般に拒んではならない旨を規定したにとどまり、埋葬又は埋蔵の施行に関する典礼の方式についてまでも、依頼者の一方的な要求に応ずべき旨を定めたものと解すべきではない」、「墓地の管理者は、典礼方式に関する限り、依頼者の要求に応ずる義務はないといわなければならない。そして、両者が典礼方式に関する自己の主張を譲らない場合には、結局依頼者としては、いつたん行つた埋葬又は埋蔵の求めを撤回することを余儀なくされよう」と回答し、その行政解釈を示しました（昭和35年3月8日衛環発第8号）。

　この行政解釈によれば、寺院側は、埋葬等依頼者の宗教の違うことのみをもって拒否することはできないが、寺院側の宗派の典礼によることを要求することができ、依頼者側はそれに従わない限り埋葬等することはできない結果となるということでした。

③　津地方裁判所の裁判例

　前記内閣法制局の行政解釈がなされた3年後に有名な津地方裁判所の裁判例が出されました。

　津地裁昭和38年6月21日判決・下民集14巻6号1183頁は、その要旨、「寺院墓地の管理者は、その者（埋葬等依頼者）が改宗離檀したことを理由としては原則として埋葬を拒否できない。ただし、自派の典礼を施行する権利を有し、その権利を差し止める権限を依頼者は有しない。したがって、異教の典礼の施行を条件とする依頼、無典礼で埋蔵を行うことを条件とする依頼に対しては、寺院墓地管理者は自派の典礼施行の権利が害されることを理由にこれを拒むことができる。この理由による拒絶は墓地埋葬法第13条にいう拒絶できる正当な理由にあたる」と判示しました。この裁判所の判断は、前記行政解釈から一歩進んで、「無典礼で埋葬等を行う依頼も拒むことができる」として、寺院側の自派典礼施行権を認めたものです。

④　東京高等裁判所のその後の裁判例

　上記津地裁判決が出てから後、某新興宗教団体はこの種の訴訟をあまり起こさなくなりましたが、この教団と、伝統教団（日蓮正宗）が敵対関係となるに及んで、この伝統教団所属の寺院に対して墓地の使用に関して訴訟が提起されるようになりました。

　そのような中、東京高裁平成8年10月30日判決・判時1586号76頁は、寺院の墓地であっても古くからの墓地でなく、寺院自体も新興宗教団体によって寄進され、墓地も「無量寺霊園」と称して新たに造成開発した、日蓮正宗の信徒用の墓地で、墓地使用規則に、葬儀は寺の典礼で行う旨の条件が定められていない事案について、埋蔵依頼者が信徒である限りにおいては、寺院は無典礼で行う遺骨の埋蔵を拒否することはできない旨の判決をしました。

　この裁判例は、新興宗教団体と日蓮正宗の軋轢から発生した紛争であり、

埋蔵依頼者が改宗離檀したものでないこと、墓地使用規則には「当宗信徒に限り冥加料にて貸与し、霊園として使用する場合に限り使用を許可する」となっていて、寺の典礼を受けることが条件とはなっていないことなどから前記津地裁判決とは事案を異にします。

5　宇都宮地裁平成24年2月15日判決

ところで、その後、無典礼の方式による遺骨の埋蔵を妨害してはならない、とする判決が出ました。やはり、前述の某新興宗教団体の会員が、浄土真宗本願寺派の寺を訴えた事案です。まさに改宗離檀の事例でした。

宇都宮地裁平成24年2月15日判決・判タ1369号208頁の判断は次のごときものです。

「X（原告）の先代Aと墓地管理寺院Yとの間で、大正14年ころ締結された境内墓地内の墓地区画の墓地使用権設定契約において、Yの定める典礼の方式に従い墓地を使用するとの黙示の合意が成立したものと認められるが、その合意が本件墓地使用権を継承した者まで及ぶと解することはできず、その者がYの宗派と異なる宗派の典礼の方式を行うことをYが拒絶できるにすぎない」。

6　結　論

上記各判例からすると、ご質問の場合は昔からの寺院境内墓地のようですから、寺の住職の行う儀式典礼に従って納骨を行えばよいことになります。その場合にはそれ相応のお布施を差し上げる必要があるでしょう。寺側の施行する典礼を拒否する場合は、結局納骨してもらえないことになるでしょう。

寺院経営の墓地でも、前記・東京高裁平成8年10月30日判決の事案のような形態（新たに造成した信徒用の新規墓地）の墓地である場合は、当該寺院の典礼によらなくても自由に納骨することができることになるでしょう。

（永倉　嘉行）

Q70　納骨（埋蔵）に伴う宗教者へのお布施（謝礼）

納骨（埋蔵）の際、寺の住職にお経を読んでもらいました。その時、5万円を請求されました。お布施は任意であると聞いていたのでびっくりしました。支払わなければなりませんか。

▶ ▶ ▶ Point

① お布施の性格

② お布施の額の基準設定

1　お布施の意味、性格

「布施」とは、大乗仏教において菩薩が修する6種の基本的な修行項目、六波羅蜜（布施、持戒、忍辱、精進、禅定、智慧）の一つですが、檀那と同じく梵語 dana（ダーナ）の訳で、「施」ともいいます。与えること、施し、喜捨、恵むことを意味します。金員や財物を与えることばかりでなく、親切な行い、教えを施すことも「布施」です。「布施」には三つの種類があります。財物を施す財施、仏教の教えを説いて会得させる法施、人々の恐れを取り除いて安らぎを与える無畏施があります。このように、布施は法律の世界でいう契約としての贈与とも少し意味が異なります。

ご質問のような場合、寺の住職（僧侶）がお経を読んで聴かせるのは一種の法施でしょう。これに対し、法施を受けた人が金員を僧侶に施すのが財施です。しかし、この法施と財施は、商品取引のごとき対価関係にはありません。僧侶は、信者からの財施を期待してお経をあげるのでもないし、全く自由な意思により、仏教者の責務として法施を行うのであり、信者もお経を読んでもらった対価として財施をするのでなく、全く自由な意思に基づいて僧

に施すのが、本来の六波羅蜜の修行の一つとしての布施行です。

2　お布施の額の基準設定の可否

　中には、寺独自で、または住職の単独で、葬儀や法事のお布施の金額を決めているところがあります。また、地域の仏教会で統一的にお布施の額の基準を定めているところもあるようですが、仏教徒としての筆者の考えからすると、修行の徳目の一つとしての布施の上述のような仏教上の意味からして、布施の額の基準を定めることは仏教教義からすると妥当性を欠くものと思います。修行としての布施行は、自由な意思で、誠意をもって行うべきであり、ましてや僧侶側から金額を示して請求すべきものではないと考えます。

3　納骨の際のお布施（謝礼）

　お布施の額は、人それぞれの立場において自らが決定すべきものです。お金持ちは相応に高く、お金に余裕のない方はそれ相応に低く、自らの金額を決めればよいと思います。しかし、経験のない人によっては、相場がどのくらいかわからず、決めようがないと思う方もいらっしゃるでしょう。そうした場合には、地元の仏教会ないしは宗派の宗務所等の機関などに電話で相談して、その地方のお布施のだいたいの相場を聞いてみてはいかがでしょうか。

　埋蔵をする場合には、その寺の本堂なり祭場を使用して、四十九日忌、百箇日忌、一周忌などの法要を兼ねて行うのが慣わしですが、法事を兼ねて埋蔵、収蔵式を行う場合には、ご質問のお布施５万円は中産階級の人にとっては決して高額ではないと思います。あなたの所得から５万円のお布施は苦痛を感ずるのかもしれませんが、お布施も修行の一つだと思ってお支払いしたほうがご供養になると思います。

（永倉　嘉行）

Ⅲ　改葬・分骨に関するトラブル

Q71　分骨する場合の手続

> 　父が亡くなりました。後妻の子である弟が家を継いでいますが、先妻の子である私も、別の墓地に父のお墓を建てたいと思っています。火葬許可証は１枚しかないと思いますので、どのようなことに注意しておけば、父の遺骨の一部を分骨して別の墓地に埋蔵（納骨）することができるでしょうか。

▶ ▶ ▶ Point

① 　分骨の形態とその埋蔵（納骨）、収蔵の方法

② 　焼骨の所有者または墓地、納骨堂の使用者の承諾の必要性

1 　分骨の形態とその埋蔵、収蔵の手続

　墓地埋葬法は、人の死体を葬る方法として、埋葬（土中に葬ること）、火葬（死体を葬るために焼くこと）、改葬（埋葬した死体を他の墳墓に移し、または埋蔵し、もしくは収蔵した焼骨を、他の墳墓または納骨堂に移すこと）を規定し、市町村長の許可を必要としていますが（墓地埋葬法２条１項〜３項）、分骨については、改葬には該当しませんので、墓地埋葬法では規定せず、同法施行規則で規定しています。したがって分骨には市町村長の許可はいりません。

　分骨には以下の二つの形態があります。

① 　すでに埋蔵（墳墓に納骨すること）または収蔵（納骨堂に納骨すること）してある焼骨の一部を他の墳墓または納骨堂に移す場合

② 　火葬場において、もしくはその焼骨を埋蔵または収蔵する前に、焼骨

の一部を分割し墳墓または納骨堂に埋蔵ないし収蔵する場合

①の分骨形態の場合は、墓地または納骨堂の管理者に対し、その焼骨の埋蔵または収蔵の事実を証する書類の発行を請求し、その交付を受けて、当該書類を分骨を納める側の墓地管理者または納骨堂管理者に提出して、分骨を埋蔵または収蔵することができます（墓地埋葬法施行規則5条1項・2項）。

②の火葬場で、あるいは焼骨を埋収蔵する前の段階で分骨する場合は、火葬場の管理者に対し火葬の事実を証する書類の発行を請求し、その交付を受けて、それを分割した焼骨を埋蔵または収蔵する側の墓地管理者または納骨堂管理者に提出して分割焼骨の埋収蔵をすることができます（同条3項）。

以上①および②の事実証明書の請求と提出は、分骨をする人、すなわちご質問のケースでは先妻の子である兄（ご質問者）がすることになります。

②　墓地（納骨堂）使用者または焼骨の所有者の承諾は必要か

墓地埋葬法施行規則では、墓地使用者等以外の者が改葬許可を得るためには、「墓地使用者等の改葬についての承諾書又はこれに対抗することができる裁判の謄本」を添付する必要がありますが（基地埋葬法施行規則2条2項2号）、「分骨」の場合は墓地使用者等の承諾書等の提出は要求されていません（同規則5条）。このことから、墓地使用者等（既埋収蔵の場合）または焼骨の所有者（火葬場または未埋収蔵の場合）等の承諾なくして分骨ができると解釈されがちですが、民法の原則に戻れば、焼骨の所有権を侵害することはできませんので、墓地使用者等に断りなく焼骨を分骨することはできないものというべきです。

ご質問に「後妻の子である弟が後を継いでいます」とあることから、焼骨の所有権は弟さんに存するものと思われますので、分骨をするには弟さんの承諾、同意が必要です。したがって、墓地使用者等に無断で墳墓等から焼骨を持ち出すことは、墳墓発掘死体損壊等罪（刑法191条）や死体損壊等罪（同法190条）を構成することにもなりますのでご注意ください。　（永倉　嘉行）

| Q72 | 分骨する場合の祭祀主宰者の許可 |

　父の遺骨を分けてもらい、婚家のお墓に納骨しようと思い、兄の菩提寺に行ったら、兄の承諾を得てほしいと住職にいわれました。兄に頼むことは事情があって不可能です。どうしたらよいでしょうか。

▶ ▶ ▶ Point
① 分骨手続
② 遺骨の所有権の帰属

1 分 骨

　遺骨を分けて、2カ所以上の墳墓や納骨堂に埋蔵もしくは収蔵することを分骨といいます（Q71参照）。したがって、ご質問のように、すでに埋蔵された遺骨の一部を他の墓地に移す場合には、分骨に関する手続を履行する必要があります。

2 墓地管理者による証明書の発行

　すでに墓地等に埋蔵もしくは収蔵された遺骨を分骨する場合の手続は、墓地埋葬法施行規則に規定されています。すなわち、同施行規則5条1項は、「墓地等の管理者は、他の墓地等に焼骨の分骨を埋蔵し、又はその収蔵を委託しようとする者の請求があつたときは、その焼骨の埋蔵又は収蔵の事実を証する書類を、これに交付しなければならない」と定めており、同条2項は、「焼骨の分骨を埋蔵し、又はその収蔵を委託しようとする者は、墓地等の管理者に、前項に規定する書類を提出しなければならない」と定めています。したがって、ご質問の場合、ご質問者は、墓地の管理者に対して、遺骨が埋

蔵されていることを証する書類の交付を求め、その交付を受けて婚家の墓地の管理者に提出する必要があります。

３ 遺骨の所有権の帰属

では、ご質問のように、分骨に際してお寺からお兄さんの承諾を要求された場合にはどうすればよいでしょうか。この点、墓地埋葬法施行規則５条１項の証明書を請求するに際しては、墓地の使用権者等の承諾は要件とはされていません。しかし、遺骨についても所有権が成立することから、所有権者の意思に反して遺骨を分けることはできません。よって、分骨を行う際には、遺骨の所有権者の承諾が必要となります。

では、遺骨の所有権は誰に帰属するのでしょうか。遺骨の所有権の帰属については、①遺骨は相続財産を構成し、相続により相続人に帰属するという説、②慣習法上定まった喪主に帰属するという説、および③祭具に準じて祭祀主宰者（民法897条）が承継するという説があります。大審院判例は、このうち①の説を採用していたようですが（大審院大正10年７月25日判決・民録27輯1408頁、大審院昭和２年５月27日判決・民集６巻307頁）、戦後の裁判例や審判例は、②の説（東京地裁昭和62年４月22日判決・判タ654号187頁）もしくは③の説（大阪家裁昭和52年８月29日審判・家月30巻６号102頁、東京高裁昭和62年10月８日判決・判タ664号117頁、最高裁平成元年７月18日判決・判タ762号170頁、東京家裁平成21年３月30日審判・家月62巻３号67頁、大阪家裁平成28年１月22日審判・判タ1431号244頁）を採用しています。

４ 分骨と遺骨の所有権者の承諾

ご質問では、ご質問者のお兄さんが墓地の使用権者となっているため、お兄さんが祭祀主宰者であると考えられます。とすれば、上記に述べた近年の裁判例や審判例に鑑みた場合、亡くなったお父様の遺骨の所有権は、お兄さんに帰属していると考えるべきでしょう。したがって、ご質問者は、お兄さ

んの承諾を得なければ、そもそも分骨を行うことはできないと考えざるを得ません。

（成田　由岐子）

Q73　改葬の手続の流れ

郷里にあるお墓を現在の自宅近くの霊園に移そうと思います。どのような手続が必要ですか。

▶▶▶ Point
① 改葬とその手続
② 無許可の改葬に対する罰則等

1　改葬手続

　「改葬」とは、埋葬した死体を他の墳墓に移し、または埋蔵し、もしくは収蔵した焼骨を、他の墳墓または納骨堂に移すことをいいます（墓地埋葬法2条3項)。墓地埋葬法は、改葬手続について規定しており、改葬を行うには、厚生労働省令の定めるところにより、市町村長（もしくは特別区の区長）の許可を得なければなりません（同法5条1項)。この場合の市町村長は、死体または焼骨の現に存在する地の市町村長になります（同条2項)。そして、墓地や納骨堂の管理者は、改葬許可証を受理した後でなければ、焼骨の埋蔵や収蔵をさせてはならないことになっています（同法14条1項・2項)。

2　改葬の許可申請と必要書類

　改葬の許可を得るためには、次の事項を記載した申請書を提出しなければなりません（墓地埋葬法施行規則2条1項)。

　一　死亡者の本籍、住所、氏名及び性別（死産の場合は、父母の本籍、住所及び氏名)
　二　死亡年月日（死産の場合は、分べん年月日)

　三　埋葬又は火葬の場所

　四　埋葬又は火葬の年月日

　五　改葬の理由

　六　改葬の場所

　七　申請者の住所、氏名、死亡者との続柄及び墓地使用者又は焼骨収蔵委託者
　　（以下「墓地使用者等」という。）との関係

　そして、上記申請書には、次に掲げる書類を添付する必要があります（墓地埋葬法施行規則2条2項）。

　一　墓地又は納骨堂（以下「墓地等」という。）の管理者の作成した埋葬若しくは埋蔵又は収蔵の事実を証する書面（これにより難い特別の事情のある場合にあつては、市町村長が必要と認めるこれに準ずる書面）

　二　墓地使用者等以外の者にあつては、墓地使用者等の改葬についての承諾書又はこれに対抗することができる裁判の謄本

　三　その他市町村長が特に必要と認める書類

3　違反の場合の罰則等

　ご質問の事例のように、一度郷里の墓地に埋葬した遺骨を他の墓地に移すことは、「改葬」に該当します。したがって、質問者は、上記に述べた墓地埋葬法および同法施行規則所定の改葬手続を履行する必要があります。具体的には、まず郷里の市町村長に対して改葬の許可申請を行い、改葬許可証を取得して、これを改葬先の墓地に提出する必要があります。

　上記の手続を経ずに改葬した場合には、罰金、拘留もしくは科料の罰則が規定されており（墓地埋葬法21条1項）、場合によっては刑法の墳墓発掘罪（刑法189条）や墳墓発掘死体損壊等罪（同法191条）に触れる場合もあるため注意が必要です。

4　改葬先の霊園との関係

　なお、上記に述べた改葬手続のほかにも、郷里の墓地については返還する

必要があり（いわゆる「墓じまい」）、改葬先の霊園との関係では、永代使用
権の設定契約を新たに締結する必要があります。ですので、郷里の墓地との
関係では、管理規則等に定められた手続に従って墓地を返還しなければなら
ず、改葬先の霊園には、同様に管理規則等に従い所定の永代使用料や墓地管
理料を納付することになります。

（成田　由岐子）

Q74　改葬と離檀料

郷里にある墓が遠く、墓参りや日頃の管理が難しいため、現在の自宅近くの霊園に移そうと思い、手続を進めていたところ、お寺から高額の離檀料を請求されました。離檀料は支払わなければならないのでしょうか。

▶ ▶ ▶ Point
① 離断料をめぐるトラブル
② 改葬する際の留意点

1　離檀料とは

遺骨を別の場所に移動することを「改葬」といい、元のお墓を更地にして返還することを「墓じまい」といいます。「改葬」は法律用語で、「墓じまい」は造語ですが、「墓じまい」と表現するほうが一般に伝わりやすいこともあって、お墓を閉じて遺骨を取り出し、別の場所に移動する一連の作業を総称して「墓じまい」と表記されることもあります。

「改葬」「墓じまい」で起こるトラブルとして、よく取り上げられるのが寺院とのトラブルです。墓じまいをするということは、多くの場合「檀家をやめる」ことに相当します。これを「離檀」というようになり、中には「離檀するなら○○円を用意するように」と離檀料と称されるお布施を提示されたり、「離檀料を出せないなら改葬に必要となる埋葬（埋蔵・収蔵）証明はできない」と圧力をかける寺院も一部にはあります。

しかし、あくまでこれは一部であって、離檀を阻止しようとするどころか、離檀料のような費用を請求するようなケースはほとんどありません。

　そうはいっても、ごく一部、離檀料をめぐるトラブルがあるのも事実です。たとえば、「改葬するなら一柱（一人分）につき10万円必要。今回は6柱なので60万円」と離檀料を要求してきた寺院もありましたが、話し合いにより全部合わせて10万円で解決したという例がありました。

　離檀料について、檀信徒契約等で明確に定められていない限り、強制力を伴う性格のものではありません。離檀料という言葉も、近年使用されるようになった造語にすぎず、寺院に喜捨するお布施として位置づけられます。労働やサービスの対価ではないので、明朗会計というわけにはいきませんが、一回の法要で用意するお布施の2～3倍程度が妥当なのではないかといわれています。

2　改葬する権利と留意点

　法的には遺骨の所有権は祭祀承継者に帰属するため、寺院の意向より祭祀承継者の意思が尊重されることになります。憲法で保障されている信教の自由もあり、寺院が改葬を阻止することはできません。

　そうはいっても、相談もなく強引に「改葬」「墓じまい」をしてしまうのはトラブルのもとです。まずは先に「墓を整理したい」「今のお墓を維持してくことが困難で墓じまいを視野に入れている」等、事前に相談または意思を伝えておいたほうがよいでしょう。

　「寺院が改葬を阻止する」というと寺院があたかも悪者のように聞こえますが、改葬トラブルが悪化した人の話を聞くと、改葬に必要な一連の事務的な手続の話を、何の前ぶれもなく切り出したために不義理な印象を与え、話がこじれてしいまうケースが多いような気がします。

　寺院はマンションの管理とは異なり、日々の勤行などを通じて墓を守っている意識があります。住居の引越しなどの感覚で、前触れもなく突然改葬の話をされたら、快く思わないのも当然です。

　そもそも寺院と檀家の関係とは、寺院は仏の教えを説き、信者は檀家とな

って布施など経済的な支援で寺院を支え、葬式や法事を行ってもらう関係にあります。話がどうしてもまとまらない場合は、当人同士の話し合いはあきらめ、法律実務家に間に入ってもらい、話し合いを進める方法もあります。

（吉川　美津子）

Q75 知らないうちに改葬されていた場合

10年ぶりに故郷のお墓参りをしました。ところがお墓がありません。びっくりしてお寺の住職にお聞きしたら、弟が来て、改葬手続をして、弟の自宅の近くの墓地に移ったとのことです。私がこのお墓を守ってきたのに、このようなことは許されますか。

▶ ▶ ▶ Point

① 改葬と墓地使用者の承諾

1 改葬とその手続

いったん埋葬した遺体や墓地または納骨堂（以下、「墓地等」といいます）に埋蔵もしくは収蔵された焼骨を他の墓地等に移すことを、「改葬」といいます（墓地埋葬法2条3項）。改葬を行うには、厚生労働省令の定めるところにより、現在遺骨等が納められている墓地等の所在地の市町村長（もしくは特別区の区長）から、改葬許可証を得る必要があります（同法5条）。この手続の詳細については、Q73を参照してください。

2 墓地使用権者の承諾

これらの規定からわかるように、改葬の許可を申請できるのは墓地使用者または焼骨収蔵委託者（以下、「墓地使用権者等」といいます）であり、墓地使用権者等でない者が申請をする場合には、墓地使用権者等の改葬についての承諾書が必要とされています。墓地使用権者等とは、墓地や納骨堂の名義人もしくは施主ともいわれ、当該墓地等の権利者として墓地等の管理者の帳簿に記載されている者（墓地埋葬法施行規則7条1項1号）をいいます。

　では、なぜ墓地使用権者等の承諾が必要なのでしょうか。この点について
は、そもそも遺骨の所有権者が誰かということについて検討する必要があり
ます（詳細は Q72を参照してください）。

　通常、墓地の使用権者は、喪主もしくは祭祀主宰者であるため、墓地の使
用権者は遺骨の所有権を有することになり、所有権者の意思に反して改葬す
ることは許されないことになります。

３　誰が使用権者か

　以上を前提にご質問のケースについて考えてみます。質問者は、これまで
お墓を守ってこられたとのことですが、墓地使用権者となっているのでしょ
うか。事実上墓地管理料を納めていたり、頻繁に墓参や墓地の清掃をしてい
たとしても、実際には弟さんが墓地使用権者であるケースもあります。この
場合、弟さんは、ご質問者の意向にかかわりなく、単独で改葬の許可を得て
改葬することができます。

　これに対し、弟さんが墓地使用権者でないにもかかわらず、たとえば使用
権者であるご質問者の承諾書を偽造する等の方法により改葬の許可を得たよ
うな場合には、実質的な遺骨の所有権者であるご質問者は、改葬許可の取消
しや無効を裁判で争うことも可能であると考えます。

（成田　由岐子）

Q76 無縁墓地の改葬手続

5年ぶりにお墓参りをしたらお墓はなく、父の遺骨は合葬墓にあると聞きました。無縁になったので改葬したと言われました。墓石も霊園で処分してしまったそうです。こんなことは許されるのでしょうか。

▶ ▶ ▶ Point

① 無縁墳墓の認定
② 無縁墳墓の改葬に必要な行政上・私法上の手続

1 無縁墳墓の改葬手続

墓地埋葬法では、死体を埋葬し、または焼骨を埋蔵する施設を「墳墓」といい、その墳墓を設けるために、墓地として都道府県知事の許可を受けた区域を「墓地」といいます。そして、死亡者の縁故者がいない墳墓を「無縁墳墓」といいますが（墓地埋葬法施行規則3条）、世の中では、「無縁墓地」という呼び方がよく使われているようです。そこで、ここでは、一般的な呼称である「無縁墓地」という呼び方をします。

ところで、公営墓地では、無縁墓地の改葬手続を行う場合、きちんとした手続を踏んでいる場合が多く、かつ、その使用権も永代ではなく、期間を定められている場合が少なくありません。そうしますと、公営墓地では、ご質問のような問題は、あまり発生しません。

ご質問の中に、「墓石も霊園で処分してしまった」とありますが、ここでは、当該霊園がいわゆる寺院墓地であるか、民営墓地であるかのいずれかであるとして、以下、説明します。

まず、墓地の管理者は、無縁墓地の改葬を行うことができるのか、行うこ

とができるとしてどのような手続をとらなければならないかを押さえておく必要があります。

(1)　**無縁墓地の改葬**

焼骨（一般にいう「遺骨」のこと）を現在埋蔵されている墓地から、他の墓地に移す必要が生じる場合があります。

一つは、墓地使用者が、遠方に引っ越したため、墓参の都合上、引越先で新たな墓地を購入したような場合や、信仰する宗教・宗派を変えたため、新しく信仰するようになった宗教団体の墓地を購入したような場合などです。つまり、墓地使用者側の都合による場合です。

もう一つは、霊園側に改葬する必要が生じる場合です。霊園が区画整理の対象となったような場合もそうでしょうし、埋葬者の縁故者がいなくなって、墓地管理料の納付がなくなった場合なども考えられます。

そして、埋葬者の縁故者がいなくなった場合の改葬を、無縁墓地の改葬と呼んでいます。

(2)　**行政上求められる手続**

従前、墓地埋葬法施行規則では、無縁墓地の改葬手続に厳格な定めをおいていましたが、その手続を履践するには、高額の費用等を要し、事実上、無理を強いるような内容でした。

そして、墓地不足の深刻化も背景として、平成11年に墓地埋葬法施行規則の一部改正が行われ、無縁墓地の改葬手続は簡略化されました。現在、無縁墓地の改葬には、改葬許可申請書に、墓地の管理者の作成する遺骨埋蔵証明書のほか、以下の書類等を添付すれば足りるとされています（同施行規則3条）。

①　無縁墳墓等の写真および位置図
②　死亡者の本籍および氏名並びに墓地使用者等、死亡者の縁故者および無縁墳墓等に関する権利を有する者に対し1年以内に申し出るべき旨を、官報に掲載し、かつ、無縁墳墓等の見やすい場所に設置された立札に1年間掲示し

> て、公告し、その期間中にその申出がなかった旨を記載した書面
> ③　②の官報の写しおよび立札の写真
> ④　その他市町村長が特に必要と認める書類

　なお、④については、市町村区においては、あらかじめ必要な添付書類を定めておくことも、個々の事案ごとに必要な書類の添付を求めることも可能と解されており、改葬先の墓地の管理者の受入れを承認する書類がこれに該当します。また、ご質問のケースのように同一墓地内の合葬墓が改葬先であるときは、その所有証明書の提出が求められているようです。

(3)　私法上求められる手続

　墓地埋葬法および同施行規則に定める手続は、行政上の規制を定めたものにすぎませんので、その手続を履践しただけでは、墓地の永代使用権を取得した者（その相続人を含む。以下同じ）との間の私法上の権利義務関係に変動を及ぼすことはできません。

　そのため、墓地の永代使用権を取得した者との間の墓地使用契約の内容となるように、墓地の開設時に作成する墓地使用規則の中に、無縁墓地となった場合の改葬手続に関する定めをおいておくことが必要です。

　墓地埋葬法および同施行規則の定める手続を履践するとともに、その墓地使用規則の定める手続を行えば、私法上の権利変動の手続としては足りることになります。

　しかし、墓地使用規則の中に、かかる定めがおかれていない場合や、現在の規則の中にはおかれているが、当該墓地の永代使用権を販売した時点ではおかれていなかった場合は、民法の規定に従って処理すべきことになります。

　ところで、令和2年4月1日から改正民法（債権法）が施行され、定型約款に関しては、契約の目的に反しない変更であれば、変更の必要性、変更後の内容の相当性、変更がある旨の定めの有無、その他の変更に係る事情に照らして合理的といえる場合、相手方の合意なく変更することができるようになりました（民法548条の4第1項2号）。因みに、定型約款といいますのは、

ある特定の者が不特定多数の者を相手方として行う取引であって、その内容の全部または一部が画一的であることが、その双方にとって合理的な定型取引において、契約の内容とすることを目的としてその特定の者により準備された条項の総体を意味しますので（民法548条の2第1項）、墓地使用規則は、その定型約款に該当することになります。

そして、改正民法の施行日前に締結された定型取引に係る約款についても、改正民法が適用され、定型約款の変更法理が適用されます（民法の一部を改正する法律（平成29年法律第44号）附則33条1項）。

したがって、墓地使用規則の中に、無縁墓地の改装に関する規定が設けられていなかったような場合は、定型約款の変更法理を使って、無縁墓地の改葬に関する定めを入れることが可能となっています。

2　結　論

墓地埋葬法施行規則改正前の厳格な手続の下では、無縁墓地の改葬のためには、「墓地使用者および死亡者の本籍地および住所地の市町村長に対して、その縁故者の有無を確認し、無しとの回答を得たこと」が必要とされていましたが、改正後は、このような回答を得ることまでは必要なくなりました。

しかし、無縁墓地の改葬手続に着手するためには、無縁になったと思われる状況が出現していることは、不可欠と思われます。したがって、墓地管理料が支払われている、あるいは、墓地管理料の督促状が墓地使用者の届出住所地宛に着いているような状態では、いかに、前述した行政上および私法上求められている手続を履践しても、改葬手続は違法といわざるを得ません。墓地管理料の督促状を送付できるのであれば、墓地管理料の長期不払を理由として、墓地使用契約を解約して墓石撤去および墓地明渡し等の裁判を提起しなければなりません。

これに対して、無縁となったと思われる状況が出現していれば、行政上および私法上必要とされる手続を履践したか否かによって結論が異なります。

　これが履践されておれば、霊園の措置を違法とすることはできないでしょう。履践されていなければ、「霊園のとった措置は許されません。ご質問者において、慰謝料等の損害賠償請求をすることが可能ですし、ご質問者が墓地使用者であれば、処分された墓石や侵害された永代使用権についての損害賠償請求もできます」という結論になります。

　なお、無縁墓地の改葬に必要な法的手続を履践せずに墓石を撤去し、新規に墓地使用権を販売して経済的利益を優先させたとして、墓地使用権相当額、墓石復元費用および慰謝料等の請求を認めた裁判例として、東京地裁平成19年 2 月 8 日判決（判例集未登載）があります。また、無縁墓地の改葬の事案ではありませんが、寺院墓地を経営する宗教法人が墓地使用者に対し同じ墓地内の別の区画への改葬を承諾することと墳墓を収去し従前の使用区画を明け渡すことを認めた裁判例として、東京地裁平成21年10月20日判決・判時2067号55頁があります。

（別城　信太郎）

Q77　遺骨埋蔵（収蔵）証明書

　新しく霊園墓地を買い、郷里の母の遺骨を移そうとしたら、郷里のお墓は山の中にあり、管理者がいないので埋蔵証明書を出してもらえません。どうしたらよいのでしょうか。

▶ ▶ ▶ Point
① 　墓地管理者がいない場合の遺骨収蔵証明書にかわる書面

1　改葬の手続

　ご質問の「霊園墓地を買い、郷里の母の遺骨を移そう」というのは、埋蔵した焼骨を他の墳墓に移そうとすることにほかなりませんので、ご質問者は、墓埋法にいう「改葬」を計画していることになります。

　なお、「改葬」の手続に関しては、Q73で詳しく解説されていますので、それをご参照ください。

　ところで、墓地埋葬法施行規則２条２項１号は、改葬の許可申請書に墓地または納骨堂の管理者の作成した埋葬もしくは埋蔵または収蔵の事実を証する書面（遺骨の場合、「遺骨埋蔵（収蔵）証明書」と呼ばれています）を添付することを求めていますが、一方、同規定の末尾には、「これにより難い特別の事情のある場合にあつては、市町村長が必要と認めるこれに準ずる書面」との定めもおいています。

　そうしますと、ご質問のケースが、上記の「これにより難い特別の事情のある場合」に該当するとして、「市町村長が必要と認めるこれに準ずる書面」が具体的にいかなる書面であるかの検討をしなければなりません。

2　ご質問に対する回答

　墓地管理者の遺骨埋蔵証明書を入手できない場合としては、墓地管理者がいない場合だけでなく、墓地管理者がいても改葬に反対している等の理由で、遺骨埋蔵証明書を書いてもらえない場合もあります。

　そのような場合について、鳥取県衛生部長の問い合せに対し、厚生省の環境衛生課長が次のように答えています（昭和30年２月28日衛環第22号）。

> **問**　「墓地埋葬等に関する法律施行規則第２条中（墓地若しくは納骨堂の管理者の証明書……）について改葬申請人亦は申請受任者の要請に不拘墓地管理人は次の証明をする事に応じない。
> 　この場合申請人亦はその受任者は右の事実を立証する書面を添えて申請する事に依り市長は改葬許可証を下附する事の適否について」
> **答**　「改葬許可の申請にあたり、墓地若しくは納骨堂の管理者が埋葬若しくは納骨の事実の証明を拒むべきでないのであるが、もし拒んだような場合はお尋ねのようにこれにかわる立証の書面をもって取り扱って差し支えない。
> 　ただし、本法はあくまでも国民の宗教感情上に合致して支障なく事が運ばれることを最も重視すべきことで、このような場合においても極力当該管理者に証明書を出させるよう指導を行い万遺憾なきを期するようすべきである」。

　ご質問のケースでは、墓地管理者がいない場合にも当てはまると思われますので、ご質問のようなケースでも、「これにかわる立証の書面」によって、対応が可能ということになります。

　では、遺骨埋蔵証明書に「かわる立証の書面」とは、具体的にどのようなものが考えられるでしょうか。

　ケースバイケースですが、墓地管理者がいるケースでは、経過を詳述した改葬申請書の陳述書や管理料等を支払ってきたことの裏付けとなる領収証等がこれに該当するでしょう。また、ご質問のケースのように、山林にある村落型共同墓地のような場合であれば、改葬申請書の陳述書や写真のほか、当

該地域の長老の陳述書などが、これに該当することになると思います。

　したがって、ご質問のようなケースでは、市町村の役場に対して、現在の墓地管理者の遺骨埋蔵証明書を提出するかわりに、現在の墓地に遺骨が埋蔵されていることを立証する書面を提出することによって（昭和30年２月28日衛環第22号）、改葬許可を得ることができる取扱いとなっていますので、その書面を提出して、改葬許可書を取得するよう試みたらよいでしょう。

（別城　信太郎）

Q78　墓地に埋蔵されていた遺骨を自宅安置する方法

墓地に埋蔵していた父の遺骨を自宅に安置したいと考えています。どのような手続をすればよいでしょうか。

▶▶▶ Point
① 遺骨の自宅安置の適法性
② 遺骨の自宅安置と改葬許可の要否
③ 将来の紛争予防──埋蔵証明書の条件

1 遺骨の自宅安置の適法性

　墓地以外の区域における埋葬または焼骨の埋蔵は、墓地埋葬法により禁止されています（墓地埋葬法4条1項）。しかし、墓地埋葬法は、自己所有の下にある焼骨を自宅に保管することまでは禁止していませんので、遺骨を自宅に安置することは適法に行うことができます。ただし、墓地の「経営」にあたるような態様での保管をした場合には、墓地埋葬法10条に違反するので、遺骨の保管態様については注意をしてください。

2 自宅安置のための手続──改葬許可の要否

　遺骨の場所を移動する行為が、「改葬」（墓地埋葬法2条3項）に該当する場合には、改葬許可（同法5条1項）の手続をとる必要があります。墓地埋葬法において、改葬とは、「埋葬した死体を他の墳墓に移し、又は埋蔵し、若しくは収蔵した焼骨を、他の墳墓又は納骨堂に移すこと」と定義されています（同法2条3項）。この定義に照らして考えてみると、埋蔵した焼骨を他の墳墓・納骨堂に移す場合には改葬許可の手続が必要となりますが、単に遺

骨を自宅に安置する場合には改葬許可は不要となります。したがって、遺骨を埋蔵する墓地管理者に対して、遺骨を返還するよう請求し、遺骨を持ち帰れば手続は終了です。

　もっとも、埋蔵した焼骨を他の墳墓・納骨堂に移す際に、一時的に遺骨を自宅に安置する場合であれば、この一連の行為が「改葬」に該当するので、改葬許可（同法5条1項）の手続が必要となります。具体的には、改葬許可申請書を現在遺骨が埋蔵・収蔵されている市町村長（特別区の区長を含む）に対して提出して許可を得るようにしてください（改葬許可申請書の記載事項および添付書類については、Q73を参照してください）。

　以上は墓地埋葬法の解釈ですが、墓地管理者によっては、遺骨を自宅安置するためであったとしても、改葬許可証がなければ遺骨の引渡しを拒否する運用をするところもあります。実際に、川崎市の管理する霊堂に納骨した焼骨を自宅安置のために返還請求したところ、焼骨の返還はできないと対応をされた事例がありました（川崎市緑ヶ丘霊堂における焼骨返還請求事件）。この事例で苦情申立てを受けた市民オンブズマンは、焼骨の自宅安置のための焼骨の返還は改葬に該当せず、市は焼骨の返還に応ずるべきであるとの判断を行い、その旨を市に要請したことがあります。この要請に対して、川崎市は、すでに墓地等に埋蔵された焼骨を自宅に安置する場合およびその後再度埋蔵する場合の手続については、長期的な改葬とみなすという川崎市独自の取扱いを定めて対応し、結果的に川崎市においては現在でも遺骨の自宅安置の目的であったとしても改葬許可の手続を要求しています。川崎市の取扱い基準により遺骨の自宅安置を行う場合には、改葬先の場所の記載について「未定」と記載した改葬許可証の交付を受けたうえで自宅安置を行うこととなり、将来、再度遺骨を埋蔵する必要性が生じた際に改葬許可証を持参のうえ「未定」の記載を修正してもらう手続を踏むことになります。

　したがって、遺骨を自宅安置する場合の取扱いの詳細は各自治体に問い合わせる必要があり、各自治体の対応の適法性・妥当性に疑義が生じた場合に

は、法律専門家に相談する必要があります。

3 将来の紛争予防のために──埋蔵証明書の交付

改葬許可証を得ずに遺骨を自宅で安置することができたとしても、現実には将来的に自宅から墓地および納骨堂へ遺骨を埋蔵・収蔵することになる場合も想定されます。墓地管理者は、埋葬許可証、改葬許可証または火葬許可証を受理した後でなければ、埋葬または焼骨の埋蔵をさせてはならないものとされているので（墓地埋葬法14条1項）、このような場合には、やはり改葬許可証を取得する必要が出てきます。また、この改葬許可申請の際には、埋蔵されていた事実を証する埋蔵証明書の添付が必要となります（墓地埋葬法施行規則2条2項1号）。そこで将来のトラブルを防止するため、遺骨を自宅安置のために引き取る際に埋蔵証明書をあらかじめ発行してもらっておくことが望ましいでしょう（Q63参照）。

（大島 義則）

Ⅳ　承継に関するトラブル

Q79　祭祀主宰者の指定

亡き父の遺言に、「すべての財産は長男の私に」ということが書いてありました。お墓の権利も当然私のものと思っていたら、弟が自分にも権利があると言ってきました。本当ですか。

▶ ▶ ▶ Point

① 祭祀財産の承継方法の相続との違い

② 祭祀主宰者の指定方法

1　祭祀財産の承継

(1)　祭祀財産

法律上、お墓の権利に関しては、相続財産とは別の財産として、その承継方法が定められています。

民法896条は、相続財産の承継方法について定めていますが、その次条である897条1項は、「系譜、祭具及び墳墓の所有権は、前条の規定にかかわらず、慣習に従って祖先の祭祀を主宰すべき者が承継する。ただし、被相続人の指定に従って祖先の祭祀を主宰すべき者があるときは、その者が承継する」とし、2項は、「前項本文の場合において慣習が明らかでないときは、同項の権利を承継すべき者は、家庭裁判所が定める」としています。

なお、ここにいう「系譜」とは家系図、「祭具」とは仏壇・仏具・位牌、「墳墓」とはお墓（墓石の所有権のほか、墓地使用権も含みます）のことをいい、これらに関する権利をまとめて「祭祀財産」と呼んでいます。

275

　このように、民法897条は、祭祀財産を相続財産とは異なる方法で承継させることを明らかにしています。

(2)　祭祀主宰者

　民法897条によると、祭祀財産は、「祖先の祭祀を主宰すべき者」（以下、「祭祀主宰者」といいます）が承継します。この祭祀主宰者は、被相続人と親族関係にあることは必要ではなく、また、氏が同じであることも必要ではないとされています（大阪高裁昭和24年10月29日決定・家月2巻2号15頁）。

2　祭祀主宰者の指定方法

(1)　被相続人による指定

　被相続人が祭祀主宰者を指定した場合には、その指定をされた者が祭祀財産を承継します（民法897条1項ただし書）。この祭祀主宰者の指定時期・方法には特に制限がありませんので、生前の指定でも、遺言による指定でも構いませんし、文書による指定でも口頭での指定でも構いません。また、指定は必ずしも明示的になされる必要はないと考えられ、被相続人が生前にその全財産を贈与して家業を継がせた場合に、祭祀主宰者を黙示的に指定したものと認めた例があります（名古屋高裁昭和59年4月19日判決・判タ531号163頁）。

(2)　慣習による指定

　被相続人が祭祀主宰者を指定していない場合には、慣習によって祭祀を主宰すべき者が承継します（民法897条1項本文）。ここにいう慣習とは、その地方で一般に通用しているしきたりのことをいいます。

　旧民法は、「系譜、祭具及ヒ墳墓ノ所有権ハ家督相続ノ特権ニ属ス」としていましたが、前記・大阪高裁昭和24年10月29日決定は、「897条にいう慣習とは、旧法時代の家督相続的慣習ではなく、新民法施行後新たに育成される慣習である」と判示し、戦後に長男子優先の家督制度が廃止された以上、長男が当然に祭祀主宰者となるという慣習があるとはいえないことを明らかにしました。

(3)　家庭裁判所による指定

被相続人が祭祀主宰者を指定していない場合で、かつ慣習によって祭祀を主宰すべき者が明らかでないときは、家庭裁判所の審判（家事事件手続法190条・別表第二の11項）により祭祀主宰者を指定することになります。

この場合、利害関係人が、家庭裁判所に対して、祭祀主宰者の指定を求める調停を申し立てることになります（調停前置主義。家事事件手続法257条1項・244条・別表第二の11項）。そして、当事者間で合意が成立し、これが調書に記載されると、確定した判決と同一の効力を有することになります。

調停が成立しない場合には、家庭裁判所が、「承継者と被相続人との身分関係のほか、過去の生活関係及び生活感情の緊密度、承継者の祭祀主宰の意思や能力、利害関係人の意見等諸般の事情を総合して判断」し、祭祀主宰者を指定することになります（大阪高裁昭和59年10月15日決定・判タ541号235頁）。

③　祭祀財産の分割承継、共同承継の可否

(1)　単独承継の原則

祭祀財産は、単独で承継されるのが原則とされています。

法律上、祭祀主宰者の人数を制限する定めはありませんが、祭祀財産である家系図や、仏壇、仏具、位牌、墓地使用権などを複数人で分けてしまうと、家系図や位牌がどこにいったかわからなくなったり、お墓も管理費未納で処分されたりすることが十分考えられるため、単独で承継すべきとされているのです。

お墓の権利の分割承継や共同承継が全く認められないわけではありませんが、分割承継や共同承継は、以下の(2)、(3)のケースのような、特別の事情があり、かつ混乱の可能性が少ない場合に限って認められているのが現状です。

(2)　分割承継が認められたケース

分割承継を認めた審判例としては、東京家裁昭和49年2月26日審判・家月26巻12号66頁があげられます。このケースでは、被相続人が2か所の墓地使

用権を有しており、一方の墓地については、被相続人の前妻とその子の遺骨が埋葬され、前妻側の相続人が管理料等の支払いをしていたという事情があり、他方の墓地については、前妻の子の遺骨も一部埋葬されてはいたものの、後妻側の相続人が特に承継を望み、前妻側の相続人も一方の墓地のみを承継すれば満足する意向を示していたという事情があったことから、裁判所は、前妻側の相続人と後妻側の相続人が2か所の墓のそれぞれを分割して承継することを認めました。

(3) 共同承継が認められたケース

また、共同承継については、墓地の所有形態が共有であって、先祖代々一つのお墓に二つの家の祖先の遺骨が埋葬されており、いずれか一方の家系の者にのみ承継させるのが不合理であるような事情が存在した場合に、「一般的に祭祀の承継者は一人に限られるべきであるが……特別の事情がある場合には、祭祀財産を共同して承継するものとして承継者を共同指定することも差し支えない」(仙台家裁昭和54年12月25日審判・家月32巻8号98頁) としてこれを認めた例があります。

4 結 論

亡きお父様の遺言は、相続財産をすべて長男であるご質問者に与える趣旨であると思われますが、法律的には、相続財産とお墓の権利を含む祭祀財産は、別の権利として扱われています。

この点、「すべての財産は長男に」という文言から、祭祀主宰者の指定も同時になされているのではないかと思われるかもしれません。しかし、本件遺言の正確な文言はわかりかねますが、仮に、これが「すべての財産を長男に相続させる」という文言であった場合、相続財産と祭祀財産は別個の財産ですので、この遺言のみを根拠に、祭祀主宰者の指定があったというのは困難かと思われます。

そこで、そのほかに、ご質問者が、お父様から生前に「墓を守ってくれ」

などと言われていたなど、明示または黙示の祭祀主宰者の指定があったといえる場合には、ご質問者が祭祀主宰者の地位を承継します。しかし、このような事情がない場合には、いずれが祭祀主宰者となるかを慣習により指定することになります。上記の特別な事情がある場合でない限り、お墓の分割承継や共同承継は認められず、ご質問者と弟さんのどちらか1人が祭祀主宰者となります。

　そして、慣習が明らかでない場合には、家庭裁判所に祭祀主宰者の指定を求める調停を申し立て、調停がまとまらないときには、家庭裁判所の審判によって祭祀主宰者が決まることになります。

（奥津　麻美子）

Q80　祭祀主宰者の範囲と承継手続

　私たちは兄妹3人で、兄の私と妹2人です。妹2人は他家に嫁いでいます。私は未婚で子どももいません。そんな時、父が亡くなりました。お墓は承継者のいない人は継げないとお寺から言われています。妹たちに頼みましたが、妹たちはいずれも夫のお墓があるので、父のお墓はいらないといっています。どうしたらよいでしょうか。

▶▶▶ Point
① 祭祀主宰者となれる者の範囲
② 墓地使用権の承継手続

1　祭祀主宰者となれる者の範囲

(1)　墓地使用権の承継

　通常、お墓を承継するといった場合、承継の対象は、墳墓（墓石やカロート）そのものの所有権と、墓地使用権に分かれます。墓地使用権とは、墳墓の所有者が、墳墓所有のために、他人の所有する墓地のうち、限定された区画を利用することができる権利をいいます。そして、墓地使用権は、墳墓の所有権と一体となる権利として、「祭祀財産」に含まれ、祭祀主宰者がこれを承継することになります。

　被相続人が祭祀主宰者を指定した場合には、その指定をされた者が、祭祀主宰者として祭祀財産を承継し、被相続人による指定がない場合には、慣習によって祭祀を主宰すべき者が、祭祀財産を承継します。また、被相続人による指定がなく、かつ慣習が明らかでないときには、最終的に家庭裁判所が審判（家事事件手続法190条）を行うことによって、祭祀主宰者を指定するこ

とになります（Q79参照）。

そして、祭祀主宰者として指定された者は、承諾するしないとは関係なく法律上当然に祭祀財産を承継します。しかし、その地位を放棄することは自由ですし、さらに別の者に承諾させることも自由です。

(2)　祭祀主宰者となれる者

上記(1)のいずれかの方法によって祭祀主宰者が指定される限り、法律上は、誰でも祭祀主宰者になることができます。たとえば、未婚で子どものいない者や、結婚や養子縁組をして氏を変えた者であっても、祭祀主宰者になることは可能です。さらには、成年被後見人を祭祀主宰者に指定した例（東京家裁平成21年8月14日審判・家月62巻3号78頁）、共同墓地の共有持分権を有する者が相続人なくして死亡した事案において、その者と親族関係にはない墳墓を管理する者を祭祀主宰者として指定した例（福岡家裁柳川支部昭和48年10月11日審判・家月26巻5号97頁）もあります。

したがって、承継者がいる場合でなければ祭祀主宰者とはなれないというような法律上の制限は存在しません。

2　墓地使用権の承継手続

(1)　墓地管理者への届出

祭祀主宰者が指定された場合、祭祀主宰者は、当然に墳墓の所有権と墓地使用権を承継しますが、事務手続の問題として、墓地使用権については、墓地管理者に承継の届出をする必要があります。墓地の使用権は、通常、墓地使用権者が墓地管理者から永代使用権を取得して使用しているため、名義変更手続をしないと誰が承継したのかがわからず、管理料を誰に請求したらよいのかが不明になってしまうためです。

(2)　墓地使用に関する標準契約約款

もっとも、この届出に対する墓地管理者の承諾は不要です。この点については、平成12年12月6日に厚生省（当時）が、事業用墓地を対象に墓地使用

契約の内容の明確化等を図ることを目的として各都道府県知事らに対して発した「墓地経営・管理の指針等について」（平成12年12月6日生衛発第1764号）が参考になります。

この別紙2「墓地使用に関する標準契約約款」7条1項は、「使用者の死亡により、使用者の祭祀承継者がその地位を承継して墓所の使用を継続する場合には、当該祭祀承継者は、すみやかに別記様式による地位承継届出書に住民票の写しを添えて経営者に届出を行うものとする」と定め、同条項の解説は、「墓地使用権については当然に祭祀承継者に承継されるものであるから、本契約約款では特に承継に際しての経営者の承認等の関与は定めていない。それよりも、経営者としては、誰が承継して墓所を使用するのかを把握しておくことが重要であるから、承継者が住民票の写しを添えて必要な事項を書面をもって届け出るべきことを明確に義務付けた」としています。

上記約款は、公益法人などの事業者が経営する事業型墓地について、特定の階層だけではなく多数の利用者を予定しているというその公共性に鑑みて、あるべき契約約款を示したものであるため、ご質問のケースのような寺院が経営する寺院型墓地に直ちに当てはまるものではありません。しかし、寺院型墓地においても、「墓地をめぐる権利義務関係を明確にする」という観点から取り入れることができる部分については、上記趣旨を可能な限り参考とするべきであるとされています。

もっとも、寺院型墓地の場合には、檀家という宗教による特殊な結びつきも無視できないため、お墓を承継する者は、檀家としての地位も承継することになります。

3 結 論

ご質問のケースは、兄妹3人で妹2人は他家に嫁いでいるということですが、法的には、ご兄妹誰でも祭祀主宰者としてお墓を承継することは可能です。そして、その祭祀主宰者の指定方法として、亡きお父様が兄妹のうち誰

かを祭祀主宰者に指定していた場合には、その者が祭祀主宰者となり、そのような指定がない場合には、慣習によって祭祀主宰者となるべき者が承継することになります。また、お父様による祭祀主宰者の指定がなく、慣習も明らかでない場合は、最終的には家庭裁判所が審判によって祭祀主宰者を指定することになります。

　このような手続によって、ご質問者が祭祀主宰者となれば、ご質問者が当然に祭祀財産を承継することになり、お寺としても、ご質問者の祭祀主宰者としての地位を尊重すべきことになります。

　なお、上記のように、祭祀主宰者となれる者の範囲は、相続人に限られません。そのため、ご質問者の後にお墓を承継する者として、同じお寺の檀家となっている親族を指定することも可能ですので、未婚で子どもがいないことが直ちにお墓の承継者になれないということを意味するわけではありません。また、仮にご自身の承継者がいないとしても、永代供養の手続をとることによって、ご質問者の死後の祭祀も可能になります。

　したがって、あらかじめご自身の後にお墓を承継する者を指定してその旨をお寺に申し出るか、あるいは、永代供養の手続をとるべきかについて、まずは、お寺と話し合いをされてみてはいかがでしょうか。

（奥津　麻美子）

Q81　今後跡継ぎ不在となる墓地の管理

> 私は天涯孤独で身寄りが一人もいません。このような場合、私が今の
> 墓地に入ったとして、この墓地はどのようになってしまうのでしょうか。

▶ ▶ ▶ Point
① 　無縁墓の改葬手続
② 　永代供養墓という選択肢

1 　無縁墓とは

　少子化などの影響で、ご質問にあるような、承継者がいない、もしくは承
継者が不明なお墓が年々増加しつつあります。こうしたお墓は、一般的に、
無縁墓と呼ばれていますが、法律上は、「死亡者の縁故者がない墳墓又は納
骨堂」を「無縁墳墓」と定義するのみで（墓地埋葬法施行規則3条）、その具
体的な認定基準は定められていません。実務的には、墓地使用権者の死亡後、
墓地使用権の名義書換が行われないまま、墓地管理料や墓地使用料が一定期
間支払われなくなった場合に、無縁墓とみなされています。

2 　無縁墓の改葬手続

　実務上、無縁墓とみなされたお墓は、以下の①～④の手順に従って、墓地
管理者により改葬されることになります（墓地埋葬法施行規則2条1項・3条）。
なお、「改葬」とは、「埋葬した死体を他の墳墓に移し、又は埋蔵し、若しく
は収蔵した焼骨を、他の墳墓又は納骨堂に移すこと」（墓地埋葬法2条3項）
をいいます。

　　① 　死亡者の本籍および氏名、墓地使用者等、死亡者の縁故者および無縁

墳墓に関する権利を有する者に対し1年以内に申し出るべき旨を、官報に掲載する。

② ①と同様の内容を無縁墳墓等の見やすい場所に設置された立札に1年間掲示して、縁故者に1年以内に申し出るべき旨を公告する。

③ ①および②の公告期間中にその申出がなかった場合には、墓地埋葬法施行規則2条に規定する改葬の許可申請書に、以下の@〜⑧の事項を記載して、無縁墳墓等の写真および位置図並びに①、②を証明する書類を添付して市町村長に対し改葬の許可申請をする。

ⓐ 死亡者の本籍、住所、氏名および性別（死産の場合は、父母の本籍、住所および氏名）

ⓑ 死亡年月日（死産の場合は、分べん年月日）

ⓒ 埋葬または火葬の場所

ⓓ 埋葬または火葬の年月日

ⓔ 改葬の理由

ⓕ 改葬の場所

ⓖ 申請者の住所、氏名、死亡者との続柄および墓地使用者または焼骨収蔵委託者（以下、「墓地使用者等」といいます）との関係

④ 市町村長から改葬の許可を受け、指定の場所へ改葬する。

3 無縁墓に関する私法上の権利関係

(1) 国庫への帰属

上記の無縁墓の改葬手続は、あくまで公法上の規制について定めたもので、これによって、墓地使用権をはじめとする私法上の権利義務関係に変動を及ぼすものではありません（昭和23年9月13日厚生省発衛第9号「墓地、埋葬等に関する法律の施行に関する件」）。

無縁墓に関する私法上の権利関係については、墓地の管理規則や使用規則に定めがあればそれにより、そのような定めがない場合には、民法の規定に

従って決せられます。

　そして、民法は、承継者がいない、または承継者が不明なお墓の権利の処理方法について特別の定めを設けていないため、結局のところ、無縁墓に関する権利は、他の相続財産と同様の処理手続に従って、国庫に帰属することになります（多数説。我妻栄＝唄孝一『相続法』53頁・75頁以下）。

　具体的には、まず、利害関係人が家庭裁判所に対して相続財産管理人の選任を請求し、家庭裁判所が相続財産管理人を選任したときは、家庭裁判所はその旨の公告を遅滞なく行います（民法952条1項・2項）。そして、家庭裁判所は、6カ月以上の期間を定めて相続人の捜索の公告を行い（同法958条）、その期間内に相続人や特別縁故者（被相続人と生計を同じくしていた者、被相続人の療養看護に努めた者その他被相続人と特別の縁故があった者のことをいいます）がいないことが確定した場合には、お墓は、国庫に帰属することになります（同法959条・958条の3）。

　しかし、上記方法は大変煩雑で費用もかかるうえ、国がこのようなお墓を取得して墓地管理料や墓地使用料を支払い続けることは非現実的ですので、実際には、このような方法はとらないまま、改葬手続のみが行われているのが現状です。この場合、墓地使用権については、管理料や使用料の滞納により墓地使用権が消滅したとして私法上も処理することが可能ですが、墳墓（墓石）の所有権に関する問題は、依然残されたままとなります。

⑵　その他の処理の可能性

　近年、①民法958条の3の「特別縁故者」の範囲を拡大解釈して、墓地管理者が「特別縁故者」にあたるとしたうえで、墓地管理者が、家庭裁判所に対して自らを祭祀主宰者に指定する旨の審判を申し立てることを認めようとする方法（東京高裁昭和53年8月22日決定・判タ371号149頁、墓園・斎場実務研究会『Q&A墓園・斎場管理・運営の実務』参照）や、②墓地管理者が、相続人の不存在を家庭裁判所の審判で確認した後に、あらためて、自らを祭祀主宰者に指定する旨の審判を申し立てることを認めようとする方法（竹内康博

『墓地法の研究』126頁）が有力に主張されています。

　これらの方法は、墓地管理者自身が祭祀主宰者としてお墓の権利を承継しようとするものであって、厳密には、無縁墓の処理方法ではありません。しかし、無縁墓に準じた処理方法として、また、改葬後の墳墓（墓石）の所有権の問題が残らないというメリットもあり、注目されています。

4　永代供養墓

　祭祀主宰者による承継を前提としないお墓として、永代供養墓があります。

　永代供養墓とは、法律上の概念ではありませんが、一般に、「墓を承継させることができない人のために墓地や納骨堂を提供して、管理供養は全て墓地・納骨堂の経営者が永代にわたって行う墓」のことをいいます（長谷川正浩編著『寺院の法律知識』351頁）。

　永代供養墓には、個人墓、夫婦墓、集合墓、共同墓などがあり、さらに、一体しか納骨できないもの、先祖の遺骨も入れることができるもの、個別の骨壺に入れて納骨するもの、他の遺骨と合葬するもの、一定の年月は個別にしていて一定の期間が経過すると合葬するもの、といった具合にさまざまな形態があります。

　公営や民営の霊園では、一般に永代供養を受け付けていませんが、寺院型墓地の場合、墓地管理者に永代供養料を支払い、先祖代々を永代にわたり供養してもらうように依頼することも考えられます（もっとも、「永代」といっても、期間が一定の年数に限られていることもあるので、注意が必要です）。

5　結　論

　無縁墓状態のままお墓を放置しておくことはご質問者ご本人にとっても、また墓地管理者にとっても望ましいものではありません。ある程度の期間の管理料・使用料をあらかじめ支払っておくか、信頼のできる人に依頼して、将来、管理料や使用料を支払い続けてもらう手配をしておけば、その間、無

縁墓として改葬されてしまうことは防げますが、それも時間の問題です。

　祭祀主宰者は、必ずしも親族である必要はなく、親しい知人等がなることも可能ですので、まずは、ご自分の親しい人でお墓を承継してくれる人がいないかどうか、検討してみてください。

　もし、ご質問者が亡くなり、お墓の承継者が見つからないまま管理料や使用料の滞納が続いた場合には、そのお墓は無縁墓とみなされ、上記の手続を踏んだうえで、墓地管理者によって改葬されることになります。

　場合によっては、墓地管理者に永代供養料を支払って永代供養を依頼することや、生前にお墓を整理して、別の永代供養墓に改葬することも考えられます。

（松田　純一）

Q82　霊園管理料の滞納

　霊園から毎年管理料の請求がきていますが、私は収入がないため、管理料まで支払う余裕がなく、毎年、請求書がくるとその都度、支払えない旨を霊園に手紙を書いています。友人に「そんなことをしていると無縁になってお墓がなくなってしまうぞ」と言われました。本当でしょうか。

▶ ▶ ▶ Point

① 　管理料の意味

② 　墓地の使用関係の相手方（霊園）からの解消

③ 　改葬の手続

1　管理料について

　管理料とは、墓地内の共用部分や共益施設の維持管理、環境整備、墓地全体の運営、事務等に要する費用を填補する料金で、管理の対価として定期的に支払われるものです。

　通常、墓地使用者は、墓地経営者との間で墓地使用契約を締結して墓地を使用しますが、同契約において管理料を支払う旨を承認した場合、墓地使用者は、この契約に基づき管理料の支払義務を負います。なお、墓地使用契約とは別に管理規則が定められ、管理規則に管理料の支払について定められている場合もあります。この場合、墓地使用契約に「管理規則に従う」といった記載がされていたり、契約に際し管理規則に従うことを合意したりすることによって、管理規則も墓地使用契約の内容になっていると解されます。

　地方公共団体が経営する公営墓地の場合、墓地使用者には、墓地使用に関

する条例または規則が適用されます。そして、条例または規則で「使用者から条例に定める額の範囲内において、規則で定める額の管理料を徴収する」等の定めがされている場合、墓地使用者は、当該条例または規則に基づき、管理料の支払義務を負います。

　このように、墓地使用者は、契約または条例等に基づき管理料の支払義務を負いますので、これを支払わない場合、支払を求める民事訴訟等が提起される可能性もあります。

　もっとも、管理料の支払義務を負うことと管理料滞納による改葬とは別の問題であり、墳墓および墓地使用権の性質からして、管理料が滞納されたからといって直ちに改葬できるわけではありません。

2　墳墓および墓地使用権の性質

　墳墓は、死者に対する宗教的礼拝の対象となる特殊の財産であり、墓地埋葬法の規定に従い、官庁の許可を受けた墓地内にのみ設置されるもので、容易に移動することができません。そのため、墳墓および墳墓を安置する土地の使用権は、固定性という性質を有しています。また、墳墓の所有権は、祖先の祭祀を主宰する者に代々相続され、相続人が断絶して無縁とならない限り永続的に承継されるものです。そのため、墳墓および墓地使用権は、永久性という性質も有しています。

　したがって、墳墓や墓地使用権に関する問題が生じた場合には、これらの固定性、永久性という性質に配慮することが不可欠です。

3　管理料の滞納と墓地使用関係の解消

　一般的に、民営の霊園墓地の場合、墓地使用契約等において、一定期間の管理料の滞納が墓地使用契約の解除事由になる旨定められています。また、公営墓地の場合は、条例で、一定期間分の管理料の滞納が使用許可の取消事由になる旨定められています。そして、墓地使用契約が解除された場合、ま

たは使用許可が取り消された場合、墓地使用関係が解消されます。

　もっとも、墳墓および墓地使用権の固定性、永久性という性質からすると、短期間の管理料の滞納のみによって直ちに使用関係を解消することはできないと考えます。

　この点、管理料の不払が3年から5年に及んだ場合に「永代使用権を取消す」旨定めている管理規則について、「管理費は、基本的に共同使用部分の維持管理費に充てられる性格のものであり、墓地使用料に比して極めて小額（ママ）であることから、この債務不履行が3年ないし5年に及んだとしても墓地使用契約の解除権はいまだ発生しないものと解される」との見解があります（茨城県弁護士会編『墓地の法律と実務』177頁）。

　なお、どれくらいの期間管理料を滞納した場合に使用関係が解消されるかについては判断が分かれるところですので、まずは墓地使用契約や条例等を確認し、管理料の支払について霊園と相談するのがよいでしょう。

4　墓地使用関係解消後の手続

　仮に墓地の使用関係が解消された場合、多くの墓地使用契約においては、墓地使用者が原状回復義務を負う旨、すなわち、埋蔵されている焼骨の改葬を行うとともに、墳墓・墓石等を撤去しなければならない旨が定められています。公営墓地の場合も、一定の条件の下に公の施設の使用許可がなされているのですから、原則として、原状回復をしたうえで返還されることが前提となります。

　したがって、墓地使用者は、使用関係が解消された場合、原状回復義務の履行として、改葬および墳墓・墓石等の撤去を行わなければなりません。なお、改葬を行う場合には、市町村長の許可を得る必要があります（墓地埋葬法5条1項）。

　墓地使用者が原状回復しない場合、墓地の管理者が改葬を行うためには、管理者が改葬許可を得なければなりません。改葬には、通常の手続によるも

の（墓地埋葬法施行規則2条）と無縁墳墓等の手続によるもの（同施行規則3条）とがありますが、ご質問の霊園は、墓地使用者を把握していますので、通常の手続による改葬が行われる可能性があります。そして、この場合、墓地の管理者は、「墓地使用者等の改葬についての承諾書又はこれに対抗することができる裁判の謄本」を申請書に添付して、改葬の許可を得なければなりません（同施行規則2条2項2号）。

　管理者が強制的に墳墓・墓石等の撤去を行うためには、墓地使用者に対する民事訴訟において勝訴判決を得ることが必要です。たとえ墓地使用契約等に「墓地使用者が速やかに原状回復を行わない場合、管理者が代わってこれを行う」といった趣旨の規定があったとしても、管理者は、当該規定のみを根拠に強制的に墳墓を撤去し、改葬することはできません。

　このように、管理者が改葬および墳墓・墓石等の撤去を行う場合、民事訴訟等の手続がとられることとなります。

（矢吹　公敏）

Q83 無縁墳墓と判断するための手続と改葬手続

私は今老人ホームに入っていますが、このことをお寺に知らせないでいました。3年ぶりにお墓へ行ったらお墓がなくなっていました。どうしたのかと聞いたら、姪が自分の墓地へ移したというのです。私には連絡がつかないから無縁処理をしたということでした。こんなことは許されますか。

▶ ▶ ▶ Point

① 無縁墳墓の認定

② 無縁墳墓の改葬手続

1 無縁墳墓の認定

　無縁墳墓とは、死亡者の縁故者がない墳墓のことをいい、改葬とは、埋葬した死体を他の墳墓に移し、または埋蔵し、もしくは収蔵した焼骨を、他の墳墓または納骨堂に移すことをいいます（墓地埋葬法2条3項）。

　古くから寺院は、境内墓地の墳墓について、埋葬者の相続人がないというだけではその墳墓を取り除くことをせず、①墳墓の所有者が廃家・絶家し、または遺族の所在不明の状態が長年続いていること、②墓参の形跡がなく、墓地施設が荒廃していること、を要件に無縁墳墓として改葬・合祀する慣習だったといわれています（月刊住職編集部編『寺院の法律実務大事典』922頁）。そして、この慣習は、昭和23年に制定された墓地埋葬法によって規定されるようになり、同法5条は、改葬に際して市町村長の許可を受けることが必要である旨を定めています。また、無縁墳墓の改葬を行うためには、同法施行規則3条に従って改葬許可を得る必要があります。

　ところで、墳墓は、死者に対する宗教的礼拝の対象となる特殊の財産であり、容易に移動することができない点で、固定性という性質を有しています。また、墳墓は、祖先の祭祀を主宰する者に代々相続され、永続的に承継されることが予定されている点で、永久性という性質も有しています。このような墳墓の永久性、固定性という性質からすると、改葬は容易に行うことができず、墓地管理者は、無縁墳墓の改葬許可を得るに際して、善良なる管理者の注意をもって墓地使用者の在籍調査を行う必要があると思われます。すなわち、墓地管理者は、一般的に考え得る手段を用いて調査し、死亡者の縁故者がないことを確認することが必要と考えます。

　相談者は、相談内容からすると寺院の檀徒名簿に記載された檀徒と思われます。老人ホームに移居しているとはいえ、住所変更等で連絡が取れたはずですから、まず相談者に連絡してその意向を確認すべきであったでしょう。姪は檀信徒ではないので、その意向に従ったことには問題があるといえます。

2　無縁墳墓等の改葬許可手続

　改葬とは、「埋葬した死体を他の墳墓に移し、又は埋蔵し、若しくは収蔵した焼骨を、他の墳墓又は納骨堂に移すことをいう」ところ（墓地埋葬法2条3項）、改葬を行うにあたっては、墓地埋葬法および同法施行規則の定めに従って市町村長の改葬許可を得ることが必要です。そして、死亡者の縁故者がない墳墓または納骨堂（以下、「無縁墳墓等」といいます）に埋葬し、または埋蔵し、もしくは収蔵された死体または焼骨の改葬については、同法施行規則3条に従って市町村長の改葬許可を受ける必要があります。そして、改葬の許可申請書には次の書類を添付しなければなりません。

① 墓地または納骨堂の管理者の作成した埋葬もしくは埋蔵または収蔵の事実を証する書面
② 無縁墳墓等の写真および位置図
③ 死亡者の本籍および氏名並びに墓地使用者等、死亡者の縁故者および

無縁墳墓等に関する権利を有する者に対し1年以内に申し出るべき旨を、官報に掲載し、かつ、無縁墳墓等の見やすい場所に設置された立札に1年間掲示して、公告し、その期間中にその申出がなかった旨を記載した書面

④　上記③の官報の写しおよび立札の写真

⑤　その他市長村長が特に必要と認める書類

3　寺院との関係

　寺院が墓地埋葬法に従った改葬許可を得ず、また上記のような在籍調査を行わず改葬を行い、墳墓・墓石等を撤去した場合、墓地使用者は、墓地使用権および墳墓等の所有権の侵害があったとして、寺院に損害賠償を請求できる可能性があります。また、墓地を使用させるよう求めることも可能かもしれません。

　もっとも、寺院の墓地は、寺院と檀信徒との宗教的な結びつきを前提としており、歴史的に、同一宗派に属する檀信徒のみに墓地使用を認める慣行が存在しています。そのため、寺院の墓地は、単なる埋葬・埋蔵の場所ではなく、死者儀礼という宗教儀式の場所としての宗教的な意味合いをも有しており、寺院においては、寺院の中心である住職と檀信徒との宗教的結びつきや人間関係が重視されます。

　したがって、寺院の墓地の法律関係については、それまでの慣行、寺院と檀信徒との宗教的結びつきおよび人間関係等に十分配慮する必要があります。無縁墳墓といっても、焼骨を合葬する場合も各々の焼骨は分けている場合があり、元のように墳墓を再興する可能性も検討できるかも知れませんので、寺院とよく話し合うのがよいと考えます。

（矢吹　公敏）

V 墓地経営、散骨等に関するトラブル

Q84 霊園の破産と管理料の値上げ

霊園が破産してしまいました。墓地を続けるなら管理料の値上げをしてくれと請求されています。応じなければなりませんか。

▶▶▶ Point

① 霊園の破産と墓地の使用関係

② 値上げの相当額

1 霊園の破産と墓地使用契約

　霊園の経営主体が破産した場合、霊園の経営管理を継続できなくなり、その財産は、破産法の手続に従って管理・処分され、債権者は、破産法の手続によってのみ債権の回収が許されることとなります。

　この点、破産法は、双方未履行の双務契約、すなわち、破産者およびその相手方が破産手続開始の時においてともにその履行を完了していない契約について、破産管財人が当該契約を解除することができると定めています（破産法53条1項）。どのような場合に破産管財人が契約解除できるのかについては議論が分かれていますが、たとえば、賃貸借契約における賃貸人が破産した場合、破産管財人による契約解除を認めると、賃借人は、賃貸人の破産という自己に関係のない事由によって賃借権を失うことになるので、公平の観点から、賃借人が第三者対抗要件を備えている場合には、破産管財人の解除権が否定されています（同法56条1項）。この趣旨は、賃借人がすでに財産権として確定的に保持している利益を解除によって失わせることは公平に反す

る、という点にあります。

　墓地使用者は、墓地を使用するため、霊園との間で墓地使用契約を締結するのが通常です。使用権の内容は、墓地使用契約によって定まりますが、一般的には、墓地使用契約は、賃貸借契約類似の契約であると思われます。また、墓地が祖先崇拝の対象であり、永久性・固定性という性質を有していることからすれば、墓地使用契約は、賃貸借契約よりも強固な継続性が求められていると言えます。

　したがって、墓地の永久性・固定性および公平の観点から、墓地使用契約についても破産法53条１項の適用を否定し、霊園の破産管財人による契約解除を否定すべきと考えます。

　墓地使用契約の解除が否定された場合、同契約は、霊園の経営主体が破産した後も存続し、霊園が換価される場合、墓地使用権の負担付きで換価されることとなります。そして、墓地使用者は、墓地使用権が墓地の永久性・固定性という社会通念に裏づけられた物権に準ずる性質を有すると考えられることから、墳墓が存在する以上対抗要件を備えているとして墓地使用権を買受人に対抗できると解されています（藤井正雄＝長谷川正浩編『墓地・納骨堂をめぐる法律実務〔補訂版〕』44頁）。加えて、墳墓は、刑法上も保護されており、これを侵害することは、犯罪として処罰の対象となります（刑法189条）。このように、墓地使用者の権利は、十分に保護されており、霊園の経営主体の破産によっても、特段の事情がない限り排斥することはできません。

２　管理料の値上げ

　ご質問は、誰から管理料の値上げを請求されているのか判然としませんが、以下、適法に霊園の経営を行い得る者（墓地経営の許可を得た霊園の買受人等）からの値上げ請求であることを前提に検討します。なお、霊園の買受人が墓地の経営をするためには、自ら墓地経営の許可を取得する必要があります。

　霊園の経営が第三者に承継された場合、墓地使用契約等の墓地使用に関する契約も当該承継者に引き継がれます。そして、墓地使用契約等に「社会情勢の変動等により管理料が不均衡となったとき、管理者は管理料を改定できる」旨の条項がある場合、霊園の承継者は、当該条項に基づき管理料の値上げをすることができます。また、このような条項がない場合であっても、管理料が墓地内の共用部分や共益施設の維持管理、環境整備、墓地全体の運営、事務等に要する費用を填補する料金で、共用的費用の分担と解され、定期的に支払われるべきものであることからすれば、借地契約における地代と同様、公平の原則により、経済情勢の変動に応じ相当額に変更できると解されています（藤井＝長谷川・前掲315頁）。

　したがって、墓地使用者は、相当額の値上げ請求である場合、これに応じなければなりません。

　なお、管理料の値上げをしない旨の特約等がある場合は値上げできません。

　墓地使用者が値上げ額に納得できない場合など、管理料の値上げに関し紛争が生じた場合、まずは、当事者間で協議をすることが望ましいでしょう。借地借家法11条２項は、地代の増額について当事者間での協議を前提としていますが、管理料の場合も、同条の規定に準じて協議することが望ましいと言えます。

　協議が調わない場合は、地代に関する借地借家法11条２項に準じて、民事調停や裁判によって相当額の確定を求めることができます（藤井＝長谷川・前掲315～316頁）。

　協議や民事調停、裁判によって相当額が確定した場合、これらに従って、霊園に相当額を支払う必要があります。

３　霊園の破産と管理料の不当値上げ

　霊園の経営主体が破産した場合、霊園の経営に乗り出してきた債権者等によって、管理料等が不当に値上げされてしまうといった事態が考えられます。

　ご質問の場合も、不当に管理料の請求・値上げがなされる可能性もありますので、まずは、霊園の承継関係等について破産管財人に確認するのがよいでしょう。

（矢吹　公敏）

Q85　無許可の墓地経営と使用権

> 　ある墓地（納骨堂）の墓所（納骨壇）を求めたところ、他日になって、その区域（施設）が墓地（納骨堂）としての許可を得ていなかったことが判明しました。すでに、墓所には墳墓を建立（納骨壇にネームプレートを刻字）してしまい、納骨も済ませています。どうしたらよいでしょうか。

▶ ▶ ▶ Point
① 　無許可墓地と使用契約関係
② 　墓地経営者への行政の対応

1 　「善意の第三者」である場合

　基本的には、使用者であるあなたは、いわゆる「善意の第三者」です。

　ですから、「墓地（納骨堂）が無許可である」というような、提供者側の瑕疵、もしくは故意に起因し、あなたの墓所（納骨壇）を移転するなどを強いられた場合、その補償を求めることができます（求める相手は原則、経営主体になります）。

　しかし、その場合、誰から、どの段階（たとえば、墓地であれば、区画を求めた際、あるいは墳墓の建立の際、もしくは後、あるいは納骨する際……等）で、当該区域（施設）が無許可である旨の事実をあなたが知り得たかで、補償の行方も異なります。

　もし、仮に墓地であれば墓所区画を求めた段階、あるいは納骨堂であれば、使用する納骨壇を決めた段階で、当該区域（施設）が無許可であることを知った場合、その時点で、直ちに相手側（墓地や納骨堂の経営者、提供者等）の

履行不能を理由とした契約の解除を行うべきですし、その場合にはすでにやり取りされた金員に加え、新たな墓地（納骨堂）を探し直さねばならない、といった実害も被ることになるのですから、相応の「損害賠償」を請求するということも可能でしょう。

2 「無許可」を知っていた場合

しかし、無許可であることを知りつつもなお、墳墓の建立や納骨壇への刻字などに踏み切ったのだとしたら、他日になって無許可であることが明らかとなり、行政の命令により、原状復旧、施設の取壊し、つまりは、墳墓や納骨壇の取壊しが行われざるを得なかったとしても、あなたは、もはや「善意の」第三者であるとは言い難いでしょう。

そうしたケースにおいては、すでにやり取りされた金員の返還請求は難しいと考えるべきでしょうし、場合によっては、原状復旧に要した費用、わけても使用者自身の墳墓、納骨壇の撤去に要した費用が新たに求められることも考えられます。

3 現実的な「無許可」に対する行政の対応

無許可墓地、あるいは納骨堂の存在が明らかになっても、相当程度の事由が認められない限り、特に、すでに使用者が存在する場合、墓地や納骨堂の経営者、提供者等に対して、一定のペナルティを課すか、整備・改善を指示するにとどまることが多いようです。無論、これはあくまで「考え得る状況」です。何より行政が公営墓地区域内に納骨堂を設ける場合であっても、行政自身、合葬墓、合祀墓などがあらわれてきたことから、墳墓と納骨堂の区別について定義があいまいになっていることが少なくありません。そうしたことを考えると墓地経営者と対立するのではなく、既存の施設の活用に行政側と歩調を合せるという考え方もあるのではないでしょうか。

しかし、前述のように原状復旧が求められる場合が皆無ではありません。

墓地であれば墓所区画を求めた段階、あるいは納骨堂であれば、使用する納骨壇を決めた段階で、当該区域（施設）が無許可であることを知った場合、あなた自身のコンプライアンス（遵法主義）のレベル、見識が問われることとなります。

（横田　睦）

Q86　散骨と法律

> 夫が亡くなり、間もなく四十九日になります。夫は自然が好きでしたので、遺骨は狭い墓石の下に納めたくありません。夫が好きだった海に散骨しようと思いますが、どの様な点に注意すればよいでしょうか。

▶ ▶ ▶ Point
① 散骨とは
② 散骨の法律上の問題点
③ 散骨の仕方

1 散骨とは

　散骨とは、遺骨を粉にして山野や海に撒く葬法です。散骨は、自然葬と呼ばれることがありますが、自然葬は散骨より広い概念で、風葬なども含みます。散骨はわが国でも古くから行われていました（万葉集にも散骨の風習を示す挽歌が残されています）が、近年注目を集めている散骨は、古代からの伝統を引き継ぐものではなく、墓地用地の乱開発による地球環境の破壊を防止するとともに、自己の死後に関する自己決定権を実現するものとして主張されています。

　散骨には、「山野での散骨」、船で散骨地点まで移動して行う「海での散骨」、セスナやヘリコプターで海上を飛び、空から遺灰を撒く「空での散骨」などがあります。散骨は、業者や市民団体が行っている場合もありますが、個人的に実施しているケースも多いようです。比較的早い時期の実施例として、①平成3年4月、滋賀大学のヨット部を創設した同大名誉教授の遺灰を、ヨット部OBなどが琵琶湖に撒いて散骨を実施したケース、②同年10月、

「葬送の自由をすすめる会」が会として初の散骨を実施した（失恋のため28歳で自殺した看護婦の知人が、会に散骨を依頼し、相模灘で実施した）ケース、③平成4年10月、「散骨を考える会」が会として初の散骨を舞鶴湾の沖合で執り行ったケースなどがあります。

２ 墓地埋葬法上の問題点

　散骨という葬法は、①遺体の火葬（土葬の後、骨だけになってから取り出すという方法もあり得ます）、②遺骨の粉砕、③山や海などに遺骨（骨灰）を撒く、という手順で行われます。

　①の「遺体の火葬」は、墓地埋葬法による規制の対象となり、市町村長の許可を受けなければなりませんし、また、火葬場以外で火葬することはできません（墓地埋葬法4条2項・5条1項）。②の「遺骨の粉砕」は、次に述べる刑法上の問題が生じますが、墓地埋葬法上は何ら問題ありません。③の「遺骨を撒く」行為は、墓地埋葬法4条1項で禁止されている墓地以外の区域での「焼骨の埋蔵」に該当せず、墓地埋葬法に抵触しません。

　ただ、近年、陸地での散骨の場合、「撒いた焼骨の上に土や落ち葉等をかけているケース」がみられるようですが、これは「焼骨の埋蔵」（墓地埋葬法4条1項）に該当する可能性があります（平成16年10月22日健衛発第1022001号参照。なお、文化財保護法92条の「埋蔵」概念参照）。

　また、すでに墓に納められている遺骨を取り出して散骨する場合は、「他の墳墓又は納骨堂に移す」わけではないため、「改葬」には該当しません（墓地埋葬法2条3項）。したがって、この場合は、市町村長の許可を得る必要がないということになります（同法5条1項）。しかし、この点は立法論としては（de lege ferenda）議論の余地があります。

３ 刑法上の問題点

　次に、散骨は、刑法190条の遺骨遺棄罪に該当するのではないかが問題と

なります。

　比較的早い時期に散骨を実施した市民団体も、この点を懸念し、法務省刑事局に問い合わせています（朝日新聞平成3年10月16日朝刊31面参照）。かつて、散骨は遺骨遺棄罪にあたるとの見解もありましたが、今日では、散骨が節度をもって行われる限り遺骨遺棄罪にあたらないと一般に解されています。

　前述のように、散骨は、①遺体の火葬、②遺骨の粉砕、③遺骨（骨灰）を撒く、という手順で行われます。これら三つの行為のうち、これまで、主に③の行為についての遺骨遺棄罪の成否が議論されてきたようですが、①②の行為も刑法上問題がないわけではありません（①の行為については死体損壊罪の成否、②の行為については遺骨損壊罪の成否）。特に、②の行為は問題でしょう。散骨という葬法が法律上認められるためには、これらの問題も解決されなければなりません。

　①の「遺体の火葬」は、刑法190条の「死体の損壊」に該当します。しかし、法令（墓地埋葬法）に基づくものであるため、違法性が阻却され、死体損壊罪は成立しません。②の「遺骨の粉砕」は、「損壊」の刑法学上の定義からすると、形式的には刑法190条の「遺骨の損壊」に該当します。しかし、③の「遺骨を撒く」行為を刑法に抵触しないよう行うには、一般社会常識上許容し得る節度をもってなされなければならず、そのためには、明らかに人の骨とわかるような状態でないものを撒く必要があります。②の「遺骨の粉砕」は、散骨という葬法の一環として、「遺骨を撒く」行為が法律に抵触しないように、焼骨を粉砕するのですから、この行為は遺骨損壊罪にはならない（違法性が阻却される）と解すべきでしょう。③の「遺骨を撒く」行為については、刑法190条の「遺棄」とは、習俗上の埋葬等とは認められない方法で放棄することであると一般に解されているのですから、葬送のための祭祀として節度をもって遺骨を撒く行為は、「遺棄」にはあたらず、遺骨遺棄罪は成立しないと解されます。

　ただ、刑法190条（死体損壊等の罪）は、死者に対する社会的風俗としての

宗教的感情を保護しようとする——個人的法益ではなく、社会的法益に対する罪の範疇に属する——ものですので、遺骨を灰にして投棄する場合はともかく、遺骨をそのまま海中等に投棄する行為は、たとえそれが死者の意思に沿ったものであったとしても遺骨遺棄罪になると一般に解されています。したがって、散骨推進の市民団体が東京都の水源地（都有林）で行ったような、部位が推定できる程の大きさの人骨を撒く行為は、遺骨遺棄罪（刑法190条）になる可能性があります。

4 民法上の問題点

さらに、散骨がなされた当該土地所有者・近隣住民等の権利・利益侵害の問題があります。

散骨が増加するにつれて、「散骨を実施した者」と「人骨を撒かれた側」（たとえば、地元の農家・漁業関係者・飲食店など）との間でトラブルが起きるようになってきました。散骨によって自己の所有権等を侵害された場合、地表の土を入れ替えるなどして妨害物の除去が可能であれば、所有権等に基づく妨害排除請求をすることができます（物権的請求権。民法202条1項参照）。また、不法行為による損害賠償（財産的損害のほかに、精神的損害の賠償）を請求することもできます（民法709条・710条）。ただ、物権的請求権では侵害者の故意または過失を要しません（大審院昭和12年11月19日判決・民集16巻1881頁）が、不法行為を理由とする請求では相手方に故意または過失が必要です。

現在、散骨業者の数は全国で70～80に上り、中には自治体が知らないうちに散骨を行い、観光地のイメージを損なったり、その土地にない植物を植えて生態系を傷つけたりする例も出ているといわれています（読売新聞平成24年8月6日参照）。そのため、散骨を規制する条例を制定している自治体も少なくありません。

5 散骨の仕方

以上のように、散骨そのものは、法律によって禁止されているものではありませんが、散骨を法に触れないように実施するためには、次の点に注意する必要があります。

(1) 散骨禁止条例

現在、散骨を規制する条例を制定している自治体も少なくありませんので、散骨する際には、散骨予定地での散骨が可能であるか否か事前に確認する必要があります。

たとえば、埼玉県秩父市では、「何人も、墓地以外の場所で焼骨を散布してはならない。ただし、市長が別に定める場合は、この限りではない」として、原則として散骨を禁止しています（秩父市環境保全条例36条・同条例施行規則23条）。このほかに、北海道岩見沢市、北海道長沼町、長野県諏訪市、静岡県御殿場市などの自治体で散骨を規制する条例を制定しています。

(2) 方 法

方法については、①遺骨を人骨だとわからないくらいにまで細かく砕くこと、②故人を追悼するにふさわしい方法で遺骨を撒くこと、③「焼骨の埋蔵」に該当するような散骨の仕方（前記②参照）は避けること、④自然環境を害するような方法（たとえば、金属、プラスチックなど自然に還らない遺品を遺骨と一緒に海に撒く）はとらないことなどの点に留意する必要があります。

(3) 場 所

場所については、他人の権利を侵害するような場所（たとえば、承諾を得ていない他人の所有地、漁場、養殖場、生活用水として利用している川など）は避け、近隣住民の住環境、自然環境に十分配慮することが必要です。

6 残された問題

以上みてきた問題のほかに、散骨にはまだ詰めなければならない問題が残

されています。

第1に、故人の生前の意思確認の問題です。

①現代の散骨は、自己の死後を自らの意思によって決定するという自己決定権を実現するものとして主張されていますが、本人（故人）の生前の意思を誰がどのように確認するのか、また、これまで確認してきたのか。また、②本人の意思表示はエンディング・ノートなどの書面によることを要するのか（臓器の移植に関する法律6条1項参照）。さらに、③本人が葬法について意思を表明しておらず、かつ、「推測される本人の意思」が考えられない場合（意思無能力者など）に、遺族の独自の判断で散骨という特別な葬法を行うことができるのか、など。

第2に、これは法律上の問題ではありませんが、散骨の場合には墓がないという問題です。

「墓がないため、お参りする対象がない（お参りはどこにすればよいのかわからない、故人を偲ぶ場所がない）」、「散骨は遺骨を捨てるようで抵抗がある」などの理由で、散骨を敬遠する人も多く、散骨は知名度が高い割にはそれほど増えていない（特に、遺骨全部を撒いてしまう人はごく少数である）ようです。新しい葬法の中でも、墓を全くつくらない散骨よりも、たとえ樹木であっても墓標のある樹木葬を志向する動きもみられます。

墓無用とする散骨推進論者は、「墓は心の中に建てよ」と主張しています。しかし、目から消えるものは心からも消えるものです。故人のことをいつまでも忘れないでいることが一番の供養であると考え、「墓」にこだわる人も多数存在しています。「墓問題」を考える際には、この点も考慮しなければなりません。

上記問題点を考えると、ご質問の海での散骨の場合、散骨業者から散骨した場所の緯度・経度を記入した散骨証明書等を交付してもらうとよいでしょう。また、自然に還ることができ、かつ、樹木であっても墓標のある樹木葬も、選択肢に加えられるとよいでしょう。

（石川　美明）

Q87　樹木葬と墓地

> 　樹木葬が行えるという霊園（墓地）で、指定された樹木の根元の周囲
> に、あらかじめ細かく砕いておいた焼骨を撒き、その上からその木のも
> のと思われる落ち葉で覆い隠しました。他日になり、この樹木葬を行っ
> た場所は、「墓地ではない」ということを聞かされました。何か、法律
> に触れるのではないでしょうか。

▶▶▶ Point
① 　散骨と樹木葬の違い
② 　樹木葬の契約（規制）

1　お答えするにあたっての問題点の整理

　ご質問では、「樹木葬を行った場所は、『墓地ではない』ということを聞か
されました」とありますが、それは誰が、どういった主旨で述べたのかがわ
からないと的確な回答ができません。

　当該墓地の管理職員が「あの（樹木葬）区域は、墓石を建立する区域とは
異なります」という意味で、単にその特殊性を強調する意味で「墓地ではあ
りません」と答えたのか、あるいは、ご質問者が思われているとおり、「墓
地の許可は得ておりません」という意味で「墓地ではありません」と答えた
のか、それによって結論が異なります。

　ただ、常識的に考えると、「許可を得てはいない」という、不安感を煽る
ような説明を、あえて積極的に行うとは考えられませんから、ここでの「墓
地ではありません」という説明の主旨は「あの（樹木葬）区域は、他の墓石
を建立する区域とは異なります」と、単にその特殊性を強調しただけにすぎ

ないと考えるのが妥当であろう、とここでは考えることとします（無許可墓地の問題についてはQ85参照）。

２ 樹木葬の定義とその種類

樹木葬について厚生労働省は、「樹木葬森林公園に対する墓地、埋葬等に関する法律の適用について」（平成16年10月22日健衛発第1022001号）において、明確に樹木葬が行われる区域は「墓地」の許可が必要であると述べています。すなわち、私たちが向き合う対象が石（墓石）であるか、生きている樹木であるか、どれにせよ「焼骨をおさめるための施設」である「墳墓」であり、これを設ける区域は「墓地」であることになります。

インターネットで「樹木葬」というキーワードを検索すると、多数のサイトがヒットします。しかし、実際、樹木葬墓地はどれだけあり、どう運用されているのか、さらには永続的な運営・管理の見通しは担保されているのか、などといった具体的なことはあまり伝わってこないのが現状です。したがって、以下は概略のみの説明となります。

樹木葬は、大きく３種類に分けて考えることができます。

① 墓石などはいっさい使用せず、地面にそのまま穴を掘り、樹木の根元に遺骨を埋葬するもの

② 墓石の代わりに、あまり大きくならない低木を植えるもの

③ 霊園内に樹木葬スペースを設けて、大きな木の下に、整然と複数の遺骨を埋葬するもの（横浜市のメモリアルグリーンなどがその代表）

お墓、墓碑がないことから、一般の受け取り方としては、散骨と混同されているケースがまま見受けられます。そうしたことなどを踏まえ、上記厚生労働省通知が出されています。

同通知では、「樹木の苗木を植える方法」「土や落ち葉をかける方法」のいずれについても、墓地埋葬法４条で禁止されている墓地以外への「焼骨の埋蔵」に該当するという見解が示されています。先の散骨の場合でも、陸地、

山間部などで実施している場合には（ちなみに住宅地内で行われたというケースも報告されています）、撒いた焼骨の上に土や砂、落ち葉を被せている事例が多々報告されています。このことは、事実上、散骨ができなくなったことを意味すると考えます。

こうしたことを考えると、あるいは、冒頭の「この場所（樹木葬区域）は墓地ではない」と述べた者は、散骨（自然葬）と混同していた可能性も考えられます。

ちなみに、樹木葬墓地の数は、樹木葬ができる区域を設けている墓地も含めて、正確な数字の把握は困難であり、各々の使用者数については公表されてはいません。しかし、日本初の樹木葬墓地である祥雲寺（現・知勝院）の樹木葬墓地の使用者が千数百であるとされていることから、後続した他の樹木葬墓地も含めると相当数になると考えるのが妥当なのではないでしょうか。

樹木葬の価格（費用）はそれぞれの樹木葬墓地によって異なります。しかも、その設定の基準もさまざま（曖昧）で、おおよそ30〜50万円からが基本となっているようです。先ほど、樹木葬も大きく分けて3種類に分けて考えることができると述べました。しかし、その使用料は単純にタイプ別に異なるというものでもないようです。

（横田　睦）

Q88　土葬を受け入れる墓地がない理由

> 私の祖母は、「火葬されるのは熱いからいやだ」と言って亡くなりました。祖母の想いをくんで土葬したいと思います。ところが、土葬を認めてもらえる墓地が見つかりません。どうすればよいでしょうか。

▶ ▶ ▶ Point
① 墓地埋葬法の趣旨
② 土葬が事実上禁止されている趣旨

1 葬送の方法──墓地埋葬法の趣旨

わが国の法律において認められている葬送の方法は、以下の三つです。

(1) 埋葬（土葬）

墓地埋葬法は、「この法律で『埋葬』とは、死体（妊娠4箇月以上の死胎を含む。）を土中に葬ることをいう」（同法2条1項）、「埋葬……は、墓地以外の区域に、これを行つてはならない」（同法4条1項）、「埋葬……を行おうとする者は、厚生労働省令で定めるところにより、市町村長……の許可を受けなければならない」（同法5条1項）と定め、いわゆる土葬を認めています。

(2) 火葬および埋蔵

墓地埋葬法は、「この法律で『火葬』とは、死体を葬るために、これを焼くことをいう」（墓地埋葬法2条2項）、「……焼骨の埋蔵は、墓地以外の区域に、これを行ってはならない」（同法4条1項）、「火葬は、火葬場以外の施設でこれを行ってはならない」（同法4条2項）、「……火葬……を行おうとする者は、厚生労働省令で定めるところにより、市町村長……の許可を受けなければならない」（同法5条1項）と定め、火葬および火葬による焼骨の埋蔵を

認めています。

(3)　水　葬

船員法は、日本船籍の船で、船舶の航行中に船内の人間が死亡した時に、船長の権限で水葬を行えると定めています（船員法15条）が、詳細な条件を満たす必要があります（船員法施行規則15条・16条）。

２　土葬（埋葬）が可能な地域

(1)　条例の制定状況

都道府県における墓地（の経営許可）に関する条例・規則において、原則として土葬が禁止されているのはごく一部です。半数近くが、土葬時の埋葬のための穴の深さの指定や土葬禁止地域の指定を行っています。

(2)　事実上の禁止

上記のように条例や規則の中では明記はされていませんが、埋葬を行うために行政から許可を受けようとする場合、その審査や手続の中で「行政指導」を受け、土葬が禁止されてしまうことが多いようです。

すなわち、墓地の許可基準において、土葬を認めないという運用がされており、土葬することが事実上禁止されているのが現状です。

墓地埋葬法１条は「この法律は、墓地、納骨堂又は火葬場の管理及び埋葬等が、国民の宗教的感情に適合し、且つ公衆衛生その他公共の福祉の見地から、支障なく行われることを目的とする」と規定しており、行政側はこれに基づいて、①現在は火葬がほぼ100％になっていること、②市街化が進んでいること、③「『生』の遺体」を埋葬することへの抵抗感などを「国民の宗教的感情」に照らして総合考慮した結果、土葬を行うことには支障があると判断して事実上禁止しているのだと考えられます。

(3)　運営の実態

(A)　物理的な問題

現在の墳墓は、その下にカロート（焼骨をおさめるスペース）を設けること

が通常です。そうすると、土葬をすることは、墳墓の構造から生ずる物理的な問題もあると言わざるを得ません。

(B)　報告義務からの解放

また、墓地埋葬法17条は「墓地又は火葬場の管理者は、毎月5日までに、その前月中の埋葬又は火葬の状況を、墓地又は火葬場所在地の市町村長に報告しなければならない」と定めています。したがって、土葬＝「埋葬」を行う場合には、焼骨を「埋蔵」する場合とは異なって、毎月その状況を報告する必要があります。

反面、土葬＝「埋葬」を行わず、焼骨を「埋蔵」することに限定すれば、図らずも、上記のような報告や、それを受けた後の適正な処理、管理に努める手間から解放されることにつながります。

このような運営上の観点から、土葬を行わないことによるメリットが大きく、そのことも相まって土葬が可能な墓地は少なくなっているのです。

3　結　論

以上のように、現在の日本においては、墓地埋葬法の趣旨から考えてみても、土葬が認められている場所は限りなく少ないと言わざるをえません。

祖母の思いには応えられないかもしれませんが、時代も変わり、国民の意識も変化してきていることを受け入れなければならないでしょう。

（秋山　経生）

Q89　自宅の庭での墓地の建造

　先日、最愛の父が亡くなりました。父は、生前、亡くなった際には、骨を自宅の庭に埋めてくれと常々言っていました。そこで、父の生前の意思を尊重してお墓を自宅の庭につくって父の遺骨を納めたいと思うのですが、法的に問題はないでしょうか。

▶▶▶ Point
① 墓地埋葬法10条の趣旨
② 墓地経営の開設主体

1　墓地開設には行政の許可が必要

　墓地埋葬法4条1項では、「埋葬又は焼骨の埋蔵は、墓地以外の区域に、これを行つてはならない」と定めています。ご質問者は、お父様の遺骨を自宅の庭につくったお墓に納めたいとのことですので、これは、「焼骨の埋蔵」に当たります。「焼骨の埋蔵」は、「墓地」以外の区域に行ってはならないとのことですが、では、「墓地」とはどのようなものでしょうか。同法2条5項は、「墓地」について、「墳墓を設けるために、墓地として都道府県知事……の許可を受けた区域」と定義しています（なお、「墳墓」とは、「死体を埋葬し、又は焼骨を埋蔵する施設」のことをいいます（同法2条4項）。つまり、お墓のことです）。そして、同法10条は、「墓地、納骨堂又は火葬場を経営しようとする者は、都道府県知事の許可を受けなければならない」と定めています。

　以上のように、墓地開設には、行政の許可が必要となります。これは、公衆衛生の確保と国民の宗教的感情の尊重を図るためです（生活衛生法規研究

会監修『新訂逐条解説墓地、埋葬等に関する法律〔第3版〕』47頁）。行政の許可を得ずに墓地を開設した場合、6カ月以下の懲役または1万円以上2万円以下の罰金に処せられることになります（墓地埋葬法20条、罰金等臨時措置法2条）。ご質問者の場合は、墓地開設の許可を行政から得ていないと思われますで、自宅の庭につくったお墓にお父様の遺骨を納めることはできないでしょう。

　なお、自宅の庭に自家用の墓地を設けるご質問のような場合には、墓地の「経営」は行っておらず、行政の許可は不要ではないかと考えられますが、行政解釈では、個人墓地を新設する場合であっても、墓地埋葬法10条の許可を受けなければならないとしています（昭和27年10月25日付衛発第1025号）。

2　現状では困難な個人墓地に対する開設許可

　墓地の経営については、永続性と非営利性が確保されなければならないという趣旨から、墓地の経営主体は、原則として市町村等の地方公共団体でなければならず、これにより難い事情があったとしても宗教法人、公益法人等に限るものとされています（昭和43年4月5日付環衛第8058号）。

　このように、個人墓地の開設は、現在のところ、原則として認められていません。ただ、通達では、山間へき地等人里離れた場所で周りに墓地が全くないなど、墓地を新設しなければならないような特段の事情がある場合は、個人墓地の開設を認めてもよいとしています（昭和21年9月3日発警第85号）が、交通機関が発達し、開発が進んだ現代において、そのような事情がある場合は極めて稀でしょう。

　したがって、ご質問者が個人墓地について行政に開設許可を求めたとしても、許可が下りる可能性はほとんどないでしょう。

3　結　論

　以上のように、現状では、墓地開設許可が地方公共団体もしくは宗教法人

等にしか認められていませんので、ご質問者が庭にお墓をつくって、お父様の遺骨を納めることはできません。もっとも、「墳墓」とは、「死体を埋葬し、又は焼骨を埋蔵する施設」（墓地埋葬法2条4項）ですから、慰霊碑をつくり、その中にお父様の遺髪や爪、写真やゆかりの品など死体や焼骨とは関係のないものを納めるのは自由です。

（本間　久雄）

Q90 自宅で遺骨を保管する際の注意点

> 最愛の妻を亡くしました。葬る時、冷たい墓地に入れることはかわい
> そうで、入れたくありません。そこで、遺骨とともに過ごすことにしま
> した。法律上問題はありませんか。

▶ ▶ ▶ Point

① 墓地埋葬法の「埋葬」「埋蔵」「納骨堂」の意義

② 死体損壊等罪の構成要件

1 ご質問の法律上の問題点

　ご質問者の奥様の遺骨を自宅で保管する（手元供養）ということに法律上
の問題点はないかということですが、まず墓地埋葬法について検討し、続け
て刑法190条の死体損壊等罪について検討する必要があります。

2 自宅に遺骨を保管することは、墓地埋葬法の規制対象か

　墓地埋葬法4条は、「埋葬又は焼骨の埋蔵は、墓地以外の区域に、これを
行つてはならない」と規定されています。「埋葬」とは、死体を土中に葬る
ことをいいます（同法2条1項）から、自宅に遺骨を保管することは、「焼骨
の埋蔵」に該当するか否かが問題となります。「埋蔵」について、墓地埋葬
法には、定義する条文がありません。しかし、文化財保護法でも92条等に
「埋蔵」という用語が用いられていますが、その解釈は、「土地の上下、中外
を問わず、人目に触れない状態において所在している（こと）」とされてい
ます（文化庁内文化財保護研究会『文化財保護実務必携』）。墓地埋葬法につい
ても、同様の解釈をするべきでしょう。そうすると、自宅に遺骨を保管する

ことは、「人目に触れない状態」にすることとまではいえないですから、「焼骨の埋蔵」に該当しません。

　したがって、自宅に遺骨を保管することは、墓地埋葬法4条に違反するものではありません。そして、行政解釈も同様の見解をとっています（生活衛生法規研究会『新訂逐条解説墓地、埋葬等に関する法律〔第3版〕』19頁）。

　なお、自宅に遺骨を保管することは、行政に開設許可が必要な「納骨堂」（墓地埋葬法10条）にあたらないかということが問題となりますが、納骨堂とは、他人の委託をうけて焼骨を収蔵するための施設（同法2条6項）ですから、自宅で妻の遺骨を保管することは、「他人の委託」を受けて行われることではないので、納骨堂として許可を受ける必要はありません。

　以上より、自宅で妻の遺骨を保管することは、墓地埋葬法の規制対象とはなっておりません。

3　死体損壊等罪（刑法190条）の構成要件の検討

　刑法190条は、「死体、遺骨、遺髪又は棺に納めてある物を損壊し、遺棄し、又は領得した者は、3年以下の懲役に処する」と規定していることから、ここでは、自宅に遺骨を保管することが、「遺棄」に該当するかどうかについて検討してみたいと思います。

　死体損壊等罪は、宗教的平穏および宗教的感情を保護法益とする犯罪です（団藤重光『刑法綱要各論〔第3版〕』360頁）。よって、遺棄とは、習俗上の埋葬とはいえない方法で死体などを放棄することをいい、これには、死体などを現在地から他の場所に移転して放棄する場合だけでなく、不作為による放棄（つまり、放置）までも含みます（川端博『刑法各論講義〔第2版〕』632頁）。

　したがって、妻の遺骨を仏壇等で安置していれば、「遺棄」に該当することはありませんので安心してください。

4 結 論

　以上より、ご質問者が、自宅で妻の遺骨とともに過ごすことは、法律上特段の問題はありません。ただし、遺骨の保管態様が、「埋蔵」とみなされるようなものであったり、「遺棄」とみなされるようなものとならないように注意してください。

　なお、自宅で保管していた遺骨を納骨する際の留意点については、Q63を参照してください。

（本間　久雄）

編者・執筆者

【編　者】

●長谷川　正浩（はせがわ　まさひろ）　弁護士、（公財）全日本仏教会法律顧問。
　〈主要著書・論文〉『寺院の法律知識——適正な運営と紛争の予防——』（編著、
　新日本法規出版）、『寺院運営の税務相談』（民事法情報センター）、『Q＆A
　墓地・納骨堂をめぐる法律実務〔補訂版〕』（共著、新日本法規出版）、『宗教
　法人の法律相談』（共著、青林書院）、『宗教法学の課題と展望』（共著、成文
　堂）

●石川　美明（いしかわ　よしあき）　大東文化大学教授。
　〈主要著書・論文〉『事例式　寺院・墓地トラブル解決の手引』（編著、新日本
　法規出版）、『Q＆A宗教法人をめぐる法律事務』（共著、新日本法規出版）、
　「高齢社会と葬儀・法要等の死後の実務」（宗教法31号）、「葬儀と法律」（月
　報司法書士520号〔葬送・墓制問題特集号〕）、「わが国における新しい葬法と
　その法的問題点」（宗教法27号）

●村　千鶴子（むら　ちづこ）　弁護士、東京経済大学教授。
　〈主要著書・論文〉『消費者のための民法入門』（新世社）、『Q＆A市民のため
　の特定商取引法（改題新版）』（中央経済社）、『Q＆A市民のための消費者契
　約法』（中央経済社）、『Q＆A消費生活相談の基礎知識』（ぎょうせい）、『消
　費者法講義〔第5版〕』（共著、日本評論社）

【執筆者】（執筆順）

平田　厚	（ひらた　あつし）	弁護士・明治大学教授
井上　治代	（いのうえ　はるよ）	東洋大学東洋学研究所客員研究員
坂口　幸弘	（さかぐち　ゆきひろ）	関西学院大学教授
水野　紀子	（みずの　のりこ）	白鷗大学教授・東北大学名誉教授
犬伏　由子	（いぬぶし　ゆきこ）	慶應義塾大学名誉教授
吉川美津子	（きっかわ　みつこ）	社会福祉士、葬儀・終活コンサルタント
雨宮　真歩	（あめみや　まほ）	弁護士
阿部　徳幸	（あべ　のりゆき）	日本大学教授・税理士
雨宮　眞也	（あめみや　まさや）	弁護士

編者・執筆者

秋山　経生（あきやま　つねき）　　　弁護士
本間　久雄（ほんま　ひさお）　　　　弁護士
大島　義則（おおしま　よしのり）　　弁護士・広島大学大学院客員准教授
竹内　康博（たけうち　やすひろ）　　愛媛大学名誉教授
横田　　睦（よこた　むつみ）　　　　公益社団法人全日本墓園協会
永倉　嘉行（ながくら　よしゆき）　　弁護士
成田由岐子（なりた　ゆきこ）　　　　弁護士
別城信太郎（べっき　しんたろう）　　弁護士
奥津麻美子（おくつ　まみこ）　　　　弁護士
松田　純一（まつだ　じゅんいち）　　弁護士
矢吹　公敏（やぶき　きみとし）　　　弁護士

葬儀・墓地のトラブル相談Q&A〔第2版〕

令和3年8月24日　第1刷発行

定価　本体2,900円+税

編　　者　長谷川正浩・石川美明・村千鶴子
発　　行　株式会社　民事法研究会
印　　刷　株式会社　太平印刷社

発 行 所　株式会社　民事法研究会

〒150-0013　東京都渋谷区恵比寿3-7-16
　　　　TEL 03(5798)7257〔営業〕　FAX 03(5798)7258
　　　　TEL 03(5798)7277〔編集〕　FAX 03(5798)7278
　　　　http://www.minjiho.com/

落丁・乱丁はおとりかえします。　　ISBN978-4-86556-447-1　C2332　￥2900E

寺院法務の実務と書式
〔第2版〕
―基礎知識から運営・管理・税務まで―

横浜関内法律事務所　編集
庄司道弘・本間久雄・平賀孝治・粟津大慧　著

A5判・506頁・定価5,280円(本体4,800円＋税10％)

▶第2版では、宗教法人法、民法等の法改正に対応して大幅改訂をするとともに、「宗教と自治」「墓地関係事業者との間の法律関係」の新たな項目を追加し、さらに宗教判例を補充してますます至便に！

▶寺院を運営していくうえで必要となる知識を、関連書式と一体として懇切丁寧にわかりやすく解説した日常執務で活用できる手引書！

▶檀家・親族・職員・墓地関係事業者などの寺院関係者をはじめ、地域住民等とのトラブルの未然防止策や解決策を具体例を示して実践的に教示！

▶書式には具体的な記載例と作成上の留意点を示しているので極めて至便！

▶弁護士、司法書士、税理士、行政書士をはじめ、寺院と関わりをもつ法律実務家や寺院法務に関心をもつ研究者にとっても必携の書！

本書の主要内容

第1章　序　説

第2章　寺院とガバナンス
　Ⅰ　宗教法人とは／Ⅱ　宗教法人の組織／Ⅲ　宗教法人の備付書類／Ⅳ　宗教法人財産の管理処分／Ⅴ　宗教法人の規則変更／Ⅵ　宗教法人と公告／Ⅶ　宗教法人と事業／Ⅷ　寺院と宗派／Ⅸ　宗教法人と合併／Ⅹ　宗教法人と解散／ⅩⅠ　まとめ

第3章　寺院と墓地法
　Ⅰ　墓地法概説／Ⅱ　墓地使用者との間の法律関係／Ⅲ　墓地関係事業者との間の法律関係

第4章　寺院と民事法
　Ⅰ　日常業務の法／Ⅱ　寺院のリスクマネジメント／Ⅲ　財産管理と法律

第5章　寺院と情報法
　Ⅰ　個人情報保護法／Ⅱ　マイナンバー／Ⅲ　情報公開法／Ⅳ　寺院と守秘義務

第6章　寺院と税法
　Ⅰ　はじめに／Ⅱ　寺院と法人税／Ⅲ　寺院と所得税／Ⅳ　寺院と消費税／Ⅴ　寺院と固定資産税・都市計画税／Ⅵ　寺院と登録免許税・不動産取得税・印紙税／Ⅶ　寺院と税務調査

第7章　寺院と労働法
　Ⅰ　宗教法人における労務管理の必要性／Ⅱ　労働契約の締結と労働条件の決定／Ⅲ　労働条件の変更／Ⅳ　労働条件に関するルール／Ⅴ　懲戒処分／Ⅵ　労働者の安全衛生・健康管理と労働災害／Ⅶ　ハラスメントの問題と対策／Ⅷ　社会保険／Ⅸ　労働契約の終了／Ⅹ　有期労働契約／ⅩⅠ　労働組合法／ⅩⅡ　労使間紛争の解決手続

第8章　寺院と紛争解決
　Ⅰ　はじめに／Ⅱ　法的トラブル解決への判断枠組み／Ⅲ　専門家へのアクセス／Ⅳ　紛争解決の手段

発行　民事法研究会

〒150-0013　東京都渋谷区恵比寿3-7-16
（営業）TEL. 03-5798-7257　FAX. 03-5798-7258
http://www.minjiho.com/　info@minjiho.com